미국의 산업

알고 보면 더 흥미진진한

일상 밀착 산업들

미국 ⑫

세계통찰

★ 세계의 중심이 된 미국 6 ★

미국의 산업

알고 보면 더 흥미진진한
일상 밀착 산업들

한솔교육연구모임 지음

솔과나무

차례

왜 미국을 읽어야 할까요?

〈세계통찰〉 시리즈는 다양한 독자에게 세계를 통찰하는 지식과 교양을 전해 주고자 합니다. 미국을 시작으로 중국, 일본, 중남미, 유럽, 아시아, 아프리카 등 오대양 육대주의 주요 국가들에 관한 정치, 경제, 역사, 문화 등 다양한 정보를 제공하여 세상이 움직이는 원리를 독자 스스로 알게끔 하고자 합니다.

지구상에 있는 국가들은 별개가 아니라 서로 연결된 유기체입니다. 여러 나라 가운데 〈세계통찰〉 시리즈에서 미국 편 전 16권을 먼저 출간하는 이유는 유기적인 세계에서 미국이 지닌 특별한 지위 때문입니다. 19세기까지 세계를 호령하던 대영제국의 패권을 이어받은 미국은 20세기 이후 오늘날까지 세계 유일의 초강대국으로 세계를 이끌고 있습니다. 또한 세계 최강의 경제력을 기반으로 자유 시장을 중시하는 자본주의 이념을 전 세계에 전파했습니다. 우리나라를 포함하여 많은 나라가 세계 최대 시장인 미국과 한 무역을 통해 가난을 딛고 경제 성장을 이룰 수 있었습니다. 애플이나 구글 같은 미국 기업이 새로운 산업을 일으키면서 미국은 물론, 전 세계에 수많은 일자리와 자본력을 제공했습니다.

이처럼 전 세계에 커다란 영향을 미치고 있는 미국이라는 나라를 알기 위해 '미국의 대통령'을 시작으로 한 '미국을 만든 사람들' 편을 소개합니다. 대통령제를 기반으로 한 미국식 민주주의는 전 세계로 전파되면서 수많은 국가에 영향을 미치고 있습니다. 제2차 세계대전 이후 독립한 국가 대부분이 대통령제를 선택하면서 대통령제는 미국을 넘어 많은 국가의 정치 체제로 자리 잡았습니다. 도전 정신과 혁신을 바탕으로 미국 경제를 세계 최강으로 만든 '기업인들' 역시 우리에게 많은 교훈을 줍니다. 세계인의 감성과 지성을 자극하고 있는 '예술인과 지식인'도 이야기의 대상입니다. '사회 문화' 편에서는 미국의 문화를 통해 미국만이 가진 특성을 살펴봅니다. 창의와 자유를 존중하는 사회 분위기는 할리우드 영화, 청바지, 콜라 등 미국만의 문화를 탄생시켰고 이는 전 세계로 확산되어 지구촌의 문화로 자리 잡았습니다. 이제 미국의 문화는 미국인만 누리는 것이 아니라 세계인이 공유하는 것이 되었습니다. '산업' 편에서는 정보 통신, 우주 항공, 에너지, 유통 등 미국의 주력 산업을 통해 오늘날 미국이 세계 경제를 주무르고 있는 비결과 미래에도 미국이 변함없이 강력한 영향력을 행사할 수 있는 이유에 대해 알아봅니다.

'전쟁' 편에서는 미국이 참전한 전쟁을 통해 전쟁이 미국은 물론 세계에 미친 영향에 대해 살펴봅니다. 미국은 전쟁으로 독립을 쟁취했을 뿐만 아니라 세계를 움직이는 새로운 질서를 만들어 냈습니다. 다시 말해 전쟁은 미국이 세계를 뜻대로 움직이는 도구였습니다.

이처럼 미국의 정치, 경제, 문화 등 각 분야는 20세기 이후 지구촌에 막대한 영향을 미치고 있기에 미국에 관한 지식이 없으면 세계를 제대로 이해할 수 없습니다. 미국을 제대로 알게 된다면 세상이 돌아가는 힘의 원리를 더 잘 알 수 있습니다. 〈세계통찰〉 시리즈 미국 편은 '미국을 만든 사람들' 전 6권, '세계의 중심이 된 미국(문화와 산업)' 전 6권, '전쟁으로 일어선 미국' 전 4권으로 이루어져 있습니다. 이렇게 총 16권의 인물, 사회 · 문화, 산업, 전쟁 등 주요 분야를 다루면서 단편적인 지식의 나열이 아니라 미국의 진면목, 나아가 세계의 흐름을 알 수 있도록 했습니다. 적지 않은 분량이지만 정치, 경제, 문화사에 남을 인물과 역사에 기록될 사건을 중심으로 다양한 예화와 사례를 들어 가면서 쉽고 재미있게 썼습니다. 처음부터 끝까지 차분히 읽다 보면 누구나 미국과 세계의 과거와 현재, 미래를 명확하게 들여다볼 수 있는 통찰력을 지닐 수 있습니다.

세계를 한눈에 꿰뚫어 보는 〈세계통찰〉 시리즈! 길고도 흥미진진한 이 여행에서 처음 만나게 될 나라는 미국입니다. 두근거리는 마음으로 함께 출발해 봅시다!

한솔(한솔교육연구모임 대표)

세상의 변화를 읽고 앞을 내다보는 힘

미래학자 엘빈 토플러는 "한국 학생들은 하루 10시간 이상을 학교와 학원에서 자신들이 살아갈 미래에 필요하지 않을 지식을 배우고, 존재하지 않을 직업을 위해 아까운 시간을 허비하고 있다."라고 했습니다. 그렇다면 우리는 무엇을 배우고 생각해야 할까요? 수년 안에 지구촌은 큰 위기를 맞이할 가능성이 큽니다. 위기는 역사적으로 늘 존재했지만, 앞으로 닥칠 상황은 미국과 중국의 패권 전쟁의 상황에서 과거와는 차원이 다른 큰 변화가 일어날 것입니다. 2018년 기준 중국은 미국의 66% 수준의 경제력을 보입니다. 구매력 기준 GDP는 중국이 이미 2014년 1위에 올라섰습니다. 세계 최강의 지위를 위협받은 미국은 트럼프 집권 이후 중국에 무역 전쟁이란 이름으로 공격을 시작했습니다. 미국과 중국의 무역 전쟁은 단순히 무역 문제로만은 볼 수 없는 정치, 사회, 경제, 문화가 엮여 있는 총체적 전쟁입니다. 미국과 중국의 앞날을 예측하기 위해서는 경제 분야 외에 정치, 사회, 문화 등을 통합적으로 볼 수 있어야 합니다. 역사는 리듬에 따라 움직입니다. 현재와 비슷한 문제가 과거에 어떤 식으로 일어났는지를 알면 미래를 읽는 통찰력이 생깁니다. 지나온 역사를 통해 세상의 변화를 읽고 앞을 내다보는 힘을 길러야 합니다. 역사를 통해서 남이 보지 못하는 곳을 보고, 다른 사람과 다르게 생각하는 힘을 길러야 합니다.

〈세계통찰〉은 이러한 필요에 따라 세계 주요 국가의 역사, 경제, 사회, 문화 등 다양한 주제를 통해 세계를 이해하는 안목을 심어 주고자 쓰인 책입니다. 솔과나무 출판사는 오대양 육대주에 걸쳐 있는 중요한 나라를 대부분 다루자는 계획 아래 먼저 미국과 중국에 대한 책을 출간합니다. 이는 오늘날 미국과 중국이 정치, 경제, 문화 등 모든 분야를 선도하며 전 세계에 막대한 영향을 미치고 있는 초강대국이기 때문입니다. 〈세계통찰〉 시리즈는 미국과 중국 세계 양 강 대결의 상황에서 미·중 전쟁의 미래를 예측할 수 있는 훌륭한 나침반이 될 수 있습니다.

특히 미국은 정치, 경제, 문화 등 어느 분야로 보아도 세계인의 관심을 가장 많이 받는 나라입니다. 〈세계통찰〉 시리즈 '미국'은 정치, 경제, 사회, 문화 모든 분야에 걸쳐서 시간과 공간을 넘나들며 현재의 미국을 이해할 수 있게 만든 획기적인 시리즈입니다. 인물, 산업, 문화, 전쟁 등의 키워드로 살펴보면서 미국의 역사와 문화, 각국과의 상호 관계를 파악할 수 있는 지식과 읽을거리를 제공합니다. 인물과 사건을 중심으로 이야기를 이어가고 그 과정에서 우리가 오늘날 세상을 살아갈 때 활용할 수 있는 지혜를 담고 있습니다. 단순히 사실 나열에 그치지 않고, 왜 그렇게 되었는지, 그 뒤에는 어떻게 되었는지, 과정과 흐름 속에서 숨은 의미를 찾아냄으로써 유연하고 창의적인 생각을 할 수 있도록 자극합니다. 무엇보다 〈세계통찰〉 시리즈에는 많은 이들의 실패와 성공의 경험이 담겨 있습니다. 앞서 걸은 이들의 발자취를 통해서만 우리는 세상을 보는 통찰력을 키울 수 있다는 사실을 기억했으면 합니다. 미국을 자세히 들여다보면 지구촌 사람들의 모습을 다 알 수 있다고도 합니다. 세계를 이끌어가는 미국을 이해한다는 것은 단순히 한 나라를 아는 것이 아니라 세계를 이해하는 것이기 때문에 〈세계통찰〉 시리즈 미국 편을 통해 모두가 미국에 대해 입체적이고 통합적으로 살펴볼 수 있는 기회를 얻기 바랍니다.

곽석희(청운대학교 융합경영학부 교수)

추천사

〈세계통찰〉 시리즈에 부쳐

4차 산업 혁명 시대를 맞이하는 청소년에게 꼭 필요한 지혜

4차 산업 혁명 시대에는 나라 사이의 언어적, 지리적 장벽이 허물어집니다. 견고한 벽이 무너지는 대신 개인과 개인을 잇는 촘촘한 연결망이 더욱 진화합니다. 이제 우리는 다양한 문화 배경을 지닌 친구와 이전과는 완전히 다른 방법으로 우정을 나눌 수 있습니다. 낯선 언어는 더는 장애가 되지 않습니다. 스마트폰의 번역 프로그램을 이용하면 내가 한 말을 실시간으로 전달할 수 있고 상대방의 말뜻을 이해할 수도 있습니다. 또 초고속 무선 통신망을 이용해 교류하는 동안 지식이 풍부해져서 앞으로 내가 나아갈 길을 설계하는 데 큰 도움이 됩니다.

저는 오랫동안 현장에서 청소년을 만나며 교육의 방향성을 고민해 왔습니다. 초 단위로 변하는 세상을 바라보면 속도에 대한 가르침을 줘야 할 것 같고, 구글 등 인터넷상에 넘쳐 나는 정보를 보면 그것에 대한 양적인 교육이 필요할 것 같았습니다. 긴 고민 끝에 저는 시대가 변해도 퇴색하지 않는 보편적 가치와 철학을 청소년에게 심어 줘야겠다는 결론을 내렸습니다.

4차 산업 혁명 시대에는 인공 지능과 인간이 공존합니다. 최첨단 과학이 일상이 되는 세상에서 75억 지구인이 조화롭게 살아가려면 인간 중심의 교육이 필요합니다. 인문학적 지식과 소양을 통해 인간을 더욱 이해하고 이롭게 만드는 시각을 갖춰야 합니다. 〈세계통찰〉 시리즈는 미래를 이끌어 나갈 청소년을 위한 지식뿐 아니라 그 지식을 응용하여 삶에 적용하는 지혜까지 제공하는 지식 정보 교양서입니다.

청소년이 이 책을 반드시 접해야 하는 이유

첫째, 사고의 틀을 확대해 주는 책입니다.

〈세계통찰〉 시리즈는 정치, 경제, 사회, 문화, 무역, 외교, 전쟁, 인물에 이르기까지 하나의 국가가 국가로서 존재하고 영유하는 모든 것을 다루고 있습니다. 한 국가를 이야기할 때 경제나 사회의 영역을 충분히 이해했다 해도 '이 나라는 이런 나라다.' 하고 한마디로 정의하기는 어렵습니다. 인물이나 역사적 사건과 같은 눈에 보이는 사실과 이념, 사고, 철학과 같은 눈에 보이지 않는 특성까지 좀 더 유기적이고 종합적인 사고를 해야 한 나라를 이해하고 정의할 수 있습니다. 이 책을 통해 합리적이고 논리적으로 사고하는 습관을 자연스럽게

기를 수 있습니다.

둘째, 글로벌 리더를 위한 최적의 교양서입니다.

4차 산업 혁명 시대라 하더라도 모든 나라가 해체되는 것은 아닙니다. 세계화 속도가 점점 가속화되는 글로벌 시대에 꼭 필요한 소양은 역설적이게도 각 나라에 대한 수준 높은 정보입니다. 일반적으로 알려진 상식의 폭을 확대할 수 있어야 합니다. 미국과 중국의 무역 분쟁이나 우리나라와 일본의 갈등에서도 볼 수 있듯 세계 곳곳에는 국가 사이의 특수한 사정과 역사로 인해 각종 사건과 사고가 터져 나오고 있습니다. 한 국가의 성장과 번영은 자국의 힘과 노력만으로는 가능하지 않습니다. 가깝고 먼 나라와의 유기적인 관계 속에서 평화를 지키고 때로는 힘을 겨루면서 이루어집니다. 한편 G1, G2라 불리는 경제 대국, 유럽 연합EU이나 아세안ASEAN 같은 정부 단위 협력 기구 사이에 일어나는 상호 이해관계도 중요해지고 있습니다. 〈세계통찰〉 시리즈는 미국, 중국, 일본, 아세안, 유럽 연합, 중남미 등 지구촌 모든 대륙과 주요 국가를 공부하는 데 반드시 필요한 영역을 씨실과 날실로 엮어서 구성하고 있습니다.

마지막으로 〈세계통찰〉 시리즈는 글쓰기, 토론, 자기 주도 학습, 공동 학습에 최적화된 가이드 북입니다.

저는 30년 이상 교육 현장에 있으면서 토론, 그중에서도 대립 토론debating 수업을 강조해 왔습니다. 학생 스스로 자료를 찾고 분류하며 자신만의 생각을 정리하고 발표하는 방식입니다. 이때 다른 사람의 생각을 경청하고 공감하는 학생일수록 주도적이고도 창의적인 인재로 성장하는 것을 보았습니다. 〈세계통찰〉 시리즈가 보여 주는 형식과 내용은 학생과 교사 모두에게 긍정적인 영향을 줄 것이라고 확신합니다.

가까운 미래에 글로벌 리더로서 우뚝 설 우리 청소년에게 힘찬 응원의 메시지를 보냅니다.

박보영(교육학 박사, 박보영 토론학교 교장, 한국대립토론협회 부회장)

1장

경제의 핏줄이자 소비의 최접점

유통 산업

유통 산업의 발전

유통이란 쉽게 말해 생산된 상품을 파는 모든 행위를 말합니다. 사전적 정의로는 '상품 따위가 생산자에서 소비자, 수요자에 도달하기까지 여러 단계에서 교환되고 분배되는 활동'을 의미합니다. 유통 산업은 크게 도매와 소매로 구분되는데 도매는 생산된 상품을 매입해 소매상에게 이윤을 붙여 넘기는 것을 말합니다. 소매는 도매상에게서 공급받은 제품에 다시 이윤을 붙여 최종소비자에게 물건을 판매하는 것입니다. 생산된 상품은 이와 같이 도매·소매를 거쳐 사람들의 손에 들어가게 됩니다.

유통업은 인류가 자급자족에서 벗어난 이후 계속 존재하며 사람들의 소비욕구를 충족시켜 주었습니다. 만약 소비자들에게 필요한 물품을 공급해 주는 유통업이 없었다면 사람들은 필요한 물품을 모두 스스로 만들어야 하는 불편을 겪어야 했을 것입니다. 유통업의 발달로 사람들은 원하는 물건을 시장에서 언제든지 살 수 있고 자신이 원하는 일을 하면서 생활할 수 있게 되었습니다.

18세기 후반 산업혁명이 일어나기 이전까지 인류는 만성적인 공

세계 최초의 백화점인 봉마르셰 백화점

급 부족 현상에 시달렸기 때문에 상품이 시장에 충분히 유통될 수 없었습니다. 이로 인해 소수 부유층을 제외한 대부분의 사람들은 항상 물품이 부족한 가운데 살아가야 했지만 산업혁명을 기점으로 모든 것이 한순간에 바뀌었습니다. 기계화된 공장에서 생활에 필요한 제품이 쉴 새 없이 쏟아져 나오자 인류의 소비생활은 이전과는 비교도 할 수 없을 정도로 풍요롭고 다채로워졌습니다.

1852년 프랑스 파리에 '소비의 궁전'이라 불리는 세계 최초의 백화점 봉마르셰Le Bon Marché가 등장했습니다. 백화점 건물의 설계는 에펠탑으로 명성을 날리던 구스타프 에펠Gustave Eiffel이 맡았는데, 그는 봉마르셰 백화점을 물건을 사고파는 공간을 뛰어넘는 예술적인 가치를 지닌 건축물로 승화시켰습니다. 봉마르셰의 내부 인테리어는 베르사유 궁전*에 비견될 정도로 화려했기 때문에 고객들은 대접받으며 쇼핑한다는 느낌을 받을 수 있었습니다.

봉마르셰 백화점을 설계한 구스타프 에펠

봉마르셰는 개점 초기부터 정찰제와 반품제를 도입해 고객의 신뢰를 얻었습니다. 이전까지만 해도 고객들은 상인의 상술에 당하는 일이 많았습니다. 악덕 상인은 선량한 소비자를 대상으로 품질을 속이거나 비싼 가격에 물건을 팔면서 불신 풍조를 조장했습니다. 그런데 봉마르셰가 정찰제를 실시하자 고객들은 그동안 상품을 좀 더 저렴한 가격에 구입하기 위해 매번 상인들과 벌여야 했던 실랑이를 할 필요가 없어졌습니다. 또한 불량품을 구입하더라도 반품이 가능하기 때문에 품질 걱정에서도 해방될 수 있었습니다.

봉마르셰 백화점은 폐점 후 무도회, 음악교육, 미술교육 등 다양한 교양강좌를 열어 상류층의 사교의 장으로서 역할을 하기도 했습니다. 프랑스에서 시작된 백화점은 순식간에 유럽 전역으로 퍼져 나갔고 바다 건너 미국 땅에도 상륙했습니다.

---

* 호화로운 바로크 양식의 건물로 루이 14세의 궁전으로 사용되었다.

미국식 백화점의 시작

미국의 '백화점 왕'으로 불리는 존 워너메이커John Wanamaker는 1838년 필라델피아주에서 가난한 벽돌공의 아들로 태어났습니다. 가정형편이 어려워 제대로 학교에 다닐 수 없었던 그는 초등학교 2학년을 끝으로 학창 시절을 마감하고 아버지를 따라 벽돌 공장에서 일했습니다.

워너메이커는 열악한 환경에서 생활했지만 누구보다도 긍정적이었습니다. 어릴 적부터 독실한 기독교인이었던 그는 주일이 되면 만사를 제쳐두고 교회로 달려갔습니다. 그런데 마을에서 교회로 가는 길은 비가 조금만 내려도 진창길이 되어 교인들에게 큰 불편을 주었습니다. 사람들은 길이 진흙탕이 될 때마다 불평을 늘어놓았지만 누구 하나 현실적인 대책을 마련하려 들지는 않았습니다. 열세 살의 워너메이커는 매일 저녁 일당을 받을 때마다 벽돌을 한 장씩 구입해 마을에서 교회로 가는 길에 벽돌을 깔기 시작했습니다. 형편상 벽돌을 하루에 한 장밖에 살 수 없었기 때문에 마을에서 교회까지의 먼 길을 모두 벽돌로 포장한다는 것은 불가능에 가까웠지만 그는 포기하지 않고 계속해서 길에 벽돌을 놓았습니다.

미국의 백화점 왕 존 워너메이커

두 달 동안 매일같이 벽돌을 구입해 길을 포장하는 워너메이커의 모습은 주민들에게 감동을 주었습니다. 마을 사람들은 십시일반으로 돈을 모아 교회까지 벽돌을 깔았고 그 뒤로는 비가 오더라도 진흙탕 길을 밟고 다닐 필요가 없게 되었습니다.

청년이 되어 시내의 한 상점에서 근무하게 된 워너메이커는 너무 정직한 나머지 상점 주인과 마찰을 빚기도 했습니다. 고객들에게 제품에 관한 설명을 하면서 장점뿐 아니라 단점까지 상세히 말해 주곤 했기 때문입니다. 상점 주인은 "정직하게 장사를 하면 절대로 돈을 벌 수 없다."라고 했지만 그는 오히려 "오랫동안 고객의 사랑을 받으려면 당장은 손해를 보더라도 정직해야 합니다."라고 맞서며 자신의 뜻을 굽히지 않았습니다. 이에 상점 주인은 정직하고 긍정적인 워너메이커를 믿고 모든 것을 맡겼습니다. 이후 시간이 흐를수록 단골 고객이 늘어나면서 사업이 날로 번창했습니다.

당시로서는 현대적인 워너메이커 백화점

1861년 워너메이커는 독립해 남성 의류점을 운영하면

서 뛰어난 품질과 정직한 가격으로 많은 고객의 사랑을 받았습니다. 1869년 그는 필라델피아에서 미국 최초로 자신의 이름을 딴 '워너메이커 백화점'을 설립해 큰 성공을 거두었습니다. 1896년에는 경제 중심지이자 최대 도시인 뉴욕에 초대형 백화점을 세워 미국의 '백화점 왕'이라는 칭호를 얻었습니다. '워너메이커 백화점'은 엘리베이터와 화려한 전기조명을 갖춘 최신식 건축물로서 뉴요커들로부터 많은 사랑을 받았습니다.

워너메이커는 직원들에게 "고객은 항상 옳다."라고 말하며 고객의 소리에 귀를 기울일 것을 강조했습니다. 그는 손님을 왕으로 여기는 동시에 종업원도 왕으로 생각했습니다. 직원들을 꾸짖거나 야단치기보다는 칭찬과 격려를 통해 잘못된 행동을 고치려고 했습니다. 또한 자신의 백화점을 널리 알리고 더 많은 고객을 끌어모으기 위해 미국 최초로 신문에 광고를 냈습니다. 오늘날 신문 광고는 흔한 일이지만 당시만 해도 신문에 광고를 싣는 것을 워너메이커 이외에 누구도 생각하지 못했습니다.

워너메이커는 백화점 사업을 통해 막대한 돈을 벌어들였지만 자신만을 위해 낭비하는 일은 없었습니다. 대부분의 재산을 사회에 환원하여 세상 사람들에게 좋은 인상을 남겼습니다. 워너메이커가 펼친 기부의 손길은 한반도에도 미쳤습니다. 1904년 워너메이커가 거금을 기부하여 서울 종로에 당시로서는 최신식인 기독교청년회YMCA 건물이 들어섰습니다.

워너메이커는 "회사를 일으켜 큰돈을 번 경영인은 비누와 같은 역할을 해야 합니다. 사람의 손길이 닿으면 비누는 작아지지만 몸의 더러운 것을 말끔히 씻어 내는 것처럼 부자들은 재산을 나눠줌으로써 세상을 아름답게 만들 수 있습니다."라고 말하며 적극적인 기부활동을 독려했습니다. 워너메이커는 미국에 백화점을 도입한 유통 산업 혁신의 선구자이며, 소매업을 통해 벌어들인 막대한 돈을 사회에 환원하면서 오늘날에도 존경받는 경영인으로 남아 있습니다.

월마트의 탄생과 성장

1918년 샘 월튼Samuel Moore Walton은 미국 중남부에 있는 오클라호마주 킹피셔Kingfisher의 평범한 가정에서 태어났습니다. 어린 시절부터 돈벌이에 관심이 많았던 그는 학창 시절 내내 신문을 배달하며 돈을 모았습니다.

젊은 시절의 샘 월튼

1940년 미주리대학 경제학과를 졸업한 월튼은 대기업에 들어가는 대신 조그만 잡화점에 취업해 장사를 배워 나갔습니다. 1945년 그는 여기저기에서 돈을 빌려 아칸소주 북동부에 있는 도시 뉴포트에 본인 소유의 조그만 소매상점을 열었습니다.

월튼은 주변의 가게와 경쟁하기 위한 방편으로 최저가 전략을 선택했습니다. 인근 가게들을 방문해 품목별로 가격을 조사한 후 단돈 1센트라도 낮은 가격표를 제품에 붙였습니다. 그리고 물건을 납품하는 도매업자를 일일이 설득해 다른 가게보다 조금이라도 낮은 가격에 상품을 넣어 달라고 간청했습니다. 고객들 사이에서 어떤 품목이든 월튼의 가게에 가면 가장 싸게 구입할 수 있다는 입소문이 돌면서 그의 상점에는 하루 종일 손님이 끊이지 않았습니다.

월튼은 번 돈을 고스란히 모아 계속 상점을 늘려 나갔습니다. 1950년대 말이 되자 어느새 매장이 16개로 늘어났고 그는 아칸소주에서 돈을 가장 많이 버는 잡화점 주인이 되었습니다. 그렇지만 아칸소주

샘 월튼이 낸 최초의 할인매장

는 비교적 인구가 적고 경제적으로도 그리 넉넉한 편이 아니었기 때문에 그의 성공은 미국 전체로 보면 그리 대단한 것은 아니었습니다.

1960년대 들어 월튼은 더 큰 성공을 위해 아칸소주를 벗어나 사업을 확장하려고 했지만 생각만큼 쉽지 않았습니다. 미국 최대 할인매장인 케이마트Kmart가 대도시 상권을 장악하고 있었기 때문입니다. 케이마트는 미국 최초의 대형 할인매장으로, 사람이 많이 사는 도심을 중심으로 온갖 종류의 제품을 저렴한 가격에 팔면서 소비자들에게 큰 인기를 끌었습니다.

1962년 7월 월튼은 케이마트를 모방해 아칸소주에 기존의 잡화점 수준을 뛰어넘는 대형 할인매장인 월마트Wal-mart를 열었습니다. 월마트 1호점이 별 어려움 없이 큰 성공을 거두자 월튼은 이를 기반으로 다른 주들로도 매장을 확대하기로 결심했습니다. 대신 케이마트가 장악한 대도시 중심부를 피해 중소도시를 집중 공략하기로 했습니다.

월튼이 인구가 적고 구매력이 낮은 중소도시에 매장을 열려고 하자 주변 사람들은 반대했습니다. 코카콜라Coca-Cola나 허쉬초콜릿Hershey's 같은 대형 제조업체들이 인구가 적은 중소도시에 자리 잡은 월마트에 물건을 공급하려면 배송비용과 시간이 많이 들어 제대로 상품을 공급하지 않을 가능성이 높았기 때문입니다. 설령 제조업체들이 월마트에 상품을 공급하더라도 배송비용이 포함되어 제품을 저렴하게 팔기가 불가능해 보였습니다.

월튼은 주변 사람들의 반대에도 불구하고 적극적으로 매장 확대전략을 밀어붙였습니다. 제조업체가 중소도시의 매장에까지 제품을 배달해 주지 않으려 하자 그는 미국 전역에 물류센터를 구축하는 방법을 생각해 냈습니다. 교통의 요지에 자리한 물류센터에 상품이 도착하면 그곳에서 기다리고 있던 월마트의 트럭이 각지에 흩어져 있는 매장으로 상품을 실어나르는 혁신적인 방법이었습니다.

덕분에 월마트는 안정적으로 상품을 공급받으며 계속 저렴한 가격을 유지할 수 있었습니다. 중소도시에서는 경쟁이 덜한 만큼 손쉽게 돈을 벌 수 있었고, 시간이 흐르면서 월마트는 미국 최대 할인매장인 케이마트에 도전할 만한 힘을 갖게 되었습니다.

케이마트와 월마트의 대결

월마트가 중소도시에서 입지를 다지며 힘을 키워 나갔지만 케이마트는 월마트를 경쟁상대로 여기지 않았습니다. 뉴욕이나 로스앤젤레스 등 대도시를 장악하고 있던 자사에 비해 월마트는 중소도시에서나 영업하는 이름도 생소한 지방기업이라고 얕보았기 때문입니다.

시간이 흐르면서 중소도시를 석권한 월튼은 케이마트와 경쟁하기 위해 대도시 진출에 나섰습니다. 하지만 목 좋은 곳마다 이미 케이마트가 매장을 갖고 있었기 때문에 도심 지역에서 매장을 내는 일은 쉽지 않았습니다. 월튼은 경비행기를 직접 몰고 대도시 상공을 날아다니며 대도시 주변에서 활용되고 있지 않은 넓은 공터를 찾았습니다. 일주일에 한 번꼴로 대형 할인매장을 방문해 다음 한 주간 필요한 물

초대형 매장과 넓은 주차장을 자랑하는 월마트

품을 대량으로 구매하는 미국인들의 패턴을 감안해 볼 때, 대도시 교외에 초대형 매장을 지어 소비자들에게 필요한 물품을 저렴한 가격에 공급한다면 고객을 유치할 수 있다고 생각했던 것입니다.

이런 판단 하에 월튼은 대도시 근교에 초대형 매장을 열었습니다. 대도시 교외는 땅값이 저렴했기 때문에 넓은 매장과 함께 충분한 주차장을 갖출 수 있어 고객들은 주차난 없이 편하게 쇼핑할 수 있었습니다.

월튼은 수시로 케이마트를 방문하여 모든 상품의 가격을 확인하고 월마트 매장의 상품 가격을 케이마트보다 최소 20% 이상 저렴하게 매겼습니다. 월마트가 소비자들의 입소문을 타면서 손님을 끌자 케이마트 경영진도 두고 보고만 있을 수 없었습니다. 케이마트 경영진은 광고를 대폭 늘리고 매장 내부의 인테리어를 고급화하면서 월마트의 기세를 꺾으려 했지만 소용이 없었습니다. 창고나 다름없는 월마트를 누르는 데 화려한 내부 인테리어가 효과적일 것이라고 생각했지만 이는 오산이었습니다.

고객들이 시간이 걸리는데도 대도시 근교의 월마트 매장을 찾는 이유는 물건값이 저렴했기 때문입니다. 월마트의 내부는 창고 그 자체였지만 상품 가격이 케이마트에 비해 많이 저렴해 적지 않은 돈을 절약할 수 있었습니다.

케이마트 경영진이 문제의 본질을 찾지 못하고 엉뚱한 데 돈을 쓰는 동안 월튼은 월마트의 경쟁력을 높이기 위한 새로운 전략을 구사했습니다. 수십억 달러를 투자해 물류의 흐름을 완벽하게 통제할 수 있는 시스템을 구축한 것입니다.

1989년 월튼은 자체 인공위성을 쏘아 올려 위성통신망을 구축하고 이를 통해 월마트 본사, 매장, 물류센터를 연결해 각 매장의 판매 실적과 재고 상황을 실시간으로 파악할 수 있게 했습니다. 위성통신망을 상품 제조업체와도 공유해 제조업체가 자사 제품의 판매 동향을 면밀히 관찰하면서 필요할 경우 신속하게 재고를 보충하도록 했습니다. 또한 월마트 물품을 수송하는 차량 1만 8,000여 대의 움직임도 빠짐없이 추적해 언제 매장에 물건을 공급할 수 있을지 정확히 파악할 수 있게 했습니다. 이와 같은 혁신적인 물류시스템 덕분에 월마트에서는 고객이 원하는 상품을 구입하지 못하는 일이 거의 없었습니다.

월마트와의 경쟁에서 진 케이마트

이에 반해 케이마트는 재고관리를 제대로 하지 못해 필요한 물건을 구입하지 못하고 발길을 돌리는 고객이 끊임없이 생겨났습니다. 게다가 케이마트는 도심 지역에만 매장을 두어 고비용 구조를 벗어날 수 없었습니다. 1990년대 내내 월마트와의 경쟁에서 밀려 고전하던 케이마트는 2002년 1월 천문학적인 빚을 남긴 채 파산하면서 과거의 영광을 잃고 말았습니다.

1967년 케이마트 경영진이 월마트의 존재를 처음 알게 되었을 때 케이마트는 미국 전역 대도시에 위치한 250여 개 매장에서 10억 달러 이상의 매출을 올리고 있었습니다. 이에 반해 월마트는 인구 1만 명도 되지 않는 곳에서 고작 19개의 점포를 운영하면서 연간 1,000

만 달러의 매출도 올리지 못하던 구멍가게나 다름없었지만 끝내 최종 승자로 남았습니다.

워킹 푸어를 양산하는 '월마트화'

월튼은 고향에서 작은 잡화점을 운영할 때부터 백화점이 수시로 세일하는 것을 탐탁지 않게 생각했습니다. 세일을 하게 되면 이전에 제품을 구입한 수많은 고객은 비싸게 샀다고 불평할 것이고 세일 기간에 제품을 구입한 소수의 고객만 만족할 것이었기 때문입니다.

또한 세일을 자주 하면 눈치 빠른 고객은 평상시에 백화점을 이용하지 않다가 세일 기간에만 몰려오기 때문에 백화점은 적지 않은 손해를 볼 수밖에 없습니다. 하지만 미국의 백화점은 아주 오래전부

'항시 최저가 판매'를 내세운 월마트

터 손님을 끌기 위해 세일을 해 왔고 이는 하나의 전통처럼 굳어졌습니다.

월튼은 수시로 세일을 하는 대신 평상시에도 세일 기간의 가격보다 저렴하게 판매하면 일 년 내내 손님을 끌어들일 수 있다고 판단해 '항시 최저가 판매Everyday Low Price'라는 전략을 세웠습니다. 그는 업계 최저가로 상품 가격을 매기기 위해 종업원 임금부터 업계 최저로 유지했습니다. 인건비를 줄이기 위해 최대한 많은 비정규직 직원을 고용했고 정규직을 고용하더라도 법정 최저임금만 지급했습니다.

2000년대 들어 미국에서 가장 많은 노동자를 고용한 기업에 오른 월마트는 저임금 정책으로도 악명이 높습니다. 월마트의 저임금 횡포는 1950년대 미국 내에서 가장 많은 노동자를 고용한 자동차 회사 제너럴모터스GM와 비교해 보면 쉽게 알 수 있습니다.

적정한 임금을 받는 GM 근로자

박봉에 시달리는 월마트 근로자

GM 경영자는 근로자에게 충분한 임금을 주어야만 그들이 자동차를 살 수 있고 그래야 회사가 유지될 수 있다고 생각해 적정한 임금을 지급했습니다. 하지만 월튼은 노동자에게 지급하는 임금을 줄일수록 회사의 이익이 늘어남과 동시에 자신의 재산도 늘어난다고 생각했습니다. 게다가 노동자에게 한 푼이라도 덜 주기 위해 월마트 개업 초기부터 갖가지 편법을 서슴없이 동원했습니다.

현재 월마트 근로자 절반 이상이 극빈층을 벗어나지 못하고 있습니다. 월마트 노동자의 평균 임금은 GM 노동자의 절반에도 이르지 못합니다. 주 6일간 고된 노동을 하면서도 손에 쥐는 돈이 최저생계비 정도에 불과한 월마트 노동자의 다수가 정부보조금으로 생계를 유지하고 있습니다.

1960년대 초반 미국의 제35대 대통령 존 F. 케네디John F. Kennedy는 사회적 약자를 보호하기 위해 연매출 100만 달러 이상의 기업이 법정 최저임금을 어길 시 엄격히 처벌하겠다고 선언했습니다. 당시 월마트의 전체 매출액은 100만 달러를 넘었기 때문에 근로자에게 법정 최저임금을 지급해야 했습니다. 하지만 월튼은 각 매장을 별도의 회사로 등록해 최저임금법을 교묘히 빠져나갔습니다.

미국에는 정부가 운영하는 공공 의료보험이 없기 때문에 각자가 알아서 민영 의료보험에 가입해야 합니다. 민영 보험회사가 내놓는 상품은 부자를 위한 최고급부터 일반인을 대상으로 하는 저렴한 것까지 다양하기 때문에 미국에서는 어떤 의료보험에 가입했는지를 보고 그 사람의 사회적 지위를 가늠할 수 있을 정도입니다. 이렇게 의료보험 가입은 미국인의 삶에 있어 상당한 비중을 차지합니다.

미국에서는 민간 보험회사에서 판매하는 보험상품의 가격이 매우 비싸기 때문에 대기업은 물론 웬만한 중소기업도 복지 차원에서 직원들에게 의료보험 서비스를 제공합니다. 하지만 월마트의 경우 회사에서 제공하는 의료보험 서비스를 받을 수 있는 직원은 전체 직원의 절반에 불과하고 나머지 절반은 의료보험 서비스도 제공받지 못합니다. 회사가 제공하는 의료보험도 보장 수준이 너무 약해 중병에 걸릴 경우 별다른 혜택이 없습니다.

월마트 직원의 절반 정도가 연방정부가 빈곤층을 위해 마련한 의료보호 프로그램인 메디케이드Medicaid에 포함되어 간신히 의료 서비스를 받고 있습니다. 월마트에서 일하는 가난한 사람들, 이른바 워킹푸어working poor는 정부로부터 교육비 보조, 주택 수당 등 갖가지 복지혜택의 대상이 되어 해마다 수십억 달러의 보조금을 지원받습니다. 월마트가 지나치게 적은 임금을 지급하는 탓에 그 근로자들에게 국민이 낸 세금을 투입해야 하는 상황은 바람직하다고 보기 어렵습니다. 이에 많은 사람이 월튼에게 정당한 임금을 요구했지만 그는 들은 척도 하지 않았습니다.

월튼은 근로자들이 단결해 임금을 올려 달라고 요구할까 봐 회사 설립 초기부터 노동조합 결성을 금지하는 무노조 원칙을 선언하며 노동자들이 뭉치지 못하도록 철저히 차단했습니다. 그는 직원들이 임금 인상을 요구할 때마다 "세계 최고의 기업 월마트에서 근무한 사실만으로도 다른 회사에 얼마든지 좋은 조건으로 옮겨갈 수 있다. 월마트에서 경력을 쌓고 돈은 다른 데 가서 벌어라."라고 말하며 임금 인상 요구를 거절했습니다.

월튼은 월마트에서 근무한 경력이 큰 자산인 것처럼 주장했지만 실상은 달랐습니다. 월마트 노동자의 대다수가 물건을 나르거나 관리하는 단순한 일에 종사하기 때문에 이곳에서 오랜 기간 일해 봤자 남들과 차별화할 수 있는 경쟁력을 갖기가 거의 불가능합니다. 결국 월마트에서 일하는 단순노무자는 다른 회사에서도 노동 가치를 높게 쳐주지 않아 어디를 가나 저임금을 받을 수밖에 없었습니다.

월마트가 직원들에게 최저생계비에도 못 미치는 저임금을 주면서 막대한 수익을 올리자, 경쟁업체뿐 아니라 다른 업종의 업체들도 월마트를 모방해 임금을 삭감하고 비정규직 위주로 노동자를 고용했습니다. 기업은 엄청난 수익을 올리지만 그 회사에서 근무하는 노동자는 가난을 면치 못하는 현상이 월마트에서 시작되어 미국 사회 곳곳으로 퍼져 나가자 사람들은 이를 두고 '월마트화Wal-martization'라 부르며 우려의 눈길을 보냈습니다.

리바이스의 실수

2002년 케이마트가 몰락하자 월마트는 미국을 비롯한 여러 나라에 1만 1,000여 개의 매장을 내며 연 매출액 5,000억 달러에 이르는 세계 최대 기업으로 성장했습니다. 월마트는 제품을 자체 생산하지 않고 외부로부터 조달하는 유통업체인 만큼 그동안 제조업체와 상호 협력적인 관계를 유지하기 위해 노력했습니다.

월마트가 유통 시장을 완전히 장악하기 이전까지만 해도 제조업체는 나름대로 가격결정권을 가지고 유통업체와 대등한 관계를 유지했습니다. 그러나 힘이 막강해진 월마트는 돌연 태도를 바꾸어 제조업체에 강압적인 자세를 취하기 시작했습니다. 월마트가 지나치게 낮은 가격으로 제품을 납품하도록 옥죄자 제조업체는 월마트의 요구조건을 맞추기 위해 필사적으로 생산비용 절감에 나설 수밖에 없었습니다.

제조업체들은 월마트와 마찬가지로 제일 먼저 인건비를 줄이기 위해 정규직을 해고하고 인건비가 저렴한 비정규직을 늘리거나 자동화 설비를 갖춰 나갔습니다. 하지만 월마트는 매년 제조업체에게 납품가 인하를 요구하며 자사의 요구조건을 충족하지 못할 경우 거래를 끊어 버렸습니다. 이미 월마트가 유통 산업을 완전히 장악한 상태였고 월마트를 대신할 마땅한 대형 판매처를 찾을 수 없었던 제조업체들은 울며 겨자 먹기로 월마트의 요구조건에 따라야 했습니다.

월마트가 끊임없이 납품가 인하를 요구하자 제조업체들은 인건비가 저렴한 중국으로 공장을 이전하기 시작했습니다. 이 과정에서 수많은 일자리가 미국에서 사라졌습니다. 중국에서 생산된 제품은 미국산에 비해 품질이 떨어졌지만 월마트의 요구조건을 맞추기 위해서는 별다른 방법이 없었습니다. 시간이 흐를수록 월마트에서 미국산 제품이 점점 사라지고 그 자리를 중국산 제품이 대신했습니다. 미국에 수입되는 중국산 전체 물품 중 10% 이상을 월마트 제품이 차지하면서 월마트는 중국과의 무역수지 적자에 가장 큰 원인을 제공하고 있습니다.

리바이스를 설립한 리바이 스트라우스

월마트를 통한 값싼 중국 제품의 유통은 미국의 중소기업뿐 아니라 대기업의 생존에도 큰 위협이 되고 있습니다. 그 대표적인 사례가 청바지 제조업체로 유명한 리바이스Levi's의 몰락입니다.

1853년 독일계 유대인 이민

미국산 청바지의 대명사였던 리바이스

자 리바이 스트라우스Levi Strauss가 설립한 리바이스는 서부개척 시대에 세계 최초로 청바지를 개발해 미국인들에게 청바지 문화를 보급한 기업입니다. 리바이스가 탄생한 시대는 거칠고 힘든 일이 넘쳐나던 개척 시대였기 때문에 튼튼한 청바지는 많은 사람의 사랑을 받았습니다. 이후 리바이스 청바지는 미국 문화의 상징이 되어 전 세계에 보급되었으며 웬만한 젊은이라면 한 벌 정도는 가지고 있을 정도로 보편화되었습니다.

의식 있는 기업가 스트라우스는 어려운 이웃을 위해 기업의 이익을 사회에 환원하고 일자리 유지를 위해 국내 생산을 고집했습니다. 하지만 월마트가 중국산 저가 청바지를 대량으로 수입해 유통시키자 경영난에 부닥치게 되었습니다. 리바이스는 중국에 비해 월등히 비싼 인건비를 감당하기가 쉽지 않았고 미국의 엄격한 환경보호 규정을 지키기 위해 많은 비용을 지출해야 했습니다.

반면 중국으로 생산 공장을 이전한 경쟁업체는 저렴한 인적 자원을 충분히 활용할 수 있었습니다. 게다가 청바지 생산 과정에서 발생하는 환경오염 물질 처리에 들어가는 비용이 적어 회사의 이익을 크게 늘릴 수 있었습니다. 물론 중국에도 청바지를 제조하는 과정에서 쓰고 남은 염료를 인체에 무해하도록 처리한 후 하수구에 배출해야 한다는 규정이 있었지만 잘 지켜지지 않았습니다.

미국인들은 리바이스를 국민기업으로 여겨 남다른 애정을 보여주었지만 한 벌에 100달러가 훌쩍 넘는 리바이스 청바지를 선뜻 구매할 수 있는 사람은 많지 않았습니다. 대신 월마트에서 수입한 한 벌에 20달러 미만의 청바지 쪽으로 구매가 쏠렸고 이에 따라 리바이스의 매출은 급감했습니다. 그 전까지 리바이스는 값싼 제품을 유통하는 월마트에 자사 제품을 공급하지 않았지만 막다른 궁지에 몰리자 어쩔 수 없이 월마트에 청바지를 납품하기로 했습니다.

2003년 리바이스는 월마트의 최저가 정책에 부합하는 20달러대 청바지를 만들어 월마트에 납품했습니다. 최소 100달러가 넘던 리바이스 청바지를 월마트에서 20달러 남짓한 가격에 판매한다고 하자 소비자들은 설레는 마음으로 구매에 나섰으나 막상 청바지를 보고는 실망감을 감출 수 없었습니다. 진열대에 있던 리바이스 청바지는 좋은 원단을 재료로 정성스레 수작업으로 만든 기존의 미국산 제품과 달리 싸구려 원단에다 박음질 상태도 조악한 중국산이었기 때문입니다.

결국 리바이스는 월마트 입점을 계기로 경영상태가 개선되기는커녕 그동안 힘들게 쌓아온 고급스러운 이미지에 큰 타격만 입고 말았습니다.

월마트에서 파급된 노동·환경 문제

월마트는 자사가 원하는 가격에 납품을 하지 못하는 업체와는 인정사정없이 거래를 끊어 버립니다. 월마트의 이런 무리한 가격 인하 요구에 떠밀려 인건비가 저렴한 가난한 국가로 공장을 옮긴 납품업체들은 현지에서 제품을 생산하는 과정에서 노동력 착취, 환경오염 등 갖가지 사회문제를 일으키고 있습니다. 현지 노동자에게 적정한 인건비를 지급하거나 환경보호를 위한 조치를 취하게 되면 결코 월마트가 요구하는 초저가 제품을 만들 수 없기 때문입니다.

1993년 방글라데시에 있는 한 의류 공장의 모습이 언론을 통해 공개되면서 미국이 발칵 뒤집어졌습니다. 방송에 등장한 의류 공장은 월마트에 의류를 납품하는 곳으로 근로자의 상당수가 앳된 얼굴의 아동이었습니다. 공장의 아이들은 햇빛도 들지 않고 공기순환도 되지 않는 숨 막히는 좁은 공간에서 종일토록 기계처럼 일하고 하루 밥값이 채 되지 않는 임금을 받았습니다. 사업주는 정상적으로 운영해서는 월마트의 요구사항을 절대로 맞출 수 없다고 항변하며 월마트가 제값을 주고 옷을 사 가는 것 이외에 다른 해결책이란 있을 수 없다고 주장했습니다.

방송을 지켜본 미국인들의 여론이 들끓자 아이오와주 상원의원 톰 하킨Tom Harkin은 아동노동 착취를 금지하는 법안을 의회에 제출했습니다. 하킨이 제출한 법안에 따라 미성년자가 만든 의류의 미국 내 반입이 전면 금지되었습니다. 이 사건으로 월마트는 아동 노동력까지 착취하는 탐욕스러운 기업으로 각인되었습니다.

월마트의 최저가 정책은 다양한 환경오염 문제도 일으키고 있습니다. 대표적인 것이 바로 칠레 해안의 오염입니다. 전통적으로 미국인들은 쇠고기, 닭고기 등 육식을 좋아하고 생선을 멀리하지만 예외적으로 연어의 부드러운 육질과 고소한 맛만큼은 그들의 입맛을 사로잡았습니다. 하지만 1960년대까지만 해도 연어는 공급이 한정적이라 값이 비싸서 명절이나 생일 등 특별한 날에나 겨우 맛볼 수 있었습니다.

1970년대 들어 수산업 선진국인 노르웨이가 그동안 불가능하다고 여겼던 연어 양식에 성공하면서 연어의 대량생산이 가능해졌습니다. 노르웨이는 철저한 품질관리를 통해 최상의 양식 연어를 생산했습니다. 가격은 자연산 연어보다 저렴했지만 그렇다고 누구나 먹을 수 있을 정도로 싼 것은 아니었습니다.

미국에서 노르웨이 연어는 고급 레스토랑에서나 맛볼 수 있는 고급 요리로 한 끼 식사를 위해서는 적지 않은 돈을 지불해야 했습니

비싸지만 맛이 좋아 인기가 많은 노르웨이산 연어

다. 노르웨이산 연어는 비싼 가격에도 불구하고 뛰어난 맛을 무기로 점점 많은 인기를 누리며 노르웨이 어민들의 소득 증대에 큰 역할을 했습니다.

노르웨이 어민들의 성공을 지켜본 칠레 어민들도 연어 양식에 나섰습니다. 그렇지만 연어는 본래 알래스카, 일본의 홋카이도, 노르웨이 등 북반구의 차가운 바다에 사는 어종으로 적도 이남의 남반구 국가인 칠레와는 인연이 없었습니다. 노르웨이에서 칠레로 수입된 연어는 칠레의 바닷속에 있는 기생충과 세균에 저항력이 없어 끊임없이 죽어 나갔습니다. 그러자 칠레 어민들은 기생충과 세균을 죽이기 위해 바닷물에 항생제와 살충제를 뿌렸습니다. 이는 고스란히 연어의 몸속에 축적되어 갔습니다. 반면 청정 해역에서 자라는 노르웨이

청정 지역에서 양식되는 노르웨이 연어

산 연어는 항생제나 살충제를 사용할 필요가 거의 없었기 때문에 품질 면에서 칠레산을 압도했습니다.

1990년대 들어 월마트가 칠레산 연어를 대량으로 수입하자 그동안 판매처를 찾지 못해 고전하던 칠레 어민들은 크게 반겼습니다. 월마트가 칠레산 연어를 노르웨이산 연어보다 훨씬 저렴한 가격에 내놓자 칠레산 연어는 소비자들에게 폭발적인 인기를 끌었습니다. 미국으로 수출길이 열린 칠레 어민들의 양식 연어 생산량이 해마다 큰 폭으로 늘어났지만 이로 인해 '바다 오염'이라는 심각한 문제가 발생했습니다.

연어는 가로·세로·높이 30미터 정도의 케이지 안에서 양식되는데, 노르웨이는 케이지당 양식할 수 있는 연어의 개체수를 2만 마리

바다 오염을 유발한 칠레의 연어 양식 사업

이하로 엄격히 제한합니다. 하나의 케이지에 지나치게 많은 연어를 집어넣으면 수질이 급격히 나빠지기 때문입니다.

그런데 칠레는 별다른 규제가 없어 하나의 케이지에 5만 마리 이상의 연어를 몰아넣고 키웁니다. 보통 양식장마다 20개 이상의 케이지를 한꺼번에 설치하기 때문에 100만 마리 이상의 연어가 좁은 공간에 모여 살 수밖에 없습니다.

또한 노르웨이에서는 연어의 사료로 물고기를 주지만 칠레는 사료비를 줄이기 위해 쇠고기나 닭고기 등 육상동물의 살코기를 제외한 부산물을 먹이로 제공합니다. 100만 마리가 넘는 연어에게 동물성 사료를 한꺼번에 주다 보니 그중 상당량이 바다 밑에 가라앉아 썩게 됩니다. 게다가 연어가 배출하는 많은 양의 배설물도 바닷속에 넘쳐

납니다. 이로 인해 바닷속에 영양염류가 지나치게 많아지면 적조 현상이 발생하게 됩니다.

2016년에는 극심한 적조 현상이 칠레 연안을 뒤덮어 무려 2,500만 마리의 연어가 떼죽음을 당하는 상황이 발생하기도 했습니다. 칠레 어민들도 노르웨이 어민처럼 연어에게 쾌적한 환경을 만들어 주면 환경오염 문제를 충분히 예방할 수 있지만 낮은 가격에 연어를 납품하려면 그렇게 할 수가 없습니다.

미국 소비자들이 싼 값에 연어를 먹을 수 있게 된 것은 환경에 대한 고려 없이 최저가 연어를 납품하라고 강요하는 월마트와 오로지 돈벌이에만 집착하는 칠레 연안 양식업자들의 이익이 맞아떨어졌기 때문입니다.

아시아와 유럽 시장에서의 실패

미국에서 대성공을 거둔 월마트는 국경을 맞댄 캐나다와 멕시코에 진출해 미국 못지않은 큰 성공을 거두었습니다. 특히 유통 산업이 취약한 멕시코에서는 시장을 석권하면서 현지 유통업체의 몰락을 불러왔습니다. 북미 지역에서 큰 성공을 거둔 월마트는 여세를 몰아 아시아 시장으로 진출을 추진했습니다.

1998년 월마트는 한국 진출을 시작으로 아시아 시장을 장악하려고 했지만 첫 단추부터 제대로 끼울 수 없었습니다. 1996년부터 한국의 한 소매업체가 '월마트'라는 상호를 미리 등록해 놓은 상태였기 때문입니다. 어쩔 수 없이 월마트는 '마크로'라는 상호로 영업을 개시했고, 그래서 한국 소비자들은 월마트가 국내에 진출했는지도 몰랐습니다. 1998년 월마트는 '국제법상 이미 유명한 기업은 상호권이 우선으로 인정된다'는 조항을 내세워 제기한 소송에서 승소했고 '월마트'라는 상호를 한국에서 독점적으로 사용할 수 있게 되었습니다.

이후 월마트는 미국에서처럼 한국에서도 초대형 창고형 매장을 짓고 상품을 산더미처럼 쌓아 놓았습니다. 비용 절감을 위해 내부 인테리어에 돈을 거의 투자하지 않았기 때문에 월마트 매장은 일반 창고와 별반 다르지 않았습니다. 이렇게 월마트는 최저가 상품을 매장 안에 쌓아 두면 고객이 몰려들 것으로 생각했으나 이는 착각에 지나지 않았습니다. 일례로 매장에서 5~6미터 높이로 쌓여 있는 상품을 끄

창고형 매장인 월마트

집어내려고 직접 사다리를 타고 올라간다는 것이 한국인들에게는 무척 낯선 일이었습니다.

또한 미국인들은 냉동식품을 대량으로 구매해 필요할 때마다 전자레인지에 데워 먹지만 한국인들은 일주일에 두세 번씩 시장이나 대형 할인매장을 방문해 생선, 고기, 야채, 과일 등 신선 식품 위주로 물건을 구입합니다. 따라서 식품 코너에 냉동식품밖에 없는 월마트는 한국 소비자에게 그리 매력적일 수 없었습니다. 게다가 칙칙한 창고 분위기의 매장은 밝고 깔끔한 백화점 스타일을 좋아하는 한국 소비자에게 거부감을 주었습니다.

또 다른 한편으로, 한국에서 대형 할인매장 방문은 온 가족의 나들이 행사로서 쇼핑도 하고 식사도 하면서 여가를 보내는 식으로 이루어지는 경우가 많습니다. 그러니 당연히 창고형 매장은 인기를 끌 수 없었습니다.

시간이 흐를수록 월마트의 적자는 쌓여만 갔고 견디다 못한 월마트는 한국 진출 8년 만인 2006년 한국 시장에서 철수하며 이미지에 적지 않은 타격을 입었습니다. 한국 이외에 중국, 일본 등 다른 아시아 국가에서도 월마트는 현지화에 실패하며 별다른 성과를 내지 못했습니다.

유럽 시장에서도 미국과 비슷한 문화를 가진 영국을 제외하고는 각국에서 고전을 면치 못했습니다. 유럽 국가 중 독일 사람들은 특히 월마트를 싫어했습니다. 환경을 무엇보다 중시하는 독일인에게 월마

현지화에 실패한 월마트

트에 넘쳐나는 1회용 플라스틱 제품은 좋은 인상을 줄 수 없었습니다. 또한 월마트는 친절을 강조하기 위해 계산대 직원에게 웃음을 강요했는데 이 역시 독일 사람들을 불편하게 했습니다. 무뚝뚝하고 진지하기로 유명한 독일인들은 처음 만난 사람을 보고 웃는 것을 실례라고 생각하기 때문입니다. 2006년 월마트는 독일 시장에서 철수하면서 또 하나의 실패 사례를 남겼습니다.

지역 상권을 향한 횡포

월마트가 특정 지역에 입점하면 인근의 상권은 초토화되곤 합니다. 미국에서 최대 구매력을 자랑하는 월마트는 제조업체로부터 가장 싸게 제품을 납품받을 수 있기에 지역의 작은 상점들이 월마트보다 싼 값에 물건을 팔기란 사실상 불가능하기 때문입니다.

이로 인해 대를 이어 고향에 살면서 상점을 운영하던 주민들이 적자를 견디다 못해 문을 닫게 되면서 실업자가 늘어나기 시작했습니다. 이들 중 일부는 먹고살기 위해 할 수 없이 월마트의 비정규직 직원으로 입사하게 됩니다. 월마트는 이들을 고용하며 정부로부터 일자리를 만들어 낸 좋은 기업으로 인정받아 보조금까지 받아 챙깁니다.

월마트는 이익을 극대화하기 위해 팔리지 않은 제품을 모두 납품업체에 반품합니다. 또한 납품받은 상품이 기대한 만큼 팔리지 않을 경우에는 납품업체에 벌금을 물려 이익을 보전합니다.

장사가 잘 되지 않아 매장을 철수할 때도 월마트는 순순히 떠나지 않고 횡포를 부리는 경우가 많아 사람들의 원성을 사곤 합니다. 자사가 떠난 점포에 경쟁업체들이 입점하는 것을 막기 위해 일부러 임대계약을 해지하지 않고 임대료를 계속 내면서 타 업체의 입점을 막습니다. 주민들 입장에서는 텅 빈 점포보다 새로운 업체가 들어서기를 원하지만 월마트는 자사가 폐업한 자리에 다른 업체가 들어오는 것을 돈으로 철저히 막아섭니다.

구두쇠로 세상을 떠난 샘 월튼

1962년 아칸소주에 첫 번째 월마트 매장이 등장한 이후 회사는 성장을 거듭하며 세계 최대 기업에 등극했습니다. 월마트가 대성공을 거두자 창업주인 샘 월튼 역시 세계 최고의 억만장자가 되었습니다. 1970년 뉴욕증시에 상장된 월마트의 기업가치는 30년 동안 1,800배 이상 오르며 최대 주주인 월튼을 세계 최고의 부자로 만들어 주었습니다.

어릴 적부터 구두쇠로 둘째가라면 서러웠던 월튼은 억만장자가 된 이후에도 단돈 1달러조차 낭비하지 않는 삶을 살았습니다. 최고급 승용차가 아닌 오래된 픽업트럭Pick-up truck*을 손수 몰고 다녔고 항공기를 타더라도 기본석인 이코노미클래스만을 고집했습니다. 그의 경영 방침에 따라 월마트의 모든 직원은 출장을 갈 때 지위고하를 막론하고 이코노미클래스를 이용하고 숙소는 방값이 저렴한 2인실에 묵어야 했습니다.

'석유왕'으로 불린 존 록펠러John D. Rockefeller, '철강왕'으로 불린 앤드류 카네기Andrew Carnegie 등 세상을 먼저 떠난 여느 억만장자와 달리 월튼은 재산을 사회에 환원하지 않고 모두 자식들에게 증여했습니다. 그는 살아생전 세계 최고의 부자라는 소리를 듣지 않으려고 애썼습니다. 노동력 착취, 납품단가 후려치기 등 그다지 떳떳하지 못한 방법으로 엄청난 부를 축적했기 때문에 사회적 비난을 고려해 막대한 재산을 일찌감치 가족에게 나누어 주었습니다. 2019년 기준 월튼 가문의 재산은 1,900억 달러에 달합니다. 이 재산은 샘 월튼의 세 자녀

---

* 덮개가 없는 짐칸이 달린 소형 트럭.

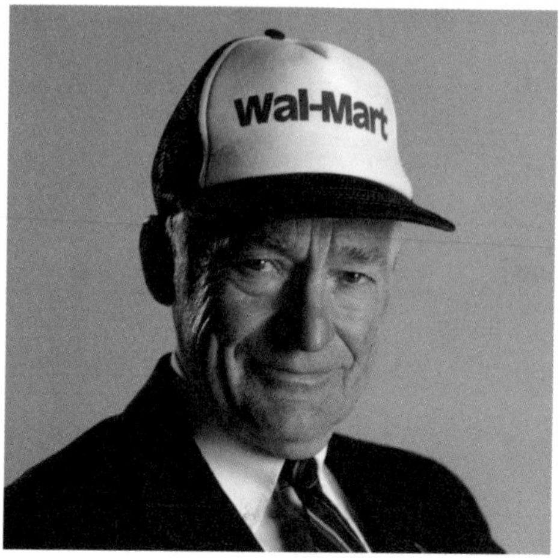

막대한 부를 일구었지만
사회 환원에는 인색했던
샘 월튼

를 비롯한 7명의 가족이 골고루 나눠 갖고 있기 때문에 사람들의 눈에 잘 띄지 않습니다.

1992년 월튼은 혈액암에 걸려 병원에 입원하면서 생애 처음으로 휴식을 취했습니다. 인생의 막바지에 이르러서야 그는 자신이 그동안 가족과 소원한 관계를 유지해 왔다는 사실을 깨달았습니다. 평생 자식들과 함께 시간을 보낸 기억이 거의 없었고 손자 이름은 절반밖에 기억하지 못할 정도로 일에 미쳐 살았습니다. 또한 주변에는 터놓고 이야기할 수 있는 친구가 한 명도 없었고 머릿속에 떠오르는 전화번호는 사업 관계자 것밖에 없었습니다.

1992년 4월 5일 샘 월튼은 마지막 유언으로 "내가 다 망쳤어I blew it."라는 한탄 섞인 말을 남기고 눈을 감았습니다. 마지막 유언처럼 그는 미국 사회에 어두운 그림자를 짙게 남기고 세상을 떠났습니다.

월튼으로부터 월마트의 주식을 물려받은 자식들은 매년 수십억 달러의 배당금을 챙기며 부를 계속 늘려 가고 있습니다. 전문경영인 체제가 자리 잡은 미국 사회에서 월마트는 가족이 회사 경영에 적극적으로 참여하고 있습니다. 이들은 회사의 요직을 차지하고 수백억 원의 연봉을 받지만 근로자의 임금 인상에는 인색해 비판의 대상이 되고 있습니다. 또한 인건비를 줄이기 위해 직원들의 근무시간을 축소 계산하다가 들통나 망신을 당하기도 했습니다. 정규 시간 외에 추가 근무를 강요하고 이에 따른 임금을 지급하지 않아 직원들로부터 집단소송을 당한 적도 있습니다.

월마트는 연간 이직률이 최대 70%로 미국의 대기업 중 최고 수준이지만 직원이 떠난 빈자리에 신규사원을 뽑는 데는 별다른 어려움을 겪지 않습니다. 일자리가 부족한 미국에서 대기업이 직원 모집 공고를 내면 많은 사람이 순식간에 몰려오기 때문입니다.

월마트가 세상에 등장한 이후 수많은 기업이 월마트의 최저임금 정책을 따라 하면서 미국에는 안정적인 소득을 올릴 수 있는 일자리가 빠르게 줄어들었습니다. 그 결과 미국이 자랑하던 두터운 중산층이 붕괴하면서 미국 사회는 소수의 부유층과 다수의 빈곤층으로 새롭게 재편되고 있습니다.

코스트코의 도전

1936년 펜실베이니아주 피츠버그Pittsburgh시에서 태어난 짐 시네걸Jim Sinegal의 유년 시절은 불행의 연속이었습니다. 경제적 부양능력이

코스트코의 창업주 짐 시네걸

없었던 그의 어머니는 아들을 낳자마자 고아원에 맡겼다가 열한 살 되던 해에 집으로 데려왔습니다. 이후로도 가난을 면치 못한 시네걸은 18세가 되던 해인 1954년 대형 할인점인 페드마트FedMart에서 잡역부로 일하며 사회에 첫발을 내디뎠습니다.

시네걸은 자신의 어려운 처지를 통해 하층민의 고충을 이해할 수 있었는데, 이는 훗날 사회적 약자를 배려하는 태도로 이어졌습니다. 성실한 시네걸은 창업자의 눈에 띄어 초고속 승진을 거듭해 1979년 수석부사장 자리에 올랐습니다. 상품을 운반하던 잡역부가 수석부사장 자리에 오른 것은 그야말로 파격으로, 그가 얼마나 유능했는지 잘 보여줍니다.

1983년 시네걸은 공동 창업자 제프리 브로트먼Jeffrey Brotman과 함께

미국 유통 산업의 강자로 떠오른 코스트코

시애틀 부근 커크랜드Kirkland에서 코스트코Costco라는 대형 할인매장을 열면서 자기 사업을 시작했습니다. 그는 코스트코를 설립할 때부터 월마트를 비롯한 다른 유통회사와는 완전히 다른 경영전략을 선보여 사람들을 놀라게 했습니다.

첫째, 기업의 이익을 최소화했습니다. 지구상에 존재하는 기업 대부분이 추구하는 것은 이익의 극대화로, 이는 경영의 기본에 해당합니다. 경영자 대다수는 수단과 방법을 가리지 않고 이윤을 극대화하려고 하지만 코스트코 창업주는 상품의 매입대금, 운반비, 인건비 등 매장을 유지하기 위한 제반 비용을 제외한 영업이익률을 2% 선으로 유지하는 방침을 세웠습니다.

유통기업이 영업이익률을 높이려면 매장 유지에 들어가는 비용을 줄여야 하는데, 이를 위한 가장 손쉬운 방법은 임금을 적게 주는 것입니다. 월마트를 비롯한 유통업체들이 악착같이 인건비를 줄이려고 할 때 코스트코는 오히려 가능한 한 임금을 많이 주려고 했습니다. 코스트코 창업주는 기업이 수많은 고객과 종업원을 위해 존재하는 것이지 소수의 대주주와 경영자를 위해 존재하는 것이 아니라고 생각했습니다.

코스트코 경영진은 월마트처럼 종업원에게 먹고살기도 힘들 만큼 낮은 임금을 주면 근로의욕을 잃은 노동자들이 열심히 일하지 않게 되고 그 결과 필연적으로 서비스의 질이 떨어지게 되어 결국 회사에 큰 손해를 입힐 것으로 판단했습니다. 또한 종업원이 수시로 직장을

직원을 존중하는 코스트코

떠나고 고객에게 성심성의껏 최선을 다하지 않는 회사가 지속적인 성장을 할 리 없다고 생각했습니다. 이와 반대로 종업원에게 최고의 대우를 해주면 시키지 않더라도 열심히 일하고 고객에게 최선을 다하기 때문에 결과적으로 회사에 이익이 된다고 확신했습니다.

코스트코는 업계 최고 수준으로 임금을 책정하고 직원 대부분을 정규직으로 고용했습니다. 설령 필요에 따라 비정규직으로 고용하더라도 정규직과 같은 혜택을 줌으로써 비정규직 근로자가 부당한 대우를 받지 않도록 했습니다. 또한 미국인들의 가장 큰 고민거리인 의료보험료도 회사가 부담해 직원들의 경제적 부담을 덜어주었습니다. 구조조정이라는 명분으로 직원을 해고하는 일도 없었고 정년퇴직에 관한 엄격한 규정도 없어 힘이 닿는 한 계속 매장에서 일할 수 있도록 배려했습니다. 코스트코가 근로자들에게 파격적인 대우를 약속하자 월마트를 비롯한 기존 유통업체에서 일하던 사람들이 코스트코에 입사하기 위해 앞다투어 몰려들었습니다.

둘째, 납품업체와 상생하는 관계를 구축하고 유지했습니다. 납품업체를 무조건 쥐어짜는 방식이 아니라 서로 머리를 맞대고 모두에게 이익이 되는 방법을 찾기 위해 노력했습니다.

코스트코는 아이들의 간식거리인 데니시 버터 쿠키Danish cookie를 1파운드 용량 한 상자에 3~4달러 가격으로 내놓았습니다. 데니시 쿠키가 엄청난 인기를 얻으며 팔려 나가자 코스트코는 납품업체에 용량을 두 배로 늘린 2파운드짜리 쿠키를 5달러에 공급할 것을 제안했습니다.

코스트코가 선보인 대용량의 데니시 쿠키

2파운드 용량의 데니시 쿠키가 대성공을 거두어 회사의 이익이 큰 폭으로 늘어나자 이번에는 납품업체가 먼저 5파운드짜리 대용량 상품을 만들어 7달러라는 낮은 가격을 매겨 코스트코에 납품하겠다는 제안을 했습니다. 이처럼 코스트코는 납품업체의 일방적인 희생을 강요하지 않고 서로 이익이 되는 길을 찾으려고 노력하면서 납품업체와 끈끈한 신뢰 관계를 구축했습니다.

셋째는 주요 생활필수품만 판매하는 것이었습니다. 월마트의 경우 취급 품목이 무려 14만 종에 달해 이들 상품을 관리하는 데 엄청난 시간과 비용이 투입되었습니다. 이와 달리 코스트코는 생활필수품 4,000여 가지만 엄선해 매장에 내놓았는데, 결과가 좋았습니다. 적은 품목을 다루다 보니 관리비용이 적게 드는 것은 물론, 여유 공간에 대용량 제품을 진열할 수 있어 매출액을 늘릴 수 있었습니다. 지금도 코스트코 매장에서는 다른 유통업체에서 찾아볼 수 없는 대용량 상품을 팔고 있으며, 이로 인해 소비자 한 명당 한 번에 지출하는 금액이 가장 많습니다.

넷째는 단 하나의 신용카드 회사와 거래를 하는 것이었습니다. 신용카드 회사는 카드 소지자가 매장에서 카드로 상품을 구매할 경우 대금을 대신 지불해 주고 지정된 날 카드 소지자의 통장에서 결제대금을 인출합니다. 카드 회사는 고객 대신 업소에 구매 대금을 송금하면서 수수료 명목으로 약간의 돈을 떼고 주는 식으로 수익을 올립니다. 카드 회사가 받는 수수료율이 2%라고 가정하면 고객이 코스트코 매장에서 100만 원어치의 물건을 살 경우 신용카드 수수료 2만 원을 제외한 98만 원을 코스트코에 송금합니다.

코스트코는 영업이익률을 업계 최저 수준인 2%대로 유지하기로 했기 때문에 고율의 카드 수수료를 물어서는 승산이 없다고 판단해 하나의 신용카드 회사와만 거래하기로 했습니다. 물론 코스트코 이용객이 물건을 사기 위해 새 카드를 발급받아야 하는 불편이 있지만 회사를 유지하기 위해서는 어쩔 수 없는 선택이었습니다.

코스트코는 하나의 카드 회사에 고객을 몰아주는 대가로 다른 유통업체에 비해 파격적으로 낮은 카드 수수료율을 적용받을 수 있게 되어 비용을 대폭 줄일 수 있었습니다. 카드 회사 입장에서도 코스트코와 독점계약을 하는 것은 행운이나 다름없었습니다. 코스트코를 이용하는 고객 대부분이 중산층 이상의 사람들이라 카드 회사는 알토란같은 우량고객을 코스트코 덕분에 확보할 수 있었기 때문입니다.

성공적인 회원제 도입

시네걸은 코스트코를 창업하면서 동종업체와 경쟁하기보다는 오로지 우량고객에 초점을 맞추는 전략을 채택했습니다. 이를 위해 코스트코를 이용하려는 고객을 대상으로 매년 약 50달러의 연회비를 받기로 했습니다.

당시 유통업체 대부분이 한 명의 고객이라도 더 유치하기 위해 혈안이 되어 매장 문턱을 낮출 때 코스트코는 과감하게 매장 문턱을 높였습니다. 월마트 등 다른 유통업체의 매장에 얼마든지 공짜로 들어갈 수 있는 상황에서 해마다 50달러의 연회비를 내는 것은 고객의 입장에서 결코 반가운 일이 아니었지만 오히려 이 점이 코스트코의 매력이 되었습니다.

2015년 코스트코는 회원 수가 처음으로 8,000만 명을 넘어서면서 연회비 수입으로만 연간 40억 달러가량을 벌어들였습니다. 코스트코는 연회비만으로도 수익이 충분하기에 회원을 상대로 굳이 비싼 가격에 상품을 판매할 필요가 없게 되면서 월마트 등 다른 유통업체보다 저렴한 가격으로 상품을 제공할 수 있습니다.

코스트코 회원도 이익을 보기는 마찬가지입니다. 코스트코를 이용하려면 적지 않은 금액의 연회비를 내야 하지만 상품 가격이 다른 곳

회원제로 운영되는 코스트코

보다 많이 저렴해 결과적으로 연회비보다 더 많은 돈을 절약할 수 있습니다.

매년 전체 회원 중 90% 이상이 연회비를 내고 회원자격을 계속 유지할 정도로 코스트코의 회원제는 큰 성공을 거두었습니다. 코스트코는 회원을 최상의 가치로 여기는 만큼 다른 유통업체에서는 볼 수 없는 서비스를 제공합니다. 회원이 상품을 구입한 후 마음에 들지 않을 경우, 단순 변심이라 하더라도 3년 이내에만 가져가면 영수증 없이도 전액 환불해 줍니다. 다른 유통업체는 제품에 문제가 있을 때만 환불해 주는 경우가 많은데, 코스트코는 조건 없이 환불해 줍니다. 물론 일부 회원 중에는 환불제를 악용해 1~2년간 제품을 사용하

연회비를 내야 만들 수 있는 코스트코 멤버십 카드

다가 환불을 요구하는 사람도 있습니다. 심지어 먹다 남은 음식을 가져와 환불을 해달라는 사람도 있지만 코스트코는 고객과의 약속대로 무조건 환불을 해줍니다.

코스트코는 수많은 고객의 사랑을 받는 기업이지만 미국 금융 산업의 중심지인 월가Wall Street에서는 그리 환영할 만한 기업은 아닙니다. 월가에서는 기업의 최고경영자가 수단과 방법을 가리지 않고 막대한 수익을 올리고, 거두어들인 수익을 주주에게 배당금으로 나눠주는 것을 최고의 덕목으로 여깁니다. 하지만 코스트코는 회사 이윤의 극대화보다는 고객 만족에 더 주안점을 두기 때문에 주주에게 쥐꼬리만 한 배당금을 줄 수밖에 없어서 월가의 투자자들에게 불만을 사곤 합니다.

새로운 경영 모델

2000년대 들어 효율성과 이윤 추구를 최고의 덕목으로 삼는 신자유주의* 물결이 기승을 부리면서 미국 사회는 이전보다 살기가 팍팍해졌습니다. 기업 CEO의 연봉은 일반 노동자의 연봉과 100배 이상 차이가 났고 직원들은 비용 절감을 위해서라면 아무 때라도 해고할 수 있는 대상으로 전락했습니다. 하지만 코스트코는 신자유주의라는 시대적 흐름과는 정반대의 길을 걸어 미국인들에게 신선한 충격을 주었습니다.

시네걸은 1983년 코스트코를 창립한 이후 2012년 CEO에서 물러날 때까지 경영상의 어려움을 이유로 직원을 내쫓은 적이 단 한 번도 없었습니다. 물론 코스트코도 그동안 수차례 경영 위기를 겪었지만 그럴 때마다 시네걸은 얼마 되지 않는 자신의 연봉을 먼저 삭감하며 고통 분담에 앞장섰습니다.

월가의 증권회사들은 코스트코의 과도한 임금과 복지가 회사의 경쟁력을 갉아먹는다고 비판했지만 그럴 때마다 시네걸은 "직원이 행복해질수록 회사의 경쟁력도 커집니다. 13만 명이 넘는 직원이 코스트코에 대해 주변 사람들에게 긍정적인 이야기를 해 준다면 이보다 더 좋은 광고는 이 세상에 없습니다."라고 대답하며 종업원이 누리는 복지혜택을 줄이지 않았습니다.

시네걸은 여느 CEO와 달리 권위주의적이지 않고 특권을 누리려고 하지도 않았습니다. 그는 평사원과 별반 차이 없이 방 문도 없는 조그마한 사무실을 사용했고 직원용 티셔츠에 붙은 명찰에는 CEO

---

* 20세기 이후 정부의 시장 개입을 지양하고 자유로운 경쟁 체제를 강화하려는 사상.

직함 대신 '짐, 1983년 입사Jim, employee since 1983'라는 소박한 문구를 새겼습니다.

시네걸은 코스트코의 모든 직원에게 자신을 '짐Jim'이라 부르게 하고 격의 없이 지내려고 했습니다. 고객과의 관계도 마찬가지여서 자신의 휴대전화 번호를 공개하고 되도록 첫 번째 벨 소리에 전화를 받으려고 노력했습니다. 그는 진솔한 마음가짐으로 고객과 직원을 대했고 이를 알게 된 사람들의 존경을 받았습니다.

2014년 버락 오바마Barack Obama 대통령은 코스트코를 방문해 미국의 대기업들이 코스트코를 따라갔으면 좋겠다는 찬사를 남겼습니다. 코스트코는 이윤 극대화를 지상과제로 생각하는 미국 기업에 새로운 경영 모델을 제시한 모범적인 기업으로 자리매김했습니다.

번영하는 온라인 유통 산업

1990년대 들어 인터넷이 집집마다 보급되면서 사람들은 인터넷으로 다양한 일을 할 수 있게 되었습니다. 1994년 월스트리트의 펀드매니저였던 30세의 제프 베조스Jeffrey P. Bezos는 자본금 300달러로 온라인 서점 아마존Amazon을 설립했습니다.

베조스는 가까운 장래에 세계 모든 사람이 인터넷을 이용할 것으로 생각했습니다. 그렇게 될 경우 인터넷을 이용한 온라인 쇼핑이 매장을 직접 방문해야 하는 오프라인 쇼핑을 충분히 대체할 수 있으리라고 믿었습니다. 그의 예상은 적중해 온라인 서점 아마존은 해마다

아마존을 설립한
제프 베조스

폭발적인 성장을 이루며 기존 오프라인 서점들을 무너뜨렸습니다. 아마존이 등장한 이후 소형 서점부터 대형 서점까지 시차를 두고 파산하면서 사람들은 온라인 유통 산업의 힘이 얼마나 막강한지 눈으로 확인할 수 있었습니다.

1997년 베조스는 아마존을 미국 주식시장 나스닥NASDAQ*에 상장시켜 막대한 자금을 끌어모았습니다. 이를 통해 충분한 현금이 확보되자 그는 서적뿐 아니라 음반, 의류, 주방용품, 자동차, 전자제품 등 수많은 품목을 취급하면서 월마트나 코스트코 같은 기존 오프라인 유통업체와 경쟁하기 시작했습니다. 인터넷이라는 사이버 공간을 매장으로 삼은 아마존의 경쟁력은 월등할 수밖에 없었습니다.

월마트나 코스트코 같은 오프라인 유통업체가 신규 매장을 내려면

* 1971년 시작된 미국의 장외 주식시장. 벤처기업이 중심이 된다.

나스닥에 상장된 아마존

땅을 마련하고 건물을 짓기 위해 수천만 달러의 자금이 필요하지만 인터넷에서는 이보다 훨씬 적은 비용이 들었습니다. 또한 오프라인 매장은 공간의 제약으로 진열할 수 있는 상품에 한계가 있지만 인터넷에는 공간의 제약이 없었습니다. 상품 대신 상품의 사진만 올리면 되기 때문에 세상에 존재하는 모든 제품을 올릴 수 있었습니다. 오프라인 매장이 필요 없기 때문에 매장을 관리하는 수많은 직원도 필요 없었고 아마존 사이트를 관리하는 인력과 배송을 담당하는 인력 정도만 있으면 충분했습니다.

아마존은 제조업체로부터 직접 상품을 매입해 이윤을 붙여 소비자에게 판매하는 형태가 아니라, 수많은 유통업자를 아마존 사이트에 입점시켜 물건을 팔도록 하고 이들로부터 수수료를 챙기는 방식으로 돈을 벌었습니다.

하지만 온라인 유통업체에도 약점이 있었습니다. 월마트 매장에서 쇼핑한 물품은 그 즉시 집으로 가져올 수 있지만 아마존에서 구입한 상품은 며칠의 배송 기간을 거쳐야 받아볼 수 있었습니다. 아마존은 발 빠른 배송을 위해 과거 월마트가 그랬던 것처럼 미국 전역에 엄청난 규모의 물류창고를 지었습니다. 축구장 17개 크기의 거대한 물류센터에서는 첨단 로봇이 상품을 운반하며 빠르게 물류를 처리했습니다.

아마존은 주문 당일에 상품을 집까지 배송할 수만 있다면 미국의 유통 산업을 완전히 장악할 수 있을 것으로 판단하고 신속한 배송을 위해 막대한 자금을 쏟아부었습니다. 당일 배송이 가능하다면 신선식품도 아마존 사이트를 통해 오프라인 매장보다 저렴한 가격에 팔 수 있기 때문에 오프라인 유통업체를 무너뜨리는 것은 시간문제라고 생각했습니다.

이 같은 온라인 유통업체의 도전에 오프라인 유통업계의 절대강자인 월마트가 가만히 있을 리 없었습니다. 월마트 역시 온라인 쇼핑몰 사이트를 구축하고 아마존과 경쟁하려 했지만 아마존의 사업 수완을 당해낼 수는 없었습니다. 소비자들은 사용하기 불편한 월마트 온라인 쇼핑몰 대신 눈에 익숙한 아마존을 애용했습니다.

인터넷의 등장으로 세상이 순식간에 바뀌고 아마존 같은 온라인 기업이 유통 산업의 강자로 떠오르자, 2015년 월마트는 1970년 뉴욕 증시에 상장한 지 45년 만에 처음으로 매출 감소라는 굴욕을 겪어야

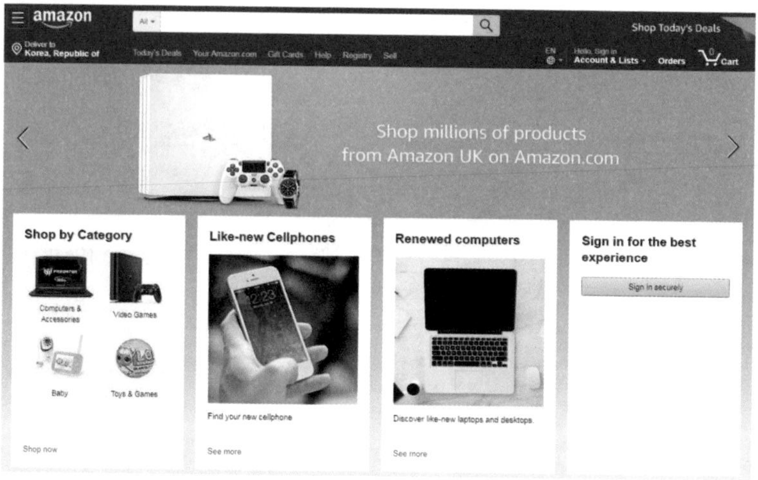

미국 최대의 온라인 쇼핑몰 아마존

했습니다. 매출이 감소했다는 소식에 월마트의 주가는 하락을 면치 못했고 월마트의 경영진과 월튼의 자녀들은 회사의 미래를 걱정하기 시작했습니다.

1994년 베조스가 자본금 300달러로 아마존을 창업했을 때만 해도 사람들은 훗날 아마존이 세계 최대 유통업체인 월마트를 궁지에 몰아넣을 것이라고는 상상조차 하지 못했습니다. 결국 인터넷 시대를 적절히 활용한 아마존은 이에 적응하지 못한 월마트를 누르고 유통업계의 최강자로 떠올랐습니다.

들여다보기

★

중국으로 진출한 코스트코

중국이 경제를 개방한 이후 1990년대 들어 미국의 월마트, 프랑스의 까르푸, 영국의 테스코, 한국의 이마트 등 각국에서 큰 성공을 거둔 대형 유통업체들이 앞을 다투어 인구 대국인 중국으로 진출했다. 외국계 대형 유통업체의 널찍하고 수많은 물품이 잘 진열된 매장은 중국인에게 마치 신세계를 보는 듯한 경이로움의 대상이었다.

그러나 중국에서 외국 기업의 좋은 날은 오래가지 않았다. 외국계 기업을 모방한 중국 토종 기업이 우후죽순으로 생겨나면서 상품을 팔아도 남지 않는 치열한 경쟁 시대가 열렸기 때문이다. 외국 업체는 이익을 최대화하기 위해 값싼 중국 상품을 많이 팔았는데 중국인들 입장에서는 굳이 자국 상품을 사기 위해 외국계 유통업체를 찾을 필요가 없었다. 토종 업체에 밀려 경쟁력을 상실한 외국 업체들이 막대한 손실을 견디지 못하고 떠나자 중국은 외국 유통업체의 무덤이 되었다.

그런데 2019년 8월 코스트코가 뒤늦게 중국 시장에 진출하면서 사람들을 놀라게 했다. 당시 미국과 중국은 한창 무역 전쟁을 벌이고 있던 터라 중국인들의 미국에 대한 반감은 극에 달해 있었다. 중국인들이 미국 기업에 대한 불매운동을 벌이자 중국 시장에 진출한 미국 기업은 고전을 면치 못하고 속속 짐을 싸고 있던 상태였다. 그런데 코스트코 상하이점은 개장 전부터 사람들이 몰려들면서 한바탕 소동이 벌어졌다. 상하이점은 1,200대 이상을 수용할 수 있는 초대형 주차장을 갖추고 있었지만 이곳도 순식간에 자동차로 가득 찼다. 너무 많은 차가 몰리다 보니 코스트코 인근의 교통이 마비되어 교통경찰이 출동하는 상황까지 벌어졌다. 매장 입구 앞에는 끝이 보이지 않을 정도로 긴 줄이 늘어섰다.

개장과 동시에 손님들은 마치 100미터 달리기를 하듯 매장 안으로 뛰어들었다. 중국 고객을 흥분시킨 코스트코의 상품은 돼지고기와 마오타이주酒였다.

중국에서 고기는 곧 돼지고기를 의미할 정도로 중국인에게 돼지고기는 하루도 빠지지 않고 밥상에 올라오는 필수적인 식재료다. 중국 정부도 돼지고기 공급에 차질이 없도록 세심히 관리해 왔으나 2018년 아프리카 돼지열병이 돌면서 돼지가 떼죽음을 당하는 사태가 발생했다. 아프리카 돼지열병은 치사율이 100%에 이를 정도로 치명적인 전염병이다. 이 병

코스트코 매장에 들어가기 위해 줄을 선 중국인들

중국 코스트코의 인기상품인 마오타이주

이 중국 전역을 강타하면서 중국의 양돈 산업은 심각한 타격을 입었다. 이로 인해 돼지고기 가격이 하루가 다르게 치솟자 서민은 돼지고기를 먹지 못해 안달이었다. 때마침 코스트코가 돼지고기를 시중보다 훨씬 싼 값에 팔자 그것을 구하기 위해 사람들이 몰렸던 것이다.

중국을 대표하는 술인 마오타이주 역시 코스트코의 최고 인기상품이었다. 중국 남부 구이저우성의 특산품인 마오타이주는 생산량이 한정되어 있어 공급이 수요를 따라가지 못한다. 이에 마오타이주는 웃돈이 붙어 중국 정부가 정한 가격보다 비싼 값에 팔리지만 이마저도 대부분이 가짜다. 그런데 코스트코가 정품 마오타이주를 시장 가격보다 훨씬 싼 값에 판매하자 이를 대량으로 구입해 다른 사람에게 되팔려는 사람들이 몰려들었다. 마오타이주는 순식간에 동이 났고 인터넷에는 코스트코에서 구입한 마오타이주를 되팔려는 사람들이 등장했다.

개장 이후로 코스트코는 여느 외국 유통업체와 달리 중국에서 성공가도를 달리고 있다. 미국을 비롯한 선진국의 품질 좋은 상품을 최저가로 팔기 때문이다.

2장

경제 강국을 지탱해 주는 든든한 버팀목

곡물 산업

농기계가 이룬 농업혁명

미국은 러시아와 캐나다에 이어 세 번째로 큰 영토를 가진 나라이지만 곡물 생산량은 압도적인 세계 1위 국가입니다. 영토 대국 러시아와 캐나다는 매서운 추위와 척박한 토양으로 인해 농사를 지을 수 있는 토지가 얼마 되지 않지만 미국은 일부 사막지대를 빼고는 대부분 농사짓기에 적당합니다. 게다가 토질이 비옥해 작물이 잘 자라고 강수량도 충분합니다. 이와 같이 미국은 농업에 최적인 자연환경 덕분에 일찌감치 농업이 발달해 세계 최대 곡물 생산국이자 수출국의 지위를 누려 왔습니다. 오늘날에도 농축산물은 미국의 최대 수출 품목입니다.

미국이 세계 최고의 농업국으로 군림하는 데는 1831년 사이러스 맥코믹Cyrus H. McCormick이 개발한 자동수확기가 절대적인 영향을 미쳤습니다. 당시 22세의 청년 맥코믹이 자동수확기를 발명하기 이전까지만 해도 농민들은 큰 낫을 사용해 일일이 수작업으로 농작물을 거두어들였습니다. 그러다 보니 아무리 넓은 땅을 가지고 있어도 가을

발명가 사이러스 맥코믹

수확 철에 동원할 수 있는 노동력에 한계가 있었던 농민들은 소규모 농사에 만족해야 했습니다.

맥코믹은 당시 인구의 70%가 농민이고 끝없이 넓은 땅을 가진 미국에서 수확 철 일손 부족 문제만 해결하면 큰 돈을 벌 수 있을 것이라는 기대 속에 말을 이용해 곡물을 수확하는 자동수확기를 세상에 내놓았습니다. 그는 자동수확기를 사용하면 기존에 손으로 수확할 때보다 최소 10배 이상 생산성을 높일 수 있을 테니 농민이라면 누구나 자동수확기를 살 것이라고 믿었습니다.

1834년 6월 맥코믹은 자동수확기로 특허를 획득해 안정적인 사업 기반을 마련했습니다. 하지만 막상 자동수확기를 시장에 내놓자 실제 소비자의 반응은 좋지 않았습니다. 자동수확기의 가격이 당시로는 매우 고가인 120달러에 달해 기계를 선뜻 살 수 있는 농민이 거의 없었기 때문입니다. 맥코믹은 살아남기 위해 아무도 생각하지 못한 할부판매 방식을 고안했습니다. 땀흘리며 힘들게 일해서 먹고사는 농민이야말로 어떤 직종의 사람들보다 정직하다고 믿은 그는 과감하게 장기 할부판매에 나섰습니다.

맥코믹의 자동수확기

장기 할부로 자동수확기를 살 수 있게 되자 농민들은 앞다투어 기계를 구입했습니다. 그리고 1851년 영국 런던에서 개최된 만국박람회에서 자동수확기가 혁신적인 제품으로 선정되며 유럽에서도 성능을 인정받았습니다. 이후 자동수확기가 나라 안팎으로 인기를 끌면서 맥코믹은 돈방석에 앉았습니다.

시간이 흐르자 자동수확기의 유사 제품이 시장에 쏟아져 나오기 시작했습니다. 맥코믹은 유사품을 만드는 업체를 상대로 특허침해 소송을 제기했습니다. 그는 소송을 통해 유사품 제조기업을 제압하고 결국 미국 최대의 농기계 제조업체를 소유하게 되었습니다.

당시 자동수확기가 사람들의 엄청난 관심을 받았던 만큼 이에 관련된 재미있는 일화도 많은데, 그 대표적인 것이 에이브러햄 링컨 Abraham Lincoln에 관한 이야기입니다. 맥코믹에게 소송을 당한 한 회사는 일리노이주에서 변호사를 하고 있던 에이브러햄 링컨을 비롯한 여러 변호사에게 변론을 맡겼습니다.

링컨은 당시 거금 500달러를 받고 밤새 자료를 준비해 법정에 나갔습니다. 그런데 공동 변론을 맡게 된 거물 변호사 에드윈 스탠턴 Edwin Stanton이 신인 변호사 링컨을 보자마자 자리에서 벌떡 일어나 "저 따위 긴팔원숭이 촌뜨기와 어떻게 함께 일한단 말인가!"라고 말하며 법정을 나가 버렸습니다. 그때까지만 해도 훗날 링컨이 미국의 대통령이 되리라고는 아무도 생각지 못했습니다.

맥코믹의 자동수확기는 남북전쟁의 승패를 가른 요인 중 하나이기도 했습니다. 남부의 농민은 흑인 노예에게 농사를 맡겨 두고 전쟁터에 나설 수 있었지만 북부의 농민은 노예가 없어 농사를 맡길 사람이 없었습니다. 그러나 자동수확기가 보급되자 성인 남자가 집에 없더라도 여성이나 청소년이 농사를 대신 지을 수 있게 되었고 북군은 많은 수의 농부를 군인으로 모집할 수 있었습니다.

자동수확기는 날개 돋친 듯이 팔려 나갔고 맥코믹이 세상을 떠난 1884년에 이르러서는 해마다 5만 대 이상 팔렸습니다. 맥코믹은 살아생전 자동수확기를 비롯해 파종기, 탈곡기 등 갖가지 농기계를 만들어 미국의 농업 생산량을 획기적으로 높였습니다.

맥코믹이 자동수확기로 특허를 취득한 1830년대까지만 해도 미국 전체 인구의 70% 이상이 농업에 종사했습니다. 농기계가 충분히 보급된 1900년대에는 농민의 비율이 10% 이하로 줄어들었지만 농산물 생산량은 이전보다 훨씬 많아 남아도는 상황에 이르렀습니다. 자급자족 형태를 벗어나지 못하던 소규모 생계형 농업은 맥코믹의 농기계 덕분에 소수의 인력만으로도 대규모로 농사를 지을 수 있는 기업형 농업으로 바뀌었습니다.

맬서스의 우울한 예언

1798년 영국에서 놀라운 책 한 권이 발간되었습니다. 저자의 이름은 알 수 없었고 제목은《인구론》이었습니다. 책 내용이 예사롭지 않았는데, 식량의 증가 속도보다 인구의 증가 속도가 훨씬 빠르기 때문에 결국 인류는 파멸에 이를 것이라는 내용이었습니다. 책의 저자는 인류의 파멸을 막으려면 인구의 증가를 막아야 한다고 주장했습니다. 특히 못 배우고 가난한 사람들이 자식에 대한 욕구가 강하기 때문에 이들에 대한 복지를 없애 감히 자식을 낳으려는 생각조차 하지 못하게 해야 한다고 했습니다.

당시 영국은 빈민에 대한 복지제도를 점차 늘리려던 참이었습니다. 그런데《인구론》은 빈민을 도와선 안 되며 자연 도태되도록 유인하라는 과격한 주장을 담고 있었고 이는 영국 사회를 발칵 뒤집어 놓았습니다. 복지혜택을 갈구하던 빈민들에게《인구론》은 악마의 책이었고, 많은 세금을 부담하고 싶지 않았던 상류층에게는 너무나 반가

《인구론》의 저자 토머스 맬서스

운 경제학 이론서였습니다.

영국 사회가 《인구론》을 두고 갈등을 일으키자 책의 저자는 세상에 자신의 이름을 알렸습니다. 바로 토머스 맬서스Thomas R. Malthus로, 그는 놀랍게도 직업이 목사였습니다. 따뜻한 마음을 가져야 할 목사가 빈민에 대한 복지를 없애고 빈민이 세상에서 사라지도록 열악한 환경을 조성해야 한다고 주장했다는 것에 사람들은 경악과 충격을 금치 못했습니다.

영국의 명문 케임브리지대학교를 졸업한 맬서스는 목사인 동시에 영국 최초로 경제학 교수가 되었습니다. 그는 교수생활 30년 동안 오직 인구와 곡물의 상관관계에 관한 연구에 몰두했습니다. 그가 《인구론》을 발표할 당시 지구촌 인구는 약 8억 명에 지나지 않았지만 1850년대가 되자 약 12억 명이 되었고, 1950년 25억, 1975년 40억, 1987년 50억, 2000년 60억, 2018년 75억 명을 돌파했습니다.

맬서스의 《인구론》이 출간된 지 200년 만에 세계 인구는 10배 가까이 증가했습니다. 맬서스의 예언대로 지구촌 인구는 폭발적으로 늘어났지만 그가 말한 끔찍한 기근은 찾아오지 않았습니다. 이는 화학비료라는 변수가 있었기 때문입니다.

기적의 화학비료

1840년 독일의 화학자 유스투스 리비히Justus von Liebig는 질소, 인산, 칼륨이 농작물의 생장에 반드시 필요하다는 사실을 밝혀냈습니다. 그는 질소, 인산, 칼륨 중 어느 하나라도 부족하면 농작물이 제대로 성장하지 못한다는 '최소량의 법칙(1843년)'을 주장하며 비료의 필요성을 역설했습니다.

이후 유럽인들은 질소, 인산, 칼륨을 비료로 만들어 곡물 재배에 활용했습니다. 그런데 인산비료와 칼륨비료는 쉽게 얻을 수 있었던 반면 질소비료는 구하기가 쉽지 않아 골칫거리였습니다. 당시 유럽은 칠레에서 산출되는 자연산 초석*을 수입해 질소비료를 만들었는데 사용량이 워낙 많아 머지않아 고갈될 위기에 처해 있었습니다.

비료의 필요성을 주장한 화학자 유스투스 리비히

이때 해결책을 제시한 사람이 바로 독일의 화학자 프리츠 하버Fritz Haber였습니다. 하버는 공기를 구성하는 원소 중 78%가 질소라는 점에 착안해 1909년 3월 고온고압에서 수소와 질소를 반응시켜 이들의 화합물인 암모니아를 얻는 데 성공했습니다. 하

* 동물의 사체나 배설물 등에 박테리아가 작용해 생긴 것.

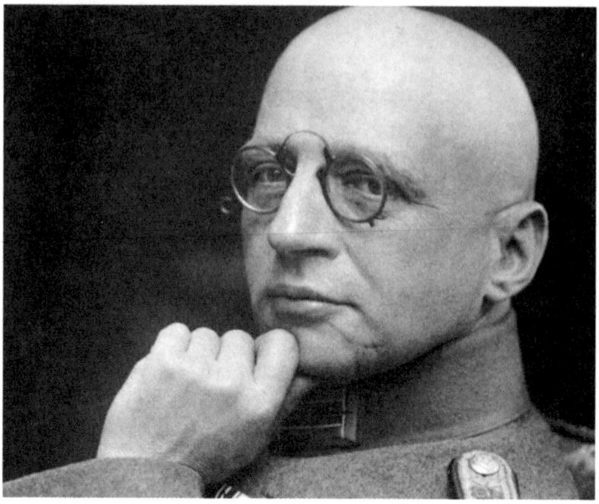

암모니아 합성법을 개발한
독일의 프리츠 하버

버 덕분에 초석이 없어도 공기를 이용해 얼마든지 질소비료를 만들 수 있게 되었습니다. 이를 계기로 인류는 만성적인 식량 부족 상태에서 벗어날 수 있는 발판을 마련할 수 있었습니다. 이후 하버는 '공기로 빵을 만든 과학자'라는 칭송을 얻었고 1918년 노벨화학상 수상으로 자신의 위대한 업적을 세계적으로 인정받았습니다.

20세기 들어 질소, 인산, 칼륨 성분이 함유된 화학비료를 자유자재로 만들 수 있게 되자 그동안 토질이 나빠 농사를 짓지 못하던 곳에서도 곡물을 재배할 수 있게 되었습니다. 또한 예전에는 지력의 회복을 위해 일정 기간 농사를 내려놓고 휴지기를 가져야 했지만 이제는 그럴 필요도 없게 되어 곡물 수확량이 획기적으로 늘어났습니다.

농기계와 화학비료의 발명으로 인류는 맬서스의 불길한 예언인 대규모 기근 사태를 비껴갈 수 있었지만 그렇다고 지구촌 사람 모두가 굶주림에서 벗어난 것은 아닙니다. 적도를 기준으로 북반구 국가는 농기계와 화학비료를 이용해 먹고살기에 충분한 곡물을 생산하지만 아프리카나 남아메리카의 가난한 국가는 예나 지금이나 변함없이 원시적인 방법으로 농사를 짓기 때문에 생산성이 매우 낮아 먹고살기가 쉽지 않습니다.

세계 곡물 시장을 좌우하는 미국

전 세계에서 가장 많이 소비되는 4대 곡물은 쌀, 밀, 옥수수, 콩입니다. 쌀은 아시아인의 주식이며 생산 국가에서 대부분 소비되기 때문에 국제적인 거래량은 그리 많지 않습니다. 쌀을 생산하는 수많은 나라 중 쌀을 수출할 여유가 있는 나라는 태국, 베트남, 미국 등 몇 나라에 불과합니다. 이들 나라 중 어느 한 나라에 흉년이라도 들면 쌀값은 천정부지로 치솟습니다.

밀은 전 세계적으로 많이 생산되는 곡물로서 유럽, 북미, 아프리카 등 거의 모든 대륙에서 해마다 막대한 양이 소비됩니다. 환경 적응력이 뛰어난 밀은 춥거나 건조한 지역에서도 잘 자랍니다. 이집트의 건조지대나 러시아의 추운 지역에서도 자랄 수 있는 유일한 곡물이기 때문에 밀은 오랜 세월 동안 가장 중요한 곡물의 위상을 차지하고 있습니다. 밀은 전 세계인의 주식이지만 자국의 수요를 충족시키고 남는 양을 수출할 수 있는 나라는 그리 많지 않습니다. 미국, 호주, 러시아, 아르헨티나 등 소수의 국가만이 밀을 수출할 수 있으며, 세계 밀

국제 거래량이 많은 밀

생산량의 10% 정도가 국제 시장에서 거래되고 있습니다.

옥수수는 중남미 사람들의 주식으로 아주 오래전부터 재배되었습니다. 중남미 사람들은 옥수수 가루로 만든 얇은 전병을 주식으로 먹습니다. 마지막으로 콩은 인간의 주식으로 쓰이기보다는 주로 동물 사료의 원료로 사용됩니다. 고기에 버금가는 단백질을 함유하고 있는 콩은 소나 돼지 등 가축의 살을 찌우는 최고의 사료입니다. 따라서 육류에 대한 수요가 늘수록 콩에 대한 수요도 덩달아 늘어날 수밖에 없습니다.

미국은 주요 4대 곡물 중 쌀을 제외한 나머지 품목에서 세계 최대 수출국의 지위를 차지하며 세계 곡물 시장을 쥐락펴락하고 있습니다. 심지어 쌀마저도 캘리포니아에서 생산되는 고품질의 쌀을 대량

세계 최대 곡물 수출국인 미국

으로 수출하며 세계 시장에서 적지 않은 영향력을 행사합니다.

만일 미국의 잉여 농산물이 없다면 수억 명의 사람이 굶주릴 정도로 미국은 전 세계 농산물 수급에 중요한 역할을 하고 있습니다. 이로 인해 곡물의 국제 시세는 대개 미국의 곡물 생산량에 따라 결정됩니다. 미국에 흉년이 찾아오면 국제 곡물 가격은 마구 오르고, 풍년이 들면 시세가 안정되어 저렴한 가격에 곡물을 소비할 수 있습니다.

미국에서 농업에 종사하는 사람은 전체 인구의 3%에 불과하지만 이들의 영향력은 막강합니다. 이들은 협회를 조직해 일사불란하게 움직이며 정치권에 지속적으로 압력을 행사합니다. 이 때문에 정치인은 농민의 눈치를 보지 않을 수 없습니다. 유권자의 표가 아쉬운 정치인은 농민에게 유리한 정책을 만들어 해마다 막대한 보조금을 지원해 주기 때문에 미국 농민은 어떤 국가의 농민보다 생활이 여유로운 편입니다.

미국은 곡물을 하나의 상품으로 생각하기 때문에 철저히 자본주의 논리로 접근합니다. 2008년 6월 전 세계 182개국 대표가 이탈리아 로마에 모여 세계식량정상회의를 개최했습니다. 회의에 참석한 각국 대표는 "배고픈 사람은 누구라도 식량을 얻을 수 있는 권리가 있다."라는 합의문을 발표해 모든 사람에게 굶주림에서 벗어날 수 있는 권리가 있음을 천명했습니다. 하지만 회의에 참여한 나라 중 미국은 합의문에 서명하지 않았습니다.

미국 대표는 "배고프다는 이유만으로 식량을 얻을 수 있는 권리가 생기는 것은 아니다. 시장 논리에 따라 곡물의 수출입을 완전히 개방하는 것이 불필요한 무역장벽을 두는 것보다 식량 조달에 훨씬 효율적이다."라고 주장하며 곡물이 자유롭게 유통될 수 있는 환경을 만들자고 했습니다. 미국 정부가 시장과 이윤을 최우선시하며 곡물이 인간의 기본권과 연관되는 것을 탐탁지 않게 여기기 때문에 나온 주장입니다.

곡물 메이저

세계 최대 곡물 생산국이자 수출국인 미국의 중남부에는 끝없이 펼쳐진 광활한 곡창지대가 있습니다. 너무나 광대해서 직접 눈으로 보지 않고는 그 크기를 실감하기 쉽지 않은데, 자동차를 타고 하루 종일 달려도 옥수수, 콩, 밀 같은 곡물만 보일 정도입니다. 이는 마치 끝없이 펼쳐진 곡물의 열병식과 같습니다.

미국의 곡창지대에서 매년 생산되는 엄청난 양의 농산물은 카길Cargill*과 ADMArcher Daniels Midland**이라는 곡물 회사가 매수해 전 세계를 대상으로 판매하는데 이들을 일컬어 곡물 메이저***라고 합니다. 미국 최대이자 세계 최대의 곡물 회사인 카길을 보면 곡물 메이저의 역할이 무엇인지 알 수 있습니다.

1865년 윌리엄 카길William Cargill이 아이오와주에서 곡물창고를 운영하면서 카길의 역사가 시작되었습니다. 윌리엄 카길은 직접 농사를 짓는 것보다는 농부들에게서 곡물을 사들여 판매하는 것이 돈벌이에 유리하다고 생각해 곡물 유통업에 나섰습니다. 미국의 곡물 생산량이 늘어날수록 매출액도 증가해 카길은 세계 최대의 곡물 유통업체로 올라섰습니다.

세계 최대 곡물 회사를 만든 윌리엄 카길

제2차 세계대전 기간에 유럽의 곡창지대가 황폐화되면서 카길의 영향력은 미국을 넘어 유럽에도 미치게 되었습니다.

* 개인 소유의 다국적 기업.
** 농산물 가공과 판매를 주력으로 하는 미국의 대표적인 식품 기업.
*** 세계 곡물 시장에서 매우 큰 영향력을 행사하고 있는 초대규모 곡물 무역상사.

미국 정부는 식량난에 허덕이는 유럽 각국을 돕기 위해 카길로부터 막대한 양의 곡물을 구입해 유럽으로 보냈습니다. 이를 계기로 카길은 글로벌 곡물 기업으로 성장해 세계 최대 곡물 메이저로서 국제 농산물 시장을 좌지우지하기 시작했습니다.

카길을 비롯해 미국의 ADM, 프랑스의 루이 드레퓌스Louis Dreyfus Company, 아르헨티나의 벙기Bunge를 일컬어 세계 4대 곡물 메이저라고 합니다. 이들은 세계 곡물 유통의 70% 이상을 차지하며 막강한 영향력을 행사하고 있습니다.

카길은 미국을 비롯해 전 세계 곡창지대의 농민과 거래 계약을 맺고 수확되는 농산물을 거두어들이고 있습니다. 그리고 세계 100여 개국에 현지 사무소를 차려 사업에 영향을 줄 수 있는 모든 정보를 수집합니다. 세계 각지에서 근무하는 카길 직원은 현지의 작황 상태를 파악해 모든 정보를 본사로 보냅니다. 미네소타주에 있는 카길 본사는 보다 많은 정보를 얻기 위해 자체적으로 기상위성을 쏘아 올려 하루에도 여러 차례 각국의 작황 상태를 파악해 회사의 경영전략을 펼치는 데 활용합니다. 카길의 곡물에 관한 정보수집 능력은 세계적으로 정평이 나 있는 미국 정보기관의 능력을 훨씬 앞서는데, 세계 최고의 정보기관인 CIA미국 중앙정보국조차 필요한 정보를 카길에서 얻을 정도입니다.

카길은 홍수, 가뭄, 냉해 등 여러 가지 요인으로 그해 작황이 좋지 않을 것이라 예상되는 경우에 그들이 보유하고 있는 거대한 창고에

세계 최대 곡물 기업 카길

곡물을 매점매석해 놓습니다. 그런 다음 곡물 가격이 폭등할 때까지 기다렸다가 가격이 최고치에 올랐을 때 내다파는데, 과거 한국도 카길에게 호되게 당한 적이 있습니다.

1980년 당시 한국은 유례없는 서늘한 여름을 맞았습니다. 벼가 잘 익으려면 여름에 강렬한 햇살이 내리쬐고 무더워야 하는데, 그해 여름 이상저온 현상이 계속되면서 곡물이 제대로 발육하지 못해 최악의 흉년이 찾아들었습니다. 1980년 연간 쌀 생산량이 355만 톤밖에 되지 않아 한국 국민이 1년 동안 소비하는 쌀의 70%에도 미치지 못하자 정부는 긴급 대책을 마련하기 시작했습니다.

한국 정부는 충분한 쌀을 창고에 쌓아 두고 있던 세계 최대 곡물 메이저 카길과 쌀 수매 협상에 나섰지만 일방적으로 끌려다닐 수밖에 없었습니다. 카길은 창고에 쌓아 둔 쌀을 팔아도 그만 안 팔아도 그만이었지만, 국민의 목숨이 걸린 문제로 곡식 한 톨이 아쉬웠던 한국은 카길과 대등한 협상이 불가능한 상태였기 때문입니다. 카길은 국제 시세의 두 배가 넘는 톤당 500달러의 가격을 요구했습니다. 결국 한국 정부는 무릎을 꿇고 엄청난 세금을 들여 카길의 쌀을 수입했습니다. 이처럼 카길 같은 곡물 메이저는 곡물 유통에서 어떤 정부보다도 막강한 힘을 휘두릅니다.

곡물 지배력의 비결

카길을 비롯한 4대 곡물 메이저가 농산물 시장을 지배할 수 있는 가장 큰 이유 중 하나는 농민과의 강력한 유대감 때문입니다. 곡물 메이저는 농부가 수확한 농작물을 사들이기만 하는 것이 아니라 그들이 성공할 수 있도록 돕기도 합니다. 이를테면 밤에도 씨를 심을 수 있는 트랙터를 개발해 24시간 파종 작업이 가능하도록 합니다.

이렇게 기존의 곡물 메이저와 농민 간 상호관계가 돈독하기 때문에 신생 곡물유통 기업은 이 업계에 뿌리내리기가 쉽지 않습니다. 게다가 곡물 메이저는 산지에서 수집한 농산물이 수요자의 손에 전달되기까지의 모든 과정을 완벽하게 장악하고 있습니다.

곡물 메이저는 산지에 초대형 곡물 저장소를 만들어 농민들로부터 수거한 곡물을 품질에 따라 분류한 후 열차나 대형 곡물 수송선을 이용해 항구로 보냅니다. 열차는 한 번에 1만 톤 정도의 곡물만 실어나

곡창지대에 설치된 곡물 메이저의 저장 시설

를 수 있지만 거대한 곡물 수송선은 한 번에 최소 10만 톤 이상을 실어나를 수 있어 효율성이 매우 높습니다. 열차와 곡물 수송선이 목적지에 도착하면 곡물 엘리베이터라 불리는 고층 건물 높이의 저장소에 농산물을 저장합니다.

곡물 저장소를 곡물 엘리베이터라고 부르는 이유는 열차나 곡물 수송선에 실려 온 농산물을 마치 진공청소기가 먼지를 빨아들이듯 거대한 저장소로 끌어올리기 때문입니다. 곡물 메이저는 초대형 엘리베이터를 설치해 곡물 수출을 독점하고 있기 때문에 엘리베이터를 확보하지 못한 신생 업체는 곡물을 유통할 수 없습니다.

미국 정부는 곡물 메이저를 전폭적으로 지원하며 힘을 실어 줍니다. 농업 정책을 만들 때도 곡물 메이저의 경영진을 참여시켜 그들의

극소수 곡물 메이저에 의해 지배되는 곡물 산업

의견을 최대한 반영합니다. 곡물 메이저는 품질과 가격 면에서 세계 최고의 경쟁력을 지닌 미국산 농산물을 다른 나라에 마음껏 팔기 위해 정부를 앞세워 농산물 수입개방과 관세철폐를 도모합니다. 이에 미국 정부는 온갖 수단을 동원해 농산물 수입국에 미국산 농산물을 받아들이라는 압력을 가하며 자국의 농민과 곡물 메이저의 이익을 대변하곤 합니다.

베일에 싸인 곡물 메이저

세계 4대 곡물 메이저의 공통점은 모두 유대인이 장악하고 있다는 점입니다. 유대인들은 곡물 메이저를 운영하면서 농산물 가격이 폭등하거나 폭락하지 않도록 세심한 주의를 기울입니다. 만약 곡물 메이저가 지나치게 많은 폭리를 취할 경우 전 세계인의 비난을 받을 위험이 있기 때문에 매사를 슬그머니 처리하려고 노력합니다. 남들이 모르게 회사를 운영하려다 보니 가족경영을 하는 경우가 많습니다.

카길은 아예 주식시장에 상장도 하지 않은 채 창업주의 후손이 대를 이어 운영하고 있습니다. 카길은 최대 매출액이 1,500억 달러에 이르는 세계적인 거대 기업이지만 비상장 개인 기업이기 때문에 회사가 어떻게 운영되는지 외부에서 자세히 알 수 없습니다.

회사가 주식시장에 상장될 경우 법에 따라 자금 사정이나 경영상태를 주주에게 알려야 할 의무가 있지만 개인 회사는 규모가 아무리 크더라도 내부 사정을 외부에 알릴 의무가 없습니다. 그래서 곡물 메이저가 농산물을 얼마에 사들이고 얼마만큼의 재고량을 유지하고 있는지 정부조차 정확히 파악하지 못할 정도로 곡물 산업은 소수의 기업에 의해 베일에 싸인 채 운영되고 있습니다.

전 세계 사람 대부분이 곡물 메이저의 이름조차 모르지만 곡물 메이저는 세계의 밥상을 지배하고 있습니다. 곡물 유통업에서 시작한 곡물 메이저는 점차 영역을 확대해 오늘날 밥상 위에 올라오는 모든 먹을거리를 취급하고 있습니다. 일례로 카길은 홍보 인쇄물에 '우리는 당신이 먹는 국수의 밀가루, 감자튀김 위의 소금, 토르티야*의 옥

* 옥수수 가루를 이용한 멕시코식 부침개.

수수, 디저트의 초콜릿, 청량음료 속의 감미료'라고 자사를 설명하고 있습니다.

실제로 플로리다주 템파베이Tampa Bay의 카길 공장에서 생산된 비료는 아르헨티나로 수출되어 콩을 재배할 때 사용되며 수확된 대두는 카길에 의해 태국으로 수출되어 닭고기 사료로 쓰입니다. 다 자란 닭은 먹기 편하게 가공되어 전 세계 슈퍼마켓에 진열되는데 이 과정에도 카길은 빠지지 않습니다. 이와 같이 카길은 곡물 재배부터 자사의 농산물을 사료로 먹고 자라는 가축 고기의 유통까지 밥상 위에 오르는 모든 먹을거리를 장악하고 있습니다.

곡물이 바꾼 세상

바게트의 나라 프랑스는 빵을 많이 먹는 것으로 유명하지만 이집트에 비하면 명함도 내밀 수 없는 수준입니다. 프랑스의 1인당 빵 소비량은 130그램 정도인 데 비해 이집트의 1인당 빵 소비량은 프랑스의 3배가 넘는 400그램 정도입니다.

이집트 사람들은 둥글고 넓적한 모양의 에이쉬aysh라는 빵을 주식으로 먹습니다. '생명'을 의미하는 에이쉬는 이집트 사람들에게 소중한 존재입니다. 그들은 아침에 일어나자마자 골목마다 자리 잡은 국영 빵집에 가서 화덕에 갓 구운 에이쉬를 잔뜩 사들고 옵니다. 아침에는 에이쉬에 치즈를 발라서 먹고 점심에는 야채를 넣어 먹으며 저녁에는 고기를 넣어 먹습니다. 이와 같이 에이쉬는 이집트인들에게

이집트인의 주식인 에이쉬

가장 중요한 먹을거리로 그야말로 생명이나 다름없습니다.

제2차 세계대전 이후 주권을 되찾은 이집트에는 여러 명의 독재자가 등장했는데, 이들은 하나같이 국민에게 저렴한 가격에 안정적으로 에이쉬를 공급하고자 최선을 다했습니다. 1952년 쿠데타에 성공하고 쿠데타 세력 내부의 치열한 권력 다툼 끝에 1954년 최고 권력을 잡은 나세르Gamal Abdel Nasser 대통령은 권력 유지를 위해 국민에게 에이쉬를 저렴하게 공급해야 한다고 생각했습니다. 나세르를 앞장세운 군부 쿠데타 세력에 의해 축출된 이집트 국왕은 빵을 제대로 공급하지 못해 국민에게 배척당했습니다. 이에 나세르는 국왕의 전철을 밟지 않기 위해 동네마다 국영 빵집을 만들고 정부가 고품질의 밀가루를 무상으로 제공하여 직경 30센티미터가 넘는 커다란 에이쉬 두

에이쉬를 저렴하게 공급한
나세르 대통령

장을 이집트 화폐 1파운드당시 1파운드는 150원 남짓의 저렴한 가격에 판매했습니다.

모든 국영 빵집은 막대한 손실을 보고 있었지만 정부가 보조금을 지급해 그 손실을 메워주었습니다. 국영 빵집을 전국적으로 유지시키며 갓 구운 큼지막한 빵을 밑지고 공급하는 나라는 지구상에 이집트밖에 없습니다. '카이로Cairo*에서는 절대로 굶어 죽지 않는다.'라는 말이 아랍권**에서 상식으로 통할 정도로 이집트 정부는 에이쉬 공급에 정권의 사활을 걸었습니다.

* 이집트의 수도.
** 서남아시아, 북아프리카 지역에서 아랍어를 사용하는 문화권을 통칭.

에이쉬를 파는 국영 빵집

나세르의 뒤를 이어 대통령이 된 장군 출신 사다트Muhammad Anwar Sadat는 정부가 국민에게 막대한 보조금까지 주면서 국영 빵집을 운영할 필요가 없다고 생각해 1977년 보조금 철폐를 시도했습니다. 하지만 이는 국민의 거센 저항에 부딪혔습니다. 도시마다 격렬한 폭동이 일어나 이를 진압하는 과정에서 다수의 사망자가 발생했습니다. 이후 사다트는 에이쉬의 안정적 공급을 정부의 최우선 과제로 정해야 했습니다.

이집트 국민은 군인 출신이 독재를 하더라도 빵만 안정적으로 공급한다면 크게 개의치 않습니다. 즉, 빵은 식량이기 이전에 통치자와 국민이 맺은 일종의 계약입니다. 따라서 통치자가 국민으로부터 권력을 인정받는 대가로 빵을 지급하지 못할 경우 국민에 의해 쫓겨나게 됩니다. 사다트는 국민과의 암묵적인 계약을 깨지 않고 안정적으로 에이쉬를 공급하기 위해 이집트를 아랍에서 몇 안 되는 친미 국가로 만들었습니다.

이후 이집트는 매년 미국으로부터 받는 수십억 달러의 지원금을 활용해 국민에게 안정적으로 에이쉬를 공급했습니다. 사다트는 친미주의자가 되는 대가로 빵을 공급할 수 있었지만 미국을 아랍의 적으로 간주하는 사람들에게 눈엣가시나 다름없었습니다. 결국 1981년 사다트는 한 이슬람 광신도에 의해 암살당했고 그의 뒤를 이어 무바라크Hosni Mubarak가 대통령에 당선되었습니다. 나세르와 사다트와 마찬가지로 군인 출신인 무바라크 역시 국민에게 빵을 공급하는 것을 국가정책의 최우선 과제로 삼았기 때문에 무려 30년 동안 대통령 자리를 지킬 수 있었습니다.

사다트의 뒤를 이은
무바라크 대통령

2008년 에이쉬를 만드는 노동자들이 임금 인상을 요구하며 총파업을 벌인 적이 있습니다. 이때 무바라크는 국민이 폭동을 일으킬까 봐 두려워한 나머지 국가 비상사태를 선포하고 군인을 총동원해 빵을 구워 국민에게 공급하기도 했습니다.

이집트는 연간 1,300만 톤에 달하는 밀가루 수요 중에 절반에도 못 미치는 600만 톤 정도만 자체 생산이 가능합니다. 사실 과거에 이집트는 아프리카에서 손꼽히는 밀 생산국 중 하나로 자체 수요를 충당하고도 남아 해마다 많은 양의 밀을 수출하던 나라였습니다. 하지만 1980년대 중반 무바라크가 밀 농사를 짓는 대신 수입하는 것이 낫다고 판단해 값싼 미국산과 러시아산 밀을 수입했습니다. 이후 이집트는 매년 700만 톤이 넘는 밀을 해외에서 수입하는 최대의 밀 수입국이 되었습니다.

하지만 2008년 전 세계적 이상기후로 곡물 가격이 폭등하자 문제가 발생했습니다. 많은 가난한 국가가 식량 부족에 시달렸고 세계 최대 밀 수입국인 이집트에서는 무바라크 정권의 존폐 위기로까지 사태가 악화되었습니다.

2010년은 무바라크 대통령에게 아주 불운한 해였습니다. 세계적으로 곡물 가격이 폭등하는 애그리플레이션agriflation*이 발생한 것입니다. 이집트가 상당량의 밀을 수입하던 러시아에 폭염이 덮쳐 밀 수확

* 농산물(Agriculture)과 물가상승(Inflation)의 합성어로서 농산물값의 폭등을 의미한다.

밀 수출 금지령을 내린 푸틴 대통령

량이 대폭 줄어들었습니다. 그해 8월 러시아 대통령 블라디미르 푸틴Vladimir Putin은 자국민이 먹기에도 부족할 정도로 밀 수확량이 줄어들자 전면적인 밀 수출 금지령을 내렸습니다. 푸틴의 말 한마디는 세계 곡물 시장을 술렁거리게 했습니다.

원래 곡물 가격은 수요량과 공급량이 조금만 어긋나도 큰 폭으로 오르내립니다. 농산물을 재배하는 데는 일정한 시간이 필요하기에 공산품처럼 필요할 때마다 생산할 수 없기 때문입니다. 또한 세계에서 생산되는 밀 중에 교역 대상이 되는 여유분은 고작 10%밖에 되지 않아 가격 변동이 심할 수밖에 없습니다.

러시아의 밀 수출 금지령 이후 두 달 만에 국제 곡물 가격은 50%나 폭등했습니다. 무바라크는 어쩔 수 없이 러시아를 대신해서 밀을 공급해 줄 나라를 찾아 나섰습니다. 처음 문을 두드린 나라는 남미 최대의 밀 수출국인 아르헨티나였습니다. 하지만 아르헨티나도 라니냐La Niña 현상*으로 인해 밀 농사가 흉작이었습니다. 무바라크는 다시 호주로 발길을 돌렸습니다. 그러나 호주도 몇 십 년 만에 찾아온 큰

* 적도 부근의 동부 태평양에서 해면의 수온이 비정상적으로 낮아지는 현상.

가뭄으로 밀 농사가 크게 타격을 받아 충분한 양을 확보할 수 없었습니다.

마지막으로 남은 나라는 미국이었습니다. 미국은 세계 최대 밀 수출국이자 잉여 농산물이 가장 많은 나라입니다. 더구나 이집트는 1979년 이스라엘과 평화협정을 맺은 이후 아랍권에서 보기 드물게 미국과 절친한 국가였기 때문에 미국이 당연히 도와주리라고 믿었습니다.

하지만 미국산 밀의 주인은 카길 같은 극소수 곡물 메이저였습니다. 즉, 자본주의 국가 미국에서 정부는 밀을 소유한 기업에게 어떤 명령도 강제할 수 없었습니다. 미국의 곡물 메이저가 높은 값을 부르자 재정난에 시달리던 이집트는 전 국민을 먹여 살릴 만한 충분한 밀

무바라크의 퇴진을 요구하는 이집트인

을 구하는 데 실패했습니다.

2011년 정부의 무능에 분노가 폭발한 이집트 국민은 거리로 뛰쳐나와 무바라크의 퇴진을 요구하는 격렬한 시위를 벌였습니다. 이를 감당할 수 없었던 무바라크는 끝내 임기를 채우지 못하고 권좌에서 쫓겨나고 말았습니다.

육류 소비와 곡물 시장의 위험한 상관관계

본래 소는 푸른 초원의 풀을 뜯어 먹고 인간은 곡물을 재배해 먹기 때문에 소와 인간은 먹을거리를 놓고 경쟁하는 관계가 아니었습니다. 그러나 이제 소는 한가로이 초원을 거닐며 풀을 뜯지 못합니다. 사람들은 소득이 높아질수록 육식을 늘리는 경향이 있고 선진국이 후진국에 비해 많은 양의 육류를 먹습니다. 인구가 늘고 선진국의 육류 수요가 늘수록 더는 소를 느긋하게 키울 수 없습니다.

소 축산업이 시작되면서 소는 공장에서 찍어내는 물건이나 다름없어졌습니다. 인간은 소를 빨리 키워서 돈을 벌기 위해 좁은 우리에 가두어 성장호르몬이 함유된 콩과 옥수수를 먹이기 시작했습니다. 곡물을 먹기 시작한 소는 이전에 비해 매우 빠른 속도로 성장했지만 그럴수록 인간에게 돌아갈 곡물은 점점 부족해졌습니다.

오늘날 전 세계에서 생산되는 곡물 중 3분의 1 이상을 소가 먹어 치우는 기현상이 발생하고 있습니다. 이로 인해 한쪽에는 배부른 소가 넘쳐나지만 다른 한쪽에는 해마다 곡물이 부족해 수백만 명의 사

오늘날 풀 대신 곡물을 먹고 자라는 소들

람이 굶어 죽고 있습니다. 소뿐만 아니라 돼지 역시 인간이 먹어야 할 곡물을 먹어 치우기는 매한가지입니다.

특히 중국인들의 돼지고기 소비량 증가가 전 세계적 곡물 부족 상황을 심화시키고 있습니다. 2019년 기준 중국의 1인당 육류 소비량은 미국의 3분의 2 수준에 불과하지만 14억이 넘는 많은 인구로 인해 전체 소비량은 미국의 두 배를 웃돕니다. 세계에서 소비되는 육류의 3분의 1 이상이 중국에서 소비되고 있으며, 세계 최대 육류 소비국인 중국의 육류 소비량은 매년 증가하고 있습니다.

중국 농촌부의 발표에 따르면 중국에서는 2019년 한 해 동안 매일 70만 마리 이상의 돼지가 도축되었습니다. 전 세계에서 사육되는 9억 마리의 돼지 중 절반에 해당하는 대략 4억 5,000만 마리가 중국에 몰려 있습니다. 유난히 돼지고기를 선호하는 중국인은 1년에 1인당

세계 최대의 돼지고기 소비국인 중국

40킬로그램에 육박하는 돼지고기를 소비합니다.

문제는 돼지를 곡물로 키운다는 점입니다. 돼지에게 곡물을 먹이면 곡물에 포함된 에너지의 많은 양이 돼지가 숨쉬고 움직이는 데 쓰이고 실제로 고기를 만드는 데 사용되는 비율은 그리 크지 않습니다. 이처럼 식물 → 초식동물 → 육식동물로 올라가는 먹이사슬에서 한 단계씩 위로 올라갈 때마다 90%에 가까운 에너지 손실이 발생합니다. 돼지고기 450그램을 생산하기 위해서는 곡물이 3킬로그램이나 필요합니다.

돼지의 사료로 콩을 사용하는 중국은 2019년 한 해 동안 세계에서 생산되는 콩의 30%를 소비했습니다. 중국인의 소득 증가와 함께 돼지고기 소비량이 큰 폭으로 늘어나고 있기 때문에 특단의 대책이 없다면 중국의 돼지가 미국에서 생산되는 콩을 모조리 먹어 치울지도

해마다 막대한 양이 동물 사료로 소비되는 콩

모른다는 우려도 나오고 있습니다.

2009년까지만 해도 중국은 식량자급률이 100%가 넘어 많은 양의 곡물을 주변 국가에 수출하던 농업 강국이었습니다. 그런데 2010년부터 식량자급률이 99.1%로 100%를 밑돌더니 매년 낮아지는 추세입니다. 이는 미국 곡물 메이저의 입장에서 보면 인구 14억 이상의 중국이 새로운 고객으로 등장한 셈이므로 더할 나위 없이 좋은 일입니다.

유엔 식량농업기구FAO에 의하면 2019년 중국의 연간 쌀 소비량은 1.5억 톤에 육박합니다. 중국의 연간 밀 소비량은 미국의 3배이며, 콩과 옥수수도 세계에서 가장 많이 수입합니다. 이러한 중국 내 곡물 수요 증가는 농산물 가격의 폭등을 불러왔고 이로 인해 중국보다 가난한 나라 사람들은 생존마저 위협받고 있습니다.

곡물을 수출할 여력이 있는 나라는 미국을 필두로 호주, 캐나다, 아르헨티나, 브라질 등 몇 나라뿐입니다. 전 세계에 잉여 곡물이 적어 수요가 늘면 가격은 천정부지로 오르기 십상입니다. 중국 국민이 소비하는 전체 옥수수의 5%만 수입한다고 해도 그 양은 세계 옥수수 교역량의 30%나 되기 때문에 중국의 곡물 수요 증가는 그동안 지속적으로 곡물 가격의 상승을 불러왔습니다.

중국이 곡물 생산량을 수요량만큼 늘리지 못한다면 꼼짝없이 미국 중심의 곡물 메이저에게 끌려다닐 수밖에 없습니다. 그렇지만 중국의 급격한 곡물 생산 증가는 현재로선 어려워 보입니다. 현재 급속하게 도시화가 진행 중이라 농촌에 있는 9억 명의 농민이 농지를 버리고 도시로 향하고 있기 때문입니다.

게다가 중국은 세계적으로 물이 부족한 국가입니다. 농사를 지을 물이 턱없이 부족할 뿐만 아니라, 급속한 공업화와 환경에 무관심한 기업들 때문에 남아 있는 물도 카드뮴이나 납에 심각하게 오염되어 농사를 짓더라도 건강한 작물을 얻을 수 없습니다.

만약 중국이 미국산 농산물 없이 살 수 없게 된다면 결코 미국과 동등한 위치에 설 수 없을 것입니다. 미국이 진정한 세계 유일의 초강대국인 이유 중 하나는 사람의 생명과 직결된 농업 부문에서 압도적인 경쟁력을 지니고 있기 때문입니다.

옥수수와 바이오에너지

2000년대 들어 국제 유가가 가파르게 오르자 미국 정부는 고민에 빠졌습니다. 버스나 지하철 등 서민이 이용하는 대중교통 체계가 미비한 미국에서 자가용은 시민들의 발이나 다름없습니다. 그런데 국제 유가가 끊임없이 오르자 경기가 침체하면서 사람들 대부분이 고유가에 고통받았습니다. 셰일오일이 대량으로 채굴되기 이전인 2000년대 중반까지만 해도 미국은 세계 최대 원유 수입국으로서 해마다 중동산 원유를 수입하는 데 막대한 달러를 사용했습니다.

연일 사상 최고치를 경신하는 높은 유가는 미국의 곡물 산업에도 커다란 피해를 주었습니다. 미국의 농업이 완벽하게 기계화되어 있었기 때문입니다. 파종부터 수확까지 미국 농가는 기계의 힘을 빌려서 농사를 짓습니다. 끝이 보이지 않을 정도로 넓은 농지를 인간의 노동력으로 경작하는 것 자체가 불가능하기 때문입니다.

유가가 오르자 농기계를 운영하는 데 드는 비용도 덩달아 증가해 결국 농민의 소득 감소로 이어졌습니다. 미국 정부는 농부들이 피땀 흘려서 번 돈을 고스란히 중동의 산유국에 갖다 바치는 꼴이 되자 문제 해결을 위해 바이오에너지* 산업을 육성하기 시작했습니다. 2001년 집권을 시작한 조지 W. 부시George W. Bush 대통령은 농민을 돕기 위해 2022년까지 미국에서 생산되는 옥수수의 40%를 바이오 연료인 에탄올로 사용하도록 강제하는 법안을 만들어 의회에서 통과시켰습

* 식물, 동물, 미생물의 유기물 등을 연료로 하여 얻는 에너지.

바이오 연료로 사용되는 옥수수

니다. 또 농민들의 소득 증대를 도모하고자 바이오 연료용 옥수수를 생산하는 농가에는 정부 보조금도 지급했습니다.

미국에서 생산되는 3억 3,000만 톤의 옥수수 중에서 1억 톤 가까이를 자동차용 바이오에탄올로 만들어 사용하자 옥수수의 국제 가격이 치솟기 시작했습니다. 옥수수 가격 상승은 옥수수를 주식으로 하는 중남미의 가난한 사람들에게 큰 고통을 안겨 주었습니다. 특히 미국과 국경을 접한 멕시코의 빈민들은 옥수수 가격 폭등으로 아사 위기에 내몰리기도 했습니다.

1994년 1월 미국, 멕시코, 캐나다가 맺은 북미자유무역협정NAFTA이 발효되기 이전까지만 해도 멕시코는 옥수수를 자급하던 나라였습니다. 그런데 미국과 자유무역협정을 맺으며 멕시코가 곡물 시장을 전

옥수수로 만든 토르티야

면 개방하면서 문제가 생겨나기 시작했습니다.

본래 멕시코는 옥수수의 원산지로서 이곳 사람들은 옥수수 가루 반죽으로 전병같이 동그랗고 납작한 모양의 토르티야를 만들어 그 위에 각종 요리를 얹고 마치 쌈 싸 먹듯이 음식을 먹는 문화를 가지고 있습니다. 동네마다 토르티야를 파는 가게가 있고 멕시코 사람들이 하루에 먹는 토르티야의 양만 해도 수억 장에 이릅니다.

그런데 나프타가 발효되자 미국 정부가 주는 막대한 보조금 덕분에 터무니없을 정도로 낮은 가격을 유지할 수 있었던 미국산 옥수수가 멕시코로 쏟아져 들어왔습니다. 저가의 미국산 옥수수가 멕시코 사람들의 식탁을 점령하자 옥수수 재배로 생계를 이어가던 수많은 멕시코 농민이 몰락해 더는 옥수수 농사를 지을 수 없었습니다. 농촌에서 생업을 잃은 옥수수 재배 농민은 도시로 몰려들어 도시 빈민이 되었고 사회 불안의 원인이 되었습니다.

그러던 중 미국이 옥수수를 바이오에탄올로 사용하자 미국산 옥수수 가루를 원료로 만든 토르티야의 가격이 세 배 이상 오르면서 멕시코 빈민들을 궁지로 몰아넣었습니다. 이처럼 바이오에탄올 생산으로 미국산 옥수수 수출이 급감하고 가격이 치솟자 그동안 미국산 옥수수에 의존해 살아 왔던 중남미 국가들은 큰 타격을 입을 수밖에 없었습니다.

반면 미국 정부는 바이오에탄올 덕분에 중동의 원유 수입을 줄일 수 있었고 옥수수 가격을 끌어올릴 수 있어 농가 소득 향상에도 도움이 되는 일석이조의 효과를 거두었습니다. 실제로 미국산 옥수수 가격은 2006년부터 2008년까지 불과 2년 만에 세 배나 올라 농가 수입을 크게 높여 주었습니다.

하지만 많은 사람이 부시 행정부가 야심차게 추진한 바이오에너지 확대 정책을 비관적으로 보았습니다. 인간이나 동물이 먹어야 할 연간 1억 톤에 달하는 옥수수를 굳이 바이오에탄올로 만들어 봤자 겨우 열흘간 자동차를 굴릴 수 있을 정도로 적은 양의 바이오 연료밖에 얻을 수 없기 때문입니다.

자동차 한 대의 연료통을 가득 채우기 위해서는 옥수수 200킬로그램 이상이 필요하며 이는 성인 한 사람이 1년 동안 먹을 수 있는 많은 양입니다. 게다가 바이오에탄올은 리터당 생산원가가 60센트를 웃돌 정도로 비싸고 에너지 효율인 연비가 낮아 정부 보조금 없이는 저렴하고 연비 좋은 휘발유와 경쟁상대가 되지 못합니다.

자본주의 시장 논리로는 바이오에탄올을 만드는 것이 지극히 불합리한 일이지만 부시 행정부는 농민의 마음을 사로잡기 위해 매년 막대한 예산을 쏟아부으며 바이오에탄올 생산에 나섰습니다. 그 결과 옥수수 가격은 부시 집권 기간에 높은 수준을 유지했습니다.

미국에서 성공한 일본의 곡물 메이저

좁은 영토에 1억 2,000만 명이 넘는 인구가 모여 사는 일본의 가장 큰 고민은 만성적인 곡물 부족 현상입니다. 영토의 대부분이 산악 지형이기 때문에 쓸 만한 농지가 절대적으로 부족한 일본은 오래전부터 미국산 곡물에 의지해 왔습니다.

1960년대 일본 정부는 식량자급률을 높이고 수출하기 위해 브라질, 아르헨티나 등 남미 지역에 대규모 농지를 확보해 식량 생산에 나섰지만 생산량이 기대에 미치지 못했습니다. 게다가 남미 현지에서 생산된 농산물을 유통할 수 있는 노하우가 없어 힘들게 수확한 곡물의 판로를 열지 못했습니다.

사업을 주도한 일본 정부는 곡물의 생산과 유통에 대한 지식이 거의 없는 상태에서 주먹구구식으로 사업을 진행하다 실패를 맛보았습니다. 정부 주도로 시작된 일본의 해외 진출은 성공하지 못했지만 그 과정에서 많은 교훈을 얻었습니다. 곡물을 재배하는 것만큼 판로를

브라질로의 농업이민을
권장하는 포스터

개척하는 것이 중요하고, 이는 철저한 현지화를 통해 가능하다는 사실이었습니다.

1970년대 들어 일본은 정부 대신 굴지의 종합상사*가 나서서 글로벌 곡물 산업에 도전장을 내밀었습니다. 수출 강국이었던 일본에는 규모가 크고 정보력이 뛰어난 여러 개의 종합상사가 맹활약하고 있었습니다. 일본 종합상사는 과거의 실패를 교훈 삼아 조심스럽게 곡

* 다루는 상품 수가 많고, 외국 무역과 국내 유통을 대규모로 꾸려 나가는 회사.

1960년대 농사를 짓기 위해 브라질에 정착한 일본인들의 저팬타운

물 사업에 나섰습니다. 이들은 남미가 아닌 세계 최대 곡물 생산국인 미국으로 진출해 카길의 아성에 도전했습니다.

일본인들이 미국의 농가를 돌아다니며 곡물을 사들이려고 하자 곧바로 문제가 발생했습니다. 미국과 일본은 제2차 세계대전 기간에 서로에게 총부리를 겨눈 적국이었고 더구나 1970년대는 일본 기업이 전 세계 시장에서 미국 기업을 몰아내는 상황이었기 때문에 당시 미국인들의 일본에 대한 감정은 좋지 않았습니다.

광범위한 반일 감정이 만연한 상태에서 일본인이 달러를 들고 농촌을 휘젓고 다니자 그들에 대한 시각이 곱지 않았던 미국 농민은 일본인에게 곡물을 팔려고 하지 않았습니다. 눈치 빠른 일본인들은 스스로 전면에 나서는 대신 곡물 산업에 경험이 많은 미국인을 고용해서 곡물을 수집하도록 했습니다.

이를 그냥 두고 볼 리 없었던 미국 곡물 메이저는 자사와 거래하고 있는 농가를 일본 기업에 빼앗기지 않기 위해 단속에 나섰습니다. 그들은 심지어 정부를 동원해 일본 기업을 압박했습니다. FBI미국 연방수사국가 사소한 꼬투리를 잡아 일본 기업에 대해 강도 높은 수사를 진행하는 등 일본 기업은 미국에서 많은 고난을 겪었지만 포기하지 않고 미국의 곡물 시장을 두드려 조금씩 입지를 확보해 나갔습니다.

1980년대에 접어들자 일본은 미국 농가로부터 직접 곡물을 사들일 수 있게 되었고, 미국의 중부 곡창지대와 미시시피강 하류에 있는 뉴올리언스 항구에 곡물 엘리베이터까지 마련하면서 미국 내에 완전히 뿌리내렸습니다. 2012년 일본 종합상사 마루베니Marubeni는 카길, ADM에 이은 미국 내 3위 곡물 메이저 가빌론Gavilon을 인수해 세상을 깜짝 놀라게 했습니다. 연간 2,000만 톤 이상의 곡물을 취급하는 가빌론을 인수함에 따라 마루베니는 단번에 카길과 어깨를 나란히 할

丸紅株式会社
Marubeni

곡물 메이저로 발돋움한 일본의 마루베니 로고

만큼 세계적인 곡물 메이저로 자리매김했습니다.

일본은 종합상사 덕분에 자국에서 소비되는 곡물을 자체적으로 미국에서 들여올 수 있게 되어 수시로 벌어지는 국제적인 식량 파동에서 어느 정도 자유로워졌습니다. 더구나 곡물 수요가 폭발하고 있는 중국 시장에 미국산 곡물을 내다팔 수도 있어 일석이조의 효과를 거두고 있습니다.

미래의 곡물 사정

농업기술이 혁신적으로 발전하기 시작한 1970년대 이후부터 1990년대까지 곡물 생산량은 모든 인류가 다 먹을 수 있을 정도로 충분했습니다. 때때로 곡물 가격이 요동치기는 했지만 대체로 안정되어 웬만한 소득이 있는 사람은 굶주림에서 벗어날 수 있었습니다.

하지만 2000년 이후 중국, 인도 등 신흥 국가들의 경제 수준이 높아지면서 곡물 생산량이 소비량을 따라가지 못하는 현상이 벌어지기 시작했습니다. 미국, 캐나다, 호주, 아르헨티나, 러시아 등 소수의 곡물 수출국 중 한 나라라도 흉년을 맞으면 곡물 수급에 심각한 차질이 빚어지며 가격이 폭등하는 일이 반복되었습니다.

곡물 수출국은 흉년이 들면 정부 차원에서 곡물 수출을 금지해 농산물의 수급 상황을 더욱 악화시켰습니다. 미국은 기업이 경제활동을 주도하기 때문에 정부가 수출 금지령을 발동하는 경우는 없었지만 위기 때마다 곡물 메이저는 공공의 이익보다는 기업의 이익을 앞세워 곡물 가격을 비싸게 책정해 수입국의 원망을 샀습니다. 미국의 가정에서는 식료품을 사기 위해 수입의 10% 정도를 지출하지만 개발도상국의 빈곤층은 식료품 구입에 수입의 80%가량을 지출하기 때문에 곡물 가격 상승에 민감할 수밖에 없습니다. 이들에게 곡물 가격이 두 배로 오르는 것은 하루 두 끼를 먹다가 한 끼로 줄여야 하는 절박한 상황을 의미합니다.

하지만 시장의 주도권을 곡물 메이저가 잡고 있다 보니 식량 수입국은 약자의 위치에서 곡물 메이저의 결정을 따를 수밖에 없는 것이 현실입니다. 농산물 수입국은 곡물 메이저가 정한 가격에 살 것인가 말 것인가를 선택할 권리밖에 없으며 가격과 품질을 두고 곡물 메이저와 동등한 위치에서 협상할 수 없습니다. 게다가 곡물 생산량에는 분명한 한계가 있지만 지구촌 인구는 2020년 기준 하루 22만 명씩 늘어나고 있기 때문에 곡물 수출국의 입지는 날이 갈수록 강화될 것이 명백합니다.

국제연합UN은 지금과 같은 인구 증가율이 유지된다면 2050년에서 2060년 사이에 세계 인구가 100억 명을 돌파할 것으로 전망하고 있습니다. 따라서 인류는 심각한 식량 부족 문제에 시달릴 가능성이 높습니다. 마치 살얼음판 위를 걷고 있는 듯한 현재의 곡물 수급 상태는 지구온난화라는 복병으로 인해 더욱 악화될 가능성이 높습니다. 지구의 평균 기온이 1℃만 높아져도 연간 곡물 생산량은 10% 이상 줄어들 정도로 심각한 타격을 받습니다.

과거 호주는 미국에 버금가는 밀 생산국으로 해마다 2,500만 톤 이상의 밀을 국제 곡물 시장에 내놓아 밀 가격 안정에 큰 역할을 했습니다. 호주는 광활한 대지에 적은 인구를 가진 나라여서 자국에서 생산된 대부분의 밀을 싼 가격에 세계로 수출해 곡물 수입국에 큰 도움이 되었습니다. 하지만 지구온난화의 여파로 바닷물 온도가 상승하자 인도양과 태평양에 둘러싸인 호주가 가장 심각한 타격을 입었습니다. 거의 매년 호주에 극심한 가뭄과 홍수가 찾아들면서 곡물 생산량이 들쭉날쭉해졌고 흉년이 들 때마다 국제 곡물 시장에서 밀 가격은 폭등했습니다.

한편 지금과 같은 속도로 극지방의 빙하가 녹아내리면 2050년경 방글라데시와 이집트의 농경지 대부분이 물에 잠겨 더는 곡물을 생산할 수 없게 됩니다. 빙하가 녹아내려서 일정량 이하로 줄어들면 바닷물이 충분히 냉각되지 못하면서 극지방과 적도를 오가는 해수의 순환 벨트가 마비됩니다. 뜨거운 태양 아래 놓인 적도는 살을 태우는 듯한 열풍에 휩싸이고, 위도가 상대적으로 높은 고위도 지방은 한없이 추워져 일 년 내내 눈보라와 빙하에 뒤덮이게 되어 농사를 짓는 일은 꿈도 꿀 수 없게 됩니다. 이처럼 곡물 사정에 비춰본 인류의 미래는 우울하지만 세계는 뾰족한 대책을 마련하지 못하고 있습니다.

들여다보기

★

미국 콩과 중국 돼지

중국인은 세계 인구에서 차지하는 비중이 5분의 1에 불과하지만 세계에서 생산되는 돼지고기의 절반을 소비할 정도로 돼지고기와 밀접한 관련이 있는 민족이다. 2018년 미국과 중국 사이에 무역 전쟁이 시작되자 중국이 미국을 공격하기 위해 미국산 콩 수입을 중단하면서 누구도 예상치 못한 엉뚱한 일들이 벌어졌다. 그동안 중국 돼지의 주식은 미국산 콩으로 만든 사료였다. 미국 농민은 완벽한 기계화를 통해 품질 좋은 콩을 세계에서 가장 낮은 비용으로 생산해 중국에 대량으로 공급해 왔다. 중국의 양돈업자들은 미국산 콩 덕분에 비교적 많은 돈을 들이지 않고서 돼지를 배불리 먹일 수 있었다.

미국은 중국 돼지를 다 먹일 수 있을 만큼 충분한 콩을 생산하는 유일한 나라였지만 미·중 무역 전쟁이 발발하자 중국은 이런 현실을 인정하지 않고 미국산 콩 수입을 전면 중단해 버렸다. 대신에 남반구에 있는 브라질로부터 콩을 수입했다. 중국이 갑자기 엄청난 양의 콩을 주문하자 브라질의 콩값이 폭등했다. 이에 콩을 심으면 큰돈을 벌 수 있다는 생각으로 브라질 농민들은 농지를 확보하기 위해 아마존 정글을 불태우기 시작했다. 아마존이 불타면서 그동안 지구온난화를 막아주는 방파제 역할을 한 이탄층이 사라지자 미국 과학자들이 일제히 우려를 표명했다.

돼지 사료용 콩의 수입처를 브라질로 바꾼 중국 정부

아마존 정글은 낮에도 하늘이 보이지 않을 정도로 온갖 식물로 가득하고 죽은 식물이 쌓여 분해되는 과정에서 끈적끈적한 형태의 이탄층이 만들어진다. 이탄층은 지구온난화를 일으키는 주범인 온실가스를 흡수하는 역할을 하는데 브라질 농민들이 아마존 정글에 불을 지르면서 이탄층이 사라지고 있다. 또한 이탄층마저 불타면서 엄청난 양의 온실가스가 대기 중으로 배출되어 지구온난화를 부추기고 있다. 미국과 유럽 등 세계 각국은 브라질 정부에 인류를 위해 더는 아마존 정글을 파괴하지 말 것을 강력히 요구했다. 하지만 콩을 통해 돈을 벌려는 브라질 농민의 마음을 돌려놓지는 못하고 있다.

이렇게 브라질 농민들이 수단과 방법을 가리지 않고 콩 생산을 늘렸지만 중국의 모든 돼지를 먹이기에는 턱없이 부족했다. 그러자 중국은 브라질 외 여러 나라로부터 콩을 수입해야 했다. 중국으로 수입되는 콩 가격이 오르자 중국의 돼지고기 가격도 크게 올랐다. 미국과의 무역 전쟁에

콩 생산 때문에 불타는 아마존 정글

서 자존심을 굽히기 싫었던 중국은 미국 외의 나라에서 비싼 값에 콩을 수입하며 가까스로 버텼으나 2018년 시작된 아프리카 돼지열병이 중국 전역에 퍼지면서 사태가 급변했다. 이 전염병으로 중국에서 무려 2억 마리에 이르는 돼지가 죽자 중국의 돼지고기 가격은 하루가 다르게 폭등해 민심이 흉흉해지기 시작했다.

중국 정부는 돼지고기를 못 먹어 분노한 국민을 달래기 위해 전 세계에서 돼지고기를 수입하려고 했다. 하지만 모든 중국인이 먹을 수 있는 양의 돼지고기를 공급할 수 있는 나라는 미국밖에 없었다. 결국 돼지고기를 저렴한 가격에 충분히 공급하기 위해서는 미국산 콩을 수입해 중국 돼지에게 먹이든지, 미국산 돼지고기를 수입해야 하는 궁지에 몰리게 되었다. 미국은 중국으로의 수출길이 막힌 콩 재배 농민들에게 보조금까지 지급하며 버티기에 들어갔다. 결국 중국은 미국산 콩 수입을 재개하면서 미국에 손을 벌렸다. 미·중 무역 전쟁은 곡물을 자급하지 못하는 나라는 세계를 지배할 수 없다는 교훈을 남겼다.

3장

끊임없이 변화하고 진화하는

자동차 산업

자동차 시대의 개막

자동차와 기차가 세상에 모습을 드러내기 이전까지는 마차의 시대였습니다. 하지만 말을 키우려면 손이 많이 가고 말의 수명도 길지 않아 마차를 운영하기가 쉽지 않았습니다. 19세기 들어서야 미국에 철도가 놓이면서 비로소 마차에서 벗어날 수 있었습니다. 그런데 기차는 한 번에 많은 사람이나 화물을 실어나를 수 있지만 정해진 구간만 운행하기 때문에 이용하기가 불편했습니다.

19세기 중반 석유가 연료로 사용되면서 자동차의 시대가 열렸습니다. 이전까지 기차나 배의 연료로 사용되었던 석탄은 고체여서 연소가 끝나면 부산물이 남아 번거로웠습니다. 반면에 석유는 액체여서 다양한 모양의 용기에 담을 수 있고 완전히 연소하기 때문에 찌꺼기도 남지 않는 장점이 있었습니다.

19세기 후반 독일에서 개발된 자동차는 20세기에 접어들면서 미국에도 보급되기 시작했습니다. 초기의 자동차 생산은 장인들의 수작업으로 이루어졌기 때문에 생산량이 한정적이었고 가격도 매우 비쌌습니다. 당시 자동차는 예술작품처럼 부자들의 전유물이었습니다.

미국의 자동차 산업을 일으킨 헨리 포드

그런데 1913년 헨리 포드Henry Ford가 자동차 생산에 컨베이어벨트 시스템을 도입하면서 대량생산의 길이 열렸습니다. 어느 날 도축장을 방문한 헨리 포드는 죽은 소를 분해하는 장면에 깊은 인상을 받았습니다. 도축장의 노동자는 컨베이어벨트 위에 올려진 소가 본인 앞으로 오면 자신이 맡은 일만 하면 그만이었습니다. 노동자는 각자 맡은 단순한 작업을 반복했지만 모든 일을 혼자 도맡아 할 때보다 훨씬 빠른 속도로 일을 할 수 있었습니다.

포드는 도축장에서 소고기를 분해하는 과정을 거꾸로 한다면 자동차를 조립하는 공정에 활용할 수 있겠다고 생각했습니다. 그가 자동차 산업에 도입한 컨베이어벨트 시스템은 이전과는 비교할 수 없을 정도로 생산성을 높여 주었습니다. 기존에는 자동차 한 대를 조립하는 데 12시간 30분이 필요했지만 컨베이어벨트 도입 이후 그 시간은 1시간 30분으로 줄어들었습니다. 또한 원가 절감을 위해 자동차를 만드는 데 사용되는 부품의 수를 최소한으로 줄였습니다. 새로운 방식의 도입으로 자동차 대량생산이 가능해지자 생산원가도 빠르게 내려갔습니다.

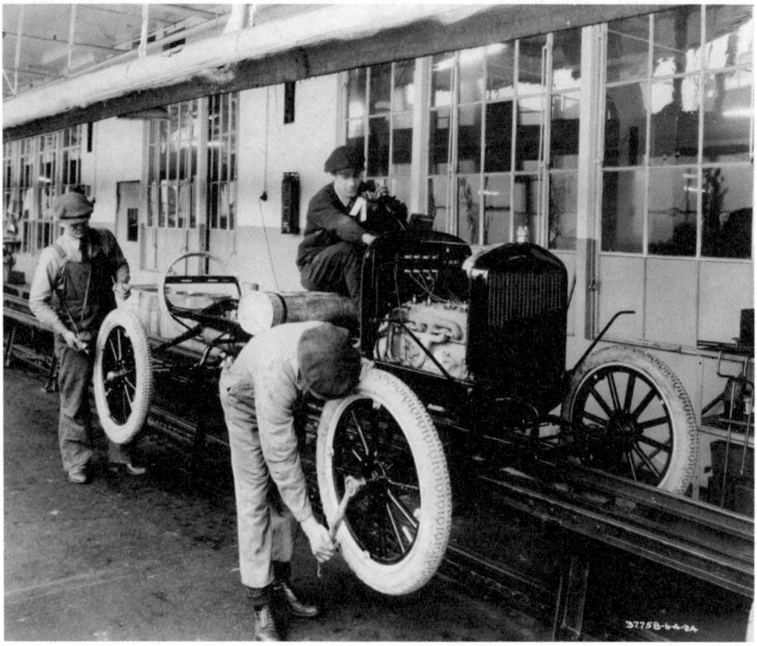

대량생산을 가능하게 한 컨베이어벨트 시스템

포드자동차가 1908년 선보인 '모델T'의 경우 판매가격이 850달러로, 다른 회사 제품의 가격 2,000~3,000달러에 비해 무척 저렴했습니다. 하지만 모델T도 평범한 노동자가 구입하기에는 만만한 가격이 아니었습니다. 헨리 포드는 노동자의 수입이 늘어나야 자동차를 구입할 수 있다는 판단 아래 우선 자사에 근무하는 노동자들의 임금부터 올렸습니다. 포드자동차에서 근무하는 노동자들은 다른 업체의 노동자보다 세 배가량 더 많은 임금을 받았고 자동차를 구매할 수 있는 여력을 차츰 확보할 수 있었습니다.

헨리 포드가 노동자에게 고임금을 지급하자 경쟁업체에서 일하던

미국의 자동차 보급에 큰 역할을 한 모델T

노동자도 포드자동차에서 일하고 싶어했습니다. 이에 자동차 회사들은 직원의 이탈을 막기 위해 포드자동차와 비슷한 수준으로 임금을 올려야 했습니다. 자동차업계에서 근무하는 노동자의 임금이 크게 오르자 다른 분야에서 일하던 노동자들도 자동차 공장에서 일하기를 원했습니다. 기업들은 생산직 노동자를 회사에 붙잡아 두기 위해 임금을 인상해야 했습니다. 이렇게 미국 내 산업 분야에서 전반적으로 임금이 큰 폭으로 상승하자 자동차를 살 수 있는 사람이 많이 늘어났습니다. 이는 자동차 산업의 폭발적인 성장을 불러왔습니다.

자동차 왕국이 된 미국

1920년 미국의 도로 위를 달리는 자동차 수는 1,000만 대를 넘어섰습니다. 이는 미국을 제외한 전 세계의 자동차를 합친 것보다 많은 수였습니다. 컨베이어벨트 방식으로 대량생산된 포드의 모델T는 1927년 단종될 때까지 무려 1,500만 대나 팔렸습니다. 유럽에서 발아한 자동차가 미국에서 꽃을 피운 이유는 미국이 영토가 넓고 인구가 적어 대중교통이 발달하기 쉽지 않은 환경이기 때문입니다.

유럽처럼 사람들이 옹기종기 모여 살면 버스나 지하철 회사가 노선을 만들기도 쉽고 이익도 낼 수 있지만, 미국은 집들이 드문드문 떨어져 있어 대중교통이 발달하기가 어려웠습니다. 그래서 집집마다 자동차를 구입해 가족 단위로 타고 다니는 자동차 문화가 자리 잡았습니다. 또한 미국의 자동차 회사들은 힘을 합쳐 정부가 더 많은 도로를 만들도록 로비를 벌였습니다. 그 결과 미국 전역을 잇는 거미줄 같은 도로망이 만들어졌습니다.

미국이 세계에서 손꼽히는 산유국이라는 점도 자동차 산업의 폭발적인 성장에 크게 기여했습니다. 자동차 연료인 휘발유와 경유가 싼값에 공급될 수 있었던 데는 '석유왕'이라고 불리던 존 록펠러의 영향이 지대했습니다. 석유를 정제해 판매하는 사업을 운영하던 록펠러는 경쟁업체를 도산시켜 미국의 정유 산업을 장악하려고 일부러 제품을 초저가로 판매했습니다.

자동차와 연료값이 저렴해지자 미국인들은 부담 없이 자동차를 타

자동차를 탄 채 입장하는 영화관

고 다닐 수 있었습니다. 자동차가 이동 수단의 중심이었던 만큼 생활 방식도 자동차에 맞추어 발전했습니다. 자동차를 탄 채로 영화를 볼 수 있고 음식도 주문할 수 있게 되었습니다. 심지어 자동차를 타고 예배를 볼 수 있는 교회도 생겨났습니다. 자동차가 미국인의 일상생활을 위한 필수품이 되면서 미국 사회는 자동차 없이는 살기가 거의 불가능한 곳으로 바뀌었습니다.

자동차 덕분에 손쉽게 이동할 수 있게 됨에 따라 사람들은 번잡한 도심에서 벗어나 한적한 교외에 멋진 집을 짓고 살 수 있게 되었습니다. 중산층 이상의 사람들이 교외로 빠져나가자 도심은 가난한 사람들의 차지가 되었습니다. 특히 빈곤층 비율이 높았던 흑인들이 도심에 많이 거주하게 되면서 백인의 도심 이탈 현상은 가속화되었습니

교외에 많이 사는 중산층

다. 이로 인해 미국 내 수많은 도시의 도심에는 빈곤한 흑인이, 교외에는 부유한 백인이 사는 거주지 분리 현상이 생겨났고 이는 오늘날에도 지속되고 있습니다.

포드자동차의 흥망성쇠

헨리 포드가 세계 최초로 자동차 생산에 컨베이어벨트 시스템을 활용하면서 그의 이름을 딴 포드자동차는 미국 최대의 자동차 회사로 성장했습니다. 1920년대 포드자동차는 미국에서 시장점유율 절반을 넘어서며 '자동차는 곧 포드'라는 인식을 심어 주었습니다. 헨리 포드는 도로 위를 가득 메운 포드자동차를 보며 좋아했지만 기쁨은 오래가지 않았습니다. 다른 회사들도 컨베이어벨트 생산방식을 도입하면서 포드자동차는 더는 우위를 유지할 수 없었습니다.

게다가 미국 경제가 하루가 다르게 성장하면서 소비자의 취향도 다양해졌습니다. 자동차 보급 초기만 해도 저렴하면서 튼튼한 포드 자동차의 모델T가 독보적으로 인기를 끌었지만 경쟁사들이 다양한 제품을 쏟아 내면서 상황이 바뀌었습니다. 사람들은 도로 위를 메운 모델T에 싫증을 느꼈지만 헨리 포드는 모델T에 지나치게 집착해 신제품 개발에 소홀했습니다.

헨리 포드의 측근 위주의 경영방식도 회사의 성장을 가로막았습니다. 헨리 포드는 극소수 측근들에게 의지해 회사를 운영했는데 이들 중에는 무능한 사람도 많았습니다. 특히 해리 베넷Harry Bennett이라는

전횡을 일삼은 해리 베넷(왼쪽)과 헨리 포드(중앙)

인물은 암흑가에서 활동하던 문제가 많은 사람이었습니다. 자동차에 관한 전문 지식도 없고 회사 경영에 문외한인 베넷이 헨리 포드를 등에 업고 전횡을 일삼자 인재들이 하나둘씩 회사를 떠났습니다. 회사에 시련이 찾아왔지만 헨리 포드는 변화하기를 주저했습니다. 결국 시대의 흐름을 좇아가지 못한 포드자동차는 1930년대 들어 다른 업체와의 경쟁에서 뒤처지게 되었습니다.

포드자동차를 누른 GM

1908년 윌리엄 듀런트William Durant에 의해 설립된 제너럴모터스GM는 처음에는 미국의 수많은 자동차 회사 중 하나에 지나지 않았습니다. 듀런트는 수십 개의 자동차 회사를 합병하면서 몸집 불리기에 열을 올렸습니다. 하지만 무리한 인수합병으로 회사가 심각한 자금난에 빠졌습니다. 1923년 주주들은 듀런트를 몰아내고 신임 경영자로 알프레드 슬론Alfred Sloan을 임명했습니다. 슬론은 미국의 명문 매사추세츠 공과대학 출신으로 능력이 출중한 사람이었습니다. 그는 최고 경영자가 되자마자 발 빠르게

GM의 위대한 경영자 알프레드 슬론

GM을 변화시켜 나갔습니다.

슬론은 당시 미국 최대 자동차 회사인 포드자동차를 이기기 위해 그 약점을 파악하고자 노력했습니다. 포드자동차의 주력 제품인 '모델T'는 가격이 저렴하고 튼튼했지만 출시된 지 오래되어 사람들이 식상해하는 상황이었습니다. 소비자의 취향을 조사해 보니 젊은이들은 매끈한 외관에 빠른 속도를 낼 수 있는 자동차를 원했고, 나이 든 사람들은 안락하고 품위 있는 형태의 자동차를 원했습니다.

슬론은 모든 사람을 만족시키기 위해 다양한 차종을 만들어 시장에 내놓았습니다. 시간이 흐를수록 품질 좋고 디자인도 다양한 GM을 선택하는 소비자가 늘어나면서 GM의 시장점유율은 매년 높아졌습니다. 슬론은 GM이 탄탄대로에 올랐음에도 방심하지 않고 끊임없이 성능을 개선한 새로운 차량을 출시했습니다.

슬론은 내부 개혁에도 힘을 기울였습니다. 그가 가장 중요하게 생각한 것은 적재적소에 인재를 배치하는 것이었습니다. 인종, 학벌, 나이에 상관없이 오로지 능력을 평가의 기준으로 삼았습니다. 회사를 위해 헌신적으로 일한 직원은 노력만큼 확실한 대가를 받았습니다. 열심히 일한 만큼 보상받을 수 있는 분위기가 조성되자 GM의 경쟁력은 크게 강화되었습니다.

1933년 GM은 드디어 포드자동차를 누르고 미국 최대 자동차 회사에 등극했습니다. 이후 포드자동차와의 격차를 크게 벌리면서 미국의 자동차 산업을 주도했고, 수백만 명의 종업원을 둔 세계 최대

기업으로 우뚝 섰습니다. GM의 성장을 주도한 슬론은 위대한 최고 경영자로 경영학 교과서에 이름을 올렸습니다.

기술로 무장한 크라이슬러

미국의 자동차 산업에서 빠지지 않는 인물이 바로 월터 크라이슬러Walter Chrysler입니다. 그는 철도 기술자로서 기관차 제작에 종사하다가 자동차에 매료되어 1925년 자신의 이름을 딴 자동차 회사 '크라이슬러'를 설립했습니다. 월터 크라이슬러는 탁월한 기술자 출신이었던 만큼 최고의 자동차를 만드는 일에 앞장섰습니다.

크라이슬러를 설립한 월터 크라이슬러

크라이슬러는 미국 자동차업계 최초로 부드러운 곡선 모양의 유선형 자동차를 선보였습니다. 기존 자동차들은 네모난 상자처럼 생겨 도로 위를 달릴 때 공기저항을 많이 받았습니다. 공기저항이 클수록 더 많은 연료를 소비하고 속도를 내는 데도 불리했습니다. 그런데 크라이슬러가 내놓은 매끄러운 유선형 모양의 차체는 공기저항을 최소화해 연료비 절감과 속도 향상에 도움이 되었습니다. 오늘날에는 모든 자동차가 유선형 차체로 제작되어 당연한 듯 보이지만 당시 크라이슬러가 선보인 새로운 형태의 디자인은 혁신 그 자체였습니다.

이외에도 크라이슬러는 자동차 배터리의 힘으로 핸들을 움직이는 파워스티어링과 창문을 여닫는 파워윈도우를 개발했습니다. 파워스티어링이 등장하기 이전까지는 오로지 사람의 힘으로 핸들을 돌려야 했습니다. 건장한 남성의 경우 핸들을 돌리는 데 큰 문제가 없었지만 여성이나 노약자는 힘이 부족해 핸들을 돌리기가 쉽지 않았습니다. 그런데 배터리의 힘으로 핸들을 돌릴 수 있게 되자 누구나 손쉽게 자동차를 운전할 수 있게 되었습니다.

이처럼 크라이슬러는 기술개발 경쟁에서 앞서가면서 포드자동차와 GM에 이어 미국의 3대 자동차 제조업체로 자리매김했습니다. 이들 자동차 회사는 치열한 경쟁을 벌이면서 세계 자동차 산업을 이끌었고 미국 제조업을 상징하는 기업이 되었습니다.

오일쇼크와 미국 자동차 산업

1960년대까지 미국의 자동차 산업에 도전할 수 있는 나라는 없었습니다. 자동차 산업은 유럽에서 먼저 시작되었지만 유럽은 제2차 세계대전을 치르는 동안 생산 기반이 붕괴되어 종전 후에도 한동안 고전을 면치 못했습니다. 제2차 세계대전을 계기로 미국이 세계 최고의 경제 대국으로 올라서면서 미국산 자동차는 전 세계인에게 선망의 대상이 되었습니다.

세계 최고 수준의 1인당 국민소득, 잘 갖추어진 도로망, 값싼 휘발유 등 미국은 자동차 산업이 발달하기에 최적의 조건을 갖춘 나라였습니다. 제2차 세계대전 이전까지만 해도 한 가구당 한 대의 자동차를 보유했지만 이후에는 성인 남성 한 명당 한 대의 자동차를 가질 정도로 자동차는 생활필수품이 되었습니다. 미국인들이 보유한 자가용이 워낙 많다 보니 지하철이나 버스 같은 대중교통 수단의 발달이 여느 선진국에 비해 더뎠음에도 별다른 문제가 없었습니다.

하지만 1970년대에 접어들자 상황이 바뀌기 시작했습니다. 1973년에 오일쇼크가 일어나 휘발유 가격이 폭등하면서 자동차를 유지하기가 쉽지 않아졌습니다. 오일쇼크 이전까지만 해도 기름이 물보다 저렴해 미국인들은 주유소에서 휘발유를 넣으면서 별다른 부담을 느끼지 않았습니다. 게다가 미국은 세계적인 산유국으로서 해마다 많은 양의 석유가 쏟아져 나와 유가를 저렴하게 유지할 수 있었습니다.

하지만 전 세계 석유 생산량의 3분의 2가량을 차지하는 아랍의 산

기름값 상승으로 고통받는 미국인

유국들이 지나치게 싼 기름값에 불만을 품고 가격을 인상하면서 저유가 시대가 막을 내렸습니다. 엎친 데 덮친 격으로 1970년대 들어 미국 내 석유 생산량마저 줄어들자 유가는 고공행진을 거듭했습니다.

유가 폭등은 휘발유를 많이 소비하는 미국산 자동차에 가장 큰 타격을 입혔습니다. 19세기 후반 석유왕 록펠러의 등장 이후 100년 넘게 저유가 시대가 계속되자 미국 자동차 회사들은 연비를 개의치 않고 크고 안락한 자동차를 만드는 일에 몰두해 왔습니다. 이에 육중한 덩치의 미국 자동차는 '기름 먹는 하마'가 되고 말았습니다.

외국산 자동차의 공격

석유 가격이 크게 오르자 그동안 미국 소비자들에게 외면받았던 일본산 자동차가 주목받기 시작했습니다. 일본산 차는 연비 면에서 휘발유 소비량이 무척 적었습니다. 일본 자동차 회사는 오래전부터 연비가 좋은 차를 만드는 일에 심혈을 기울여 왔습니다. 일본이 석유 한 방울 나지 않는 나라이기 때문입니다. 석유 전량을 수입해야 하는 상황에서 연비가 좋은 차를 만드는 것은 일본 자동차 회사의 사명이나 다름없었습니다. 이들은 자동차의 연비를 높이기 위해 차의 크기를 작게 만들고 무게도 최대한 줄였습니다.

그동안 일본 자동차는 미국의 대형차에 비해 작고 승차감이 떨어진다는 이유로 미국인들로부터 외면을 받아 왔습니다. 하지만 고유가 시대가 열리자 차량 가격이 싸고 연비가 좋은 일본 자동차가 미국인들의 사랑을 받게 되었습니다. 미국 시장 진출 초기만 해도 일본의 자동차는 소형차 위주였지만 시간이 지나면서 중형차 시장도 잠식하기 시작했습니다.

일본산 자동차는 가격만 싼 것이 아니라 품질도 수준급이었습니다. 잔고장이 많은 미국 차에 비해 일본 차는 잔고장이 적어 수리비용이 적게 들었습니다. 작고 튼튼한 일본 차는 오래 타더라도 문제가 없었기 때문에 실컷 타다가 중고차로 팔아도 제값을 받을 수 있었습니다. 반면에 수시로 고장 나는 미국 차는 중고차 시장에서 찬밥 취급을 받았습니다. 1990년대에 접어들자 미국에서 판매되는 자동차 3대 가운데 1대가 일본 자동차일 정도로 일본 차는 미국인들의 많은 사랑을 받았습니다.

독일 차 역시 명품 이미지를 기반으로 미국의 고급차 시장을 장악해 나갔습니다. 자동차 종주국 독일은 고급차 분야에서 오래전부터 강력한 경쟁력을 확보하고 있었습니다. 미국인들은 건국 이전부터 격조 높은 문화와 전통을 자랑하는 유럽에 대해 막연한 동경심을 가지고 있었습니다. 이에 미국 상류층을 중심으로 유럽산 제품에 대한

미국 상류층을 사로잡은 벤츠

선호가 강했습니다. 자동차 역시 마찬가지였습니다. 벤츠나 BMW 같은 독일산 고급 자동차가 미국 상류층에게 인기를 끌면서 미국 자동차 회사의 입지는 더욱 좁아졌습니다. 소형차와 중형차에서는 일본 차가, 대형 고급차에서는 독일 차가 미국 자동차 시장의 시장점유율을 빼앗아 가면서 미국 자동차 산업은 위기를 맞았습니다.

크라이슬러의 재건을 이끈 아이아코카

외국산 자동차의 공습으로 미국의 3대 자동차 회사 모두가 타격을 받았습니다. 그중 규모가 가장 작았던 크라이슬러에 먼저 위기가 찾아왔습니다. 1979년 크라이슬러의 주주들은 이전에 포드자동차 사장이었던 리 아이아코카Lee Iacocca를 최고경영자로 임명했습니다.

아이아코카는 40대의 젊은 나이에 포드자동차의 사장을 지낼 정도로 자동차업계에서는 유명한 인물이었습니다. 그는 포드자동차에서 사장직을 수행하는 동안 다양한 베스트셀러카를 출시하며 회사의 성장에 큰 기여를 했습니다. 그러나 회사의 최대 주주였던 헨리 포드의 후손들과 관계가 나

크라이슬러의 경영자로 부임한 아이아코카

빠지면서 1978년 굴욕적인 모욕을 당한 채 회사에서 쫓겨났습니다.

크라이슬러의 주주들은 아이아코카를 재빨리 영입해 회사의 재건을 맡겼습니다. 아이아코카는 경쟁업체였던 크라이슬러에 대해 잘 안다고 생각했지만 막상 들어와 보니 생각보다 상태가 심각했습니다. 경영진은 '기술의 크라이슬러'라는 명성이 무색할 정도로 신기술 개발에 무관심했습니다. 생산현장에서 일하는 직원들 역시 업무에 최선을 다하기는커녕 경영진을 상대로 임금 인상과 복지혜택을 늘려 달라고 요구하는 데 열정을 쏟았습니다. 최고경영진부터 말단 직원까지 누구도 책임감 있게 행동하지 않자 생산라인에서는 불량품이 쏟아져 나왔습니다. 상황이 이렇다 보니 당연히 소비자들에게도 외면을 당할 수밖에 없었습니다.

자동차가 팔리지 않자 회사의 적자는 눈덩이처럼 불어났습니다. 아이아코카가 최고경영자로 취임했을 때는 회사의 재정상태가 파산 직전까지 악화된 상황이었습니다. 근본적인 개혁 없이는 크라이슬러가 도저히 살아남을 수 없다고 판단한 아이아코카는 대대적인 혁신에 나섰습니다.

우선 아이아코카 자신부터 회사가 살아날 때까지 정상적인 연봉을 받지 않겠다고 선언하면서 상징적 의미에서 연봉 1달러만 받기로 했습니다. 그리고 기존에 있던 35명의 부사장 중 33명을 크라이슬러에서 쫓아냈습니다. 한편, 회사를 살리려면 수만 명의 생산직 근로자를 해고하고, 남아 있는 직원들의 임금도 대폭 깎아야 하는 상황이었습니다. 그러나 경영진은 별 탈 없이 내보낼 수 있었지만 생산직 직원은 해고하기가 쉽지 않았습니다.

크라이슬러의 강성 노조는 아이아코카의 구조조정 계획에 반대하며 일자리를 지키고자 했습니다. 아이아코카는 밤늦게 노조 지도부를 만난 자리에서 "내일 아침까지 8시간이 남았습니다. 오늘밤 안에 노사 간에 타협이 이루어지지 않으면 나는 내일 아침 8시에 파산 선언을 할 것입니다. 그렇게 되면 우리 모두 실업자가 됩니다."라는 최후통첩을 했습니다. 노조 지도부는 아이아코카의 말이 협상의 타결을 위한 술수가 아니라는 것을 알고 협상안을 받아들였습니다. 결국 수만 명의 노동자가 한순간에 회사를 떠났고 생산성이 떨어지는 공장은 문을 닫았습니다.

이렇게 아이아코카는 대대적인 구조조정에 성공했지만 회사의 자금난은 쉽게 해결할 수 없었습니다. 미국의 시중 은행들이 문제가 많은 크라이슬러에 돈을 빌려주기를 꺼렸기 때문입니다. 회사의 운영자금을 구할 수 있는 유일한 방법은 정부로부터 돈을 빌리는 것이었습니다. 그러나 미국 정부는 민간 기업에 관여하지 않는 것을 철칙으로 삼고 있기 때문에 정부에서 돈을 빌리기란 불가능에 가까웠습니다.

실제로 아이아코카가 돈을 빌려 달라고 하자 정부는 난색을 표했습니다. 포기를 몰랐던 아이아코카는 정부가 돈을 빌려줄 수밖에 없는 분위기를 조성해 나갔습니다. 우선 미국 전역에 있던 크라이슬러 판매 대리점 직원을 동원해 해당 지역을 선거구로 두고 있던 국회의원을 설득했습니다. 대리점 직원들은 크라이슬러가 파산할 경우 일자리를 잃게 된다고 호소하면서 의원들이 앞장서서 정부를 설득할 것을 요청했습니다. 의원들은 유권자이자 고향 사람들의 부탁을 외면할 수 없었습니다.

한편, 아이아코카는 크라이슬러의 어려운 사정을 호소하는 홍보 광고를 TV에 대대적으로 내보냈습니다. 미국인들은 크라이슬러가 무너질 경우 수십만 명의 근로자가 일자리를 잃고 부양가족까지 더하면 수백만 명이 고통받게 된다는 사실을 알게 되었습니다. 자신들도 언젠가 크라이슬러 노동자와 같은 처지가 될 수 있다는 불안감에 휩싸인 미국인들은 정부에 크라이슬러를 도울 것을 요구했습니다.

의회와 국민의 요구를 무시할 수 없었던 미국 정부는 극히 예외적으로 당시 거금이었던 15억 달러를 크라이슬러에 빌려주었습니다. 크라이슬러는 아이아코카의 노력으로 정부 자금을 지원받아 파산을 면했습니다.

크라이슬러의 경영 위기와 매각

정부 대출로 급한 불을 진화한 아이아코카는 회사의 경쟁력을 근본적으로 끌어올리기 위해 혁신 제품 개발에 박차를 가했습니다. 그동안 국민에게 각인된 크라이슬러의 나쁜 이미지를 없애려면 모두를 깜짝 놀라게 할 제품이 필요했습니다.

각고의 노력 끝에 1984년 크라이슬러는 세계 최초로 '미니밴

세계 최초로 미니밴을 만든 크라이슬러

Minivan[*] 개발에 성공했습니다. 미니밴은 온 가족이 함께 타도 여유로울 정도로 충분한 실내공간을 확보한 차량으로, 오늘날 많은 사람들에게 사랑받는 SUV[**]의 원형이라 할 수 있습니다. 미니밴은 주말마다 자연을 찾아 캠핑을 떠나려는 사람들에게 최적화된 자동차였기 때문에 가격은 다소 비싸도 불티나게 팔려 나갔습니다.

아이아코카는 미니밴이라는 새로운 형태의 자동차를 만들어 내면서 경쟁이 없는 시장을 개척했습니다. 경쟁자가 없는 시장인 만큼 크라이슬러는 미니밴을 통해 손쉽게 돈을 벌 수 있었습니다. 회사의 매출과 이익이 급증하자 아이아코카는 정부에서 빌린 돈을 예정된 기

* 실내 공간이 넓고, 3열 시트를 갖춰 많은 승객을 태울 수 있는 승용차.
** 스포츠 활동에 적합하게 개발된 자동차.

간보다 7년이나 앞당겨 전액 상환했습니다.

아이아코카는 미니밴 이외에도 크라이슬러의 축적된 기술력을 마음껏 뽐낼 수 있는 다양한 차종을 선보였고, 철저한 품질관리를 통해 크라이슬러를 제2의 전성기로 이끌었습니다. 아이아코카가 파산 직전에 있던 크라이슬러를 멋지게 부활시키자 언론들은 그를 두고 경영자를 뛰어넘는 미국의 위대한 지도자로 치켜세웠습니다.

미국인들이 열렬한 찬사를 보내며 차기 대통령 감으로까지 추켜올리자 아이아코카의 마음속에도 슬슬 정치적 야심이 생겨났습니다. 임기 중반 이후 그는 정치인으로 변신을 꾀하면서 회사 경영과 무관한 일에 시간을 보내기 시작했습니다. 우선 자신이 대단하다는 것을 널리 알리기 위해 자서전 집필에 열성을 기울였습니다. 또한 미국의 상징이나 다름없는 자유의 여신상을 수리하는 일에 앞장섰고, 의회를 들락거리며 정치인들과도 친분을 쌓았습니다.

아이아코카가 임기 전반과 달리 크라이슬러를 위해 열심히 일하지 않자 회사 사정도 다시 나빠지기 시작했습니다. 이탈리아 이민자 출신인 아이아코카는 조국을 생각해 이탈리아 자동차 업체들을 돕고자 했고, 임원들의 만류에도 불구하고 이탈리아 스포츠카 제조업체인 마세라티Maserati에 거액을 투자해 큰 손해를 보았습니다. 또 자동차와 무관한 항공기 산업에도 손을 뻗쳐 결국 큰 손실을 입었습니다.

임기 전반까지만 해도 살신성인하는 자세로 회사를 구렁텅이에서 건져 냈던 아이아코카는 임기 후반에 접어들어 개인적인 욕심을 부

정치적 야심까지 품은
아이아코카

리면서 좋았던 이미지를 차츰 잃어 갔습니다. 1992년 아이아코카는 크라이슬러를 떠났고, 이후 회사는 경영 위기에 몰려 결국 1998년 독일의 자동차 제조업체인 다임러Daimler에 인수되었습니다.

미국의 3대 자동차 업체 중 하나였던 크라이슬러가 경영난을 극복하지 못하고 외국 기업에 매각되자 아이아코카의 명성은 추락하고 말았습니다. 오늘날에도 아이아코카의 잘잘못을 두고 여러 가지 의견이 분분하지만 최고경영자 시절 초기에 그가 해낸 과감한 구조조정은 세월이 지나도 높은 평가를 받고 있습니다.

GM과 강한 노조

'GM에 좋은 것은 미국에 좋은 것'이라는 말이 있을 정도로 GM은 미국의 제조업을 대표하는 기업이었습니다. GM은 미국에서 가장 많은 근로자를 고용하는 기업이었으며, GM에 자동차 부품을 납품하는 업체까지 포함하면 수백만 명에게 일자리를 제공했던 기업이기도 합니다.

1933년 이후 GM은 미국 자동차업계 1위를 차지하는 동시에 세계 최대 자동차 기업의 자리에 오르며 미국 자동차 산업의 위상을 한껏 드높였습니다. 그러나 GM도 시대의 변화에 뒤처지면서 몰락의 길을 걷게 되었습니다.

GM을 위기에 빠뜨린 또 하나의 큰 원인은 과도한 임금과 복지비용이었습니다. 세계 최고 자동차 회사인 만큼 GM은 업계 최고 수준의 임금을 보장해 주었습니다. 이외에도 직원들에게 다른 회사에서는 찾아보기 힘든 온갖 복지혜택을 주었습니다. GM은 의료비가 비싸기로 유명한 미국에서 직원들뿐만 아니라 퇴직한 직원들에게도 의료보험 서비스를 제공했습니다. 또한 퇴직자에게 풍족한 연금을 지급하면서 수많은 미국인이 일하고 싶어하는 꿈의 직장이 되었습니다.

하지만 오일쇼크와 외국산 차의 공습으로 회사가 흔들리자 그동안 직원들에게 제공하던 과도한 혜택을 계속 유지하기가 불가능해졌습니다. 회사 측에서는 현실적인 이유를 들어 사내 복지혜택을 축소하고 인력을 줄이려고 했지만 노동자들의 반대에 부딪혔습니다.

수만 개의 부품이 조립되어 하나의 완제품이 되는 자동차는 수많은 공정의 연속입니다. 생산 과정에서 어느 한 공정이라도 중단되면 완제품을 만들 수 없습니다. 즉, 생산라인에서 근무하는 소수의 노동

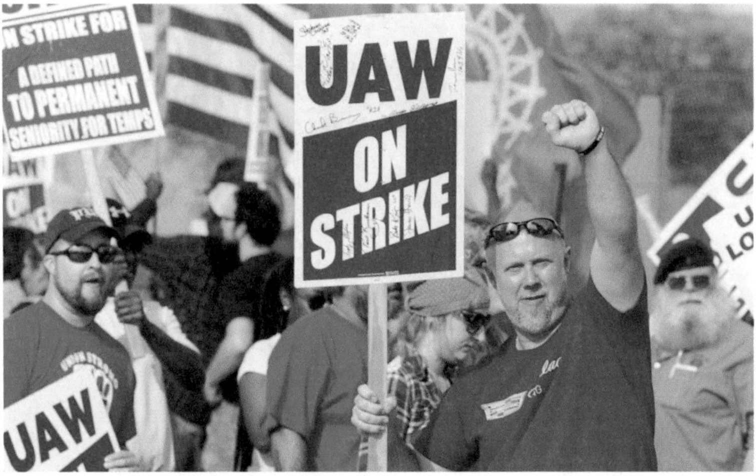

파업을 하는 GM 노조

자가 파업에 나서면 자동차 생산이 전면적으로 중단됩니다. 그래서 자동차 회사는 노동자의 이익을 대변하는 노조의 힘이 다른 업종에 비해 강할 수밖에 없습니다.

GM 노조는 회사의 경영상태에 아랑곳하지 않고 자신들의 기득권을 지키는 일에만 관심을 보였습니다. 노동자들은 회사 사정이 어렵더라도 임금을 한 푼도 깎을 수 없다고 주장했습니다. 만약 회사가 경영난을 이유로 인건비를 줄이고자 한다면 신입사원의 연봉을 반으로 줄이는 것에는 동의하겠다며 본인들의 이익을 지키는 데만 급급했습니다.

GM 노조는 처우 문제뿐만 아니라 생산에도 개입해 노조의 동의 없이 회사가 공장의 근무 인력을 재배치할 수 없도록 했습니다. GM이 생산하는 다양한 차종에 대한 소비자들의 수요는 항상 변화하기 때문에 탄력적으로 제품을 생산해야 하며 이를 위해서는 공장 내 인력 재배치가 필수적입니다. 즉, 특정 차종에 수요가 몰리면 비인기 차종의 생산을 줄이고 인기 차종의 생산을 늘려야 하지만 그때마다 회사는 노조의 동의를 받아야 하기 때문에 발 빠른 대처가 힘들었습니다.

GM의 파산보호 신청

GM 경영진은 시간이 갈수록 적자가 눈덩이처럼 불어나자 연구개발에 투입되는 자금도 줄여야 했습니다. 이로 인해 외국 업체와의 기술 경쟁에서도 뒤처졌습니다. GM 자동차는 외국 업체와의 경쟁에서 밀려 자국민들에게조차 외면받는 처지로 전락했습니다. 설상가상으로 2008년 미국에서 금융 위기가 터지자 GM은 존폐 위기에 몰렸습니다. 미국 경제가 금융 위기로 심한 침체기에 접어들면서 자동차를 구매하려는 사람들도 급감했습니다.

2009년 GM은 결국 파산보호*를 신청했습니다. 미국 제조업의 대표 주자였던 GM의 몰락은 미국인들에게 엄청난 충격을 주었습니다. 자본주의 국가인 미국에서는 하루에도 수많은 기업이 문을 닫지만 미국의 상징인 GM의 파산보호 신청은 미국 제조업의 몰락을 의미했기 때문입니다.

* 기업의 채무이행을 일시 중지시키고 자산매각을 통해 기업을 정상화하는 절차.

경영난으로 파산보호를 신청한 GM

GM 경영진은 회사가 공중분해되는 것을 막기 위해 정부에 선처를 호소했습니다. 정부는 GM에 자금을 지원하는 조건으로 강력한 구조조정을 통한 체제개선을 요구했습니다. GM의 경영진과 노동자 모두 살아남기 위해서는 정부의 요구를 받아들일 수밖에 없었습니다. 정부는 GM 주식을 담보로 약 500억 달러를 지원하면서 전문 컨설팅 업체에 구조조정을 맡겼습니다.

정부의 지분 인수로 국유기업이 된 GM은 대대적인 구조조정에 들어갔습니다. 14개의 생산 공장이 문을 닫았고 2만 명 넘는 직원들이 회사를 떠나야 했습니다. GM은 몸집 줄이기에 성공했지만 예전의 영화를 다시 누릴 수는 없었습니다. GM을 비롯한 미국 자동차가 해외 시장은 물론 미국 시장에서도 인기가 별로 없었기 때문입니다. 일본 차가 미국 시장점유율의 40%에 이를 정도로 미국인들은 외국산 자동차를 선호합니다.

자동차의 도시 디트로이트

미시간주의 최대 도시 디트로이트는 19세기까지 마차 생산의 중심지였습니다. 20세기 들어 자동차 시대가 열리면서 디트로이트는 자동차의 중심지로 변모했습니다. 미국의 3대 자동차 업체인 GM, 포드자동차, 크라이슬러의 본사와 공장이 자리 잡자 디트로이트는 비약적인 성장을 거듭했습니다. 자동차는 수만 개의 부품으로 이루어져 있기 때문에 자동차 공장이 들어서면 수많은 부품 공장들도 인근 지역에 들어서게 됩니다.

1900년 디트로이트의 인구는 28만 명에 불과했지만 미국의 자동차 산업이 전 세계를 지배하던 1950년에는 인구가 185만 명에 이르렀습니다. 당시 디트로이트는 뉴욕, 시카고, 필라델피아, 로스앤젤레스에 이어 미국에서 다섯 번째로 큰 도시였습니다. 자동차 생산의 중심지였던 디트로이트는 자동차와 관련해 다양한 기록을 보유하고 있습니다.

디트로이트는 미국에서 가장 먼저 콘크리트 도로와 교통 신호등이 만들어진 도시입니다. 1902년에 한 남자가 차에 치여 죽으면서 미국

과거 잘사는 도시 중 하나였던 디트로이트

최초의 자동차 사고 사망자가 발생한 도시이기도 합니다. 1920년대 헨리 포드에 의해 자동차가 대량으로 생산되자 전국에서 수많은 사람이 일자리를 찾아 디트로이트로 몰려들었습니다. 자동차 회사들이 다른 업종에 비해 높은 임금을 지급하면서 디트로이트는 미국에서 가장 잘사는 도시 중 하나가 되었습니다. 이곳은 자동차 공장에서 열심히 일하면 누구나 중산층 이상의 삶을 누릴 수 있던 노동자들의 세상이었습니다.

그러나 자동차 산업의 발전은 흑인과 백인 간의 인종갈등을 촉발하는 도화선이 되었습니다. 흑인들이 일자리를 찾아 디트로이트로 몰려들자 시내에 살던 백인들은 흑인을 피해 교외로 빠져나갔습니다. 백인들은 교외에서 시내까지 출퇴근을 위해 매일 2시간이 넘는 시간을 차 안에서 보내야 했지만 개의치 않았습니다.

백인들이 사라진 디트로이트 시내는 가난한 흑인들의 세상이 되었고 실업률과 범죄율이 함께 치솟았습니다. 치안이 나빠지자 자동차 공장도 디트로이트 교외로 빠져나가 시내에는 제대로 된 일자리가 줄어만 갔습니다. 미국 전체 인구에서 흑인이 차지하는 비율은 13~14% 남짓이지만 디트로이트는 흑인 비율이 80%를 넘을 정도로 미국에서도 손꼽히는 흑인 밀집 지역이 되었습니다.

미국 자동차 산업의 영광과 몰락을 함께한 도시

미국 자동차 산업의 몰락은 곧 디트로이트의 몰락이기도 했습니다. 2004년 1,200만 대를 넘어섰던 자동차 생산량은 금융 위기 직후인 2009년 575만 대로 줄어들며 절반에도 미치지 못했습니다.

2009년 GM이 파산보호를 신청하고, 포드자동차와 크라이슬러 역시 최악의 부진에 시달리자 자동차 생산의 중심지인 디트로이트는 큰 타격을 받았습니다. 미국 자동차 업체들의 강도 높은 구조조정으로 실업자가 쏟아지자 사람들은 일자리를 찾아 다른 곳으로 떠나야 했습니다. 그들은 집이 팔리지 않자 그냥 방치한 채 다른 곳으로 떠났습니다. 이후 전체 주택 중 20% 이상이 빈집일 정도로 인구 감소가 심각했습니다.

상업용 건물 역시 세입자가 나가도 새로 들어오는 사람이 없어 빈 채로 방치되었고 관리되지 않은 공간은 노숙자의 차지가 되었습니다. 한때 180만 명을 넘던 인구가 70만 명 이하로 줄어들자 재정난을 감당하지 못한 디트로이트시는 엄청난 부채를 안은 채 2013년 파산하고 말았습니다.

디트로이트시가 파산하자 당국에서 제공하던 공공 서비스도 크게 줄어 남아 있는 사람들은 더욱 큰 고통을 당했습니다. 가로등의 40%가 켜지지 않았고 심지어 신호등도 꺼졌습니다. 시당국이 빈곤층에게 제공하는 무료급식 서비스도 중단되었고 경찰은 물론 구급차를 불러도 제대로 출동하지 않았습니다. 수도세를 내지 못하는 사람도 늘어 2만 7,000여 가구가 수돗물 공급을 받지 못했습니다. 보다 못한

자동차 산업의 몰락으로 쇠락한 디트로이트

직장을 잃은 디트로이트 시민

UN이 현장조사에 나서 '깨끗한 수돗물 없이는 살 수 없는 만큼 요금을 내지 못했다고 단수하는 것은 심각한 인권침해'라는 결론을 내리기도 했습니다.

도시의 행정기능이 마비되면서 디트로이트는 범죄자들의 천국으로 변해 미국에서 가장 위험한 도시 중 하나가 되었습니다. 이듬해인 2014년 연방정부의 지원으로 디트로이트는 파산에서 벗어났지만 상황은 크게 나아지지 않았습니다. 디트로이트 시민들의 생활이 나아지려면 미국 자동차 회사들이 부활해야 하지만 외국 업체의 기세에 눌려 과거의 영광을 되찾지 못하고 있습니다. 디트로이트는 미국 자동차 산업의 영광과 몰락을 적나라하게 보여주는 곳으로 미국의 아픈 손가락이 되었습니다.

새로운 도전, 미국 남부의 자동차 공장

미국은 세계 최대의 경제 강국인 만큼 구매력이 높은 소비자들이 많습니다. 자동차 시장에서도 해마다 1,500만 대 이상의 신차가 판매됩니다. 일본과 독일 등 외국 업체들은 미국에서 입지를 다지자 현지에 공장을 세웠습니다. 미국에 공장을 세우면 자동차에 부과되는 관세도 피할 수 있고, 미국 내에서 일자리를 창출하는 좋은 회사라는 이미지를 소비자에게 줄 수 있다는 장점이 있습니다.

그런데 세계 유수의 자동차 회사들은 미국에 현지 공장을 지으면서 디트로이트를 피했습니다. 외국 업체들은 자동차 노조가 막강한 영향력을 행사하고 인건비도 비싼 디트로이트 대신 공업기반이 약한 남부를 선택했습니다. 남부는 미국의 독립 이전부터 농업을 기반으로 성장한 곳으로 미국 내에서 소득이 가장 낮은 지역이기도 합니다. 일자리마저 제대로 없어 특별한 기술이 없는 사람은 최저임금을 벗어나지 못해 힘겹게 사는 곳이 바로 남부입니다.

농업을 기반으로 하는 남부 지역은 숙련된 기능공을 찾기 힘들고 자동차 부품업체도 없는 등 공장을 짓기에는 여러모로 부족한 면이 있었습니다. 이에 남부의 주들은 일자리 창출에 큰 도움이 되는 자동차 산업을 육성하고자 외국 업체에 파격적인 제안을 했습니다. 공장 부지를 제공하고 회사가 수익을 내더라도 일정 기간 세금을 감면하는 등 다른 곳에서는 누릴 수 없는 혜택을 내세웠습니다. 심지어 회사에서 실시하는 직업교육 비용까지 주정부에서 지급하겠다고 제안했습니다.

남부 주정부가 유리한 조건을 제시하자 외국 업체들은 자동차 산

도요타의 켄터키 공장

업의 불모지나 다름없던 남부에 공장을 짓기 시작했습니다. 도요타의 켄터키 공장, 현대차의 앨라배마 공장, BMW의 사우스캐롤라이나 공장 등 과거에는 자동차 산업과 아무런 관련이 없던 남부에 자동차 공장이 속속 들어섰습니다. 자동차 공장이 들어서자 인근에 부품 공장도 따라 들어와 남부 주에는 수많은 일자리가 만들어졌습니다. 자동차 공장에서 일하는 노동자들은 이전보다 훨씬 높은 소득을 올리는 안정적인 일자리를 갖게 되었습니다. 기업들도 디트로이트에 위치한 경우보다 인건비를 낮출 수 있어 모두에게 이익이 되고 있습니다.

전기 자동차와 테슬라

화석연료인 휘발유나 경유를 이용해 엔진을 가동하는 내연기관 자동차가 현재 자동차 시장의 대세를 이루고 있습니다. 그러나 내연기관 자동차 운행 시 발생하는 배기가스가 공기 오염의 주범으로 지목되면서 친환경 자동차의 필요성이 제기되고 있습니다. 게다가 내연기관차는 매장량이 한정된 석유가 고갈되면 더는 가동할 수 없게 됩니다. 그래서 내연기관차를 대체할 수 있는 차세대 차량이 필요한데, 그중 가장 주목받는 것이 바로 전기차입니다.

전기차의 역사는 19세기 말로 거슬러 올라갑니다. 내연기관차와 거의 비슷한 시기에 등장한 초기의 전기차는 돈 많은 상류층을 중심으로 인기를 얻었습니다. 부자들은 운행할 때마다 매연이 쏟아져 나오고 소음이 심한 내연기관차 대신 전기차를 선호했습니다. 그러나

배터리 용량의 한계로 외면받은 전기차

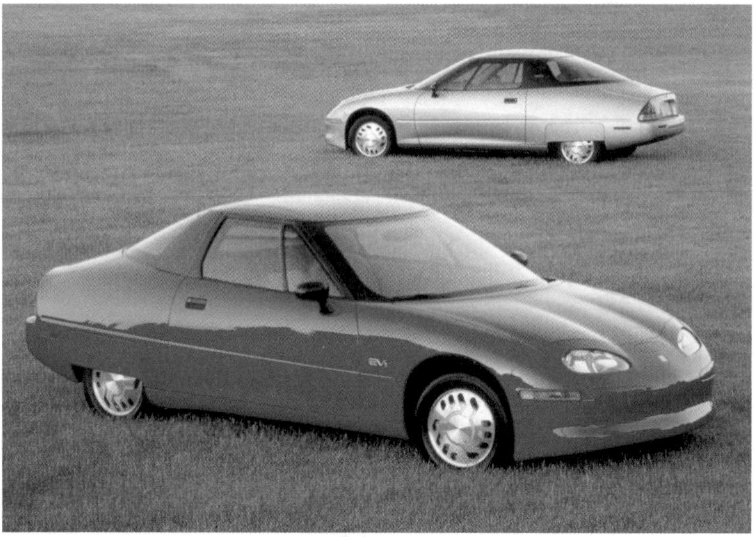
한때 사람들의 주목을 받던 EV1

전기차는 전기를 담는 축전지의 용량이 작아 먼 곳까지 갈 수 없는 치명적인 약점을 안고 있었습니다. 이런 와중에 내연기관차의 가격이 낮아지고 곳곳에 주유소가 설치되어 손쉽게 연료를 넣을 수 있게 되면서 전기차는 점차 시장에서 사라졌습니다.

21세기 들어 고용량의 전기를 담을 수 있는 리튬이온 배터리가 널리 활용되면서 전기차가 다시 주목받기 시작했습니다. 1996년 GM이 출시한 'EV1'이라는 전기차는 뛰어난 성능으로 세상을 깜짝 놀라게 했습니다. EV1은 한 번 충전으로 최장 160킬로미터까지 달릴 수 있었고, 최고 시속이 130킬로미터에 달했습니다. 장거리 운행은 힘들지만 시내 주행용 자동차로는 손색이 없었습니다. 알루미늄으로 만든 차체는 최신 공기역학적 디자인을 채택해 어떤 차량보다 멋있었습니다. GM은 EV1을 임대 형식으로 시장에 내놓았는데 전기차만의 정숙성에 사람들은 놀라움을 금치 못했습니다.

EV1이 소비자들에게 꽤 많은 인기를 끌었음에도 불구하고 2003년 GM은 임대했던 EV1을 갑자기 회수해 모두 폐기해 버렸습니다. 소비자들이 반발하자 GM은 EV1의 배터리에 문제가 있다는 이유를 내세웠지만 지난 7년 동안 배터리 문제로 골치를 앓은 사람은 거의 없었습니다. 세간에는 GM이 전기차를 폐기한 사실을 두고 말이 많았습니다. 그동안 내연기관 차량 제조에 몰두해 온 GM에게 전기차의 부상은 달갑지 않았을 것이라는 의견이 다수였습니다.

미국 정부 역시 전기차를 꺼리기는 마찬가지였습니다. 그동안 휘발유나 경유에서 거두어들이는 유류세 수입이 엄청났기 때문입니다. GM을 비롯한 세계 유수의 자동차 회사들이 전기차를 외면하는 사이 2004년 미국에서 전기차 업체인 테슬라Tesla가 등장하면서 세상에 신선한 충격을 던졌습니다.

테슬라가 만든 전기차는 한 번 충전으로 400킬로미터 이상 달릴 수 있고 최고 속도도 시속 200킬로미터를 가뿐히 넘겨 내연기관차나 다름없는 고성능을 보여주었습니다. 게다가 테슬라가 충전의 편의를 돕기 위해 미국 전역에 충전소를 설치하면서 충전도 한결 수월해졌습니다.

테슬라는 압도적인 기술력을 바탕으로 생산량을 늘리면서 전 세계 전기차 시장을 주도하고 있습니다. 앞으로 전기차가 대세가 된다면 GM이나 포드자동차 같은 전통의 자동차 기업이 아닌 21세기에 등

고성능 전기차 시대를 연 테슬라

장한 신생 전기차 업체인 테슬라가 주도권을 갖게 될 전망입니다. 아직은 차세대 자동차 시장이 활짝 열리지 않았지만 미국을 비롯한 전 세계에서 전기차 판매량이 급속도로 증가하면서 새로운 시대의 탄생을 준비하고 있습니다.

자율주행차의 부상

인공지능을 활용한 자율주행차 역시 발전을 거듭하면서 대중화에 성큼 다가섰습니다. 미국의 자동차 3사는 물론 구글, 애플, 아마존 등 수많은 기업이 자율주행차에 관한 연구를 진행하고 있습니다. 구글이나 애플 같은 정보 산업에 속한 기업이 자율주행차를 연구하는 이유는 자동차를 이동 수단을 넘어 정보화 기기로 발전시키고자 하기

테슬라의 오토파일럿 기능

때문입니다. 자율주행차가 상용화되면 인간이 운전하지 않아도 되고 자동차 안에서 온갖 업무를 처리할 수 있어 시간을 효율적으로 사용할 수 있습니다.

온라인 쇼핑몰을 운영하는 아마존이 자율주행차 개발에 나서는 것은 무인배송을 위해서입니다. 자율주행차를 활용해 무인배송을 하게 되면 인건비를 줄일 수 있어 회사에 큰 이익이 되기 때문입니다.

많은 사람이 자율주행 차량은 인간이 직접 운전하는 것보다 사고 위험이 크다는 우려를 하고 있습니다. 그러나 이미 자율주행기능Autopilot을 가지고 있는 테슬라의 전기차를 보면 자율주행차가 상당히 안전하다는 것을 확인할 수 있습니다. 그동안 약간의 사고가 있기는 했지만 사람이 운전할 때보다 사고율은 높지 않았습니다. 인공지능

기술이 발전할수록 안전성은 더욱 높아져 자율주행 차량은 가까운 미래에 대중화가 될 것입니다.

헨리 포드가 100여 년 전 '모델T'를 출시하면서 시작된 자동차 시대는 이제 화석연료를 사용하지 않고 사람이 운전하지도 않는 방향으로 진화하고 있습니다.

들여다보기

★

수소연료전지차는 과연 친환경 차일까?

자동차는 인류의 삶을 편리하게 해주었지만 대기 오염이라는 문제를 숙제로 남겼다. 자동차 제조회사들은 대기 오염 물질을 배출하지 않는 차량을 만들기 위해 고심해 왔다. 그중 하나가 수소연료전지차이다. 수소차는 전기로 모터를 돌려 동력을 얻는다는 점에서 기존의 전기차와 비슷하지만 에너지를 얻는 방식이 다르다. 기존 전기차는 차량 내부에 있는 배터리에 전기를 충전해 사용하지만 수소차는 차량 내부의 저장 용기에 수소를 채운 후 공기 중의 산소와 반응시켜 전기를 생산한다.

즉, 수소차는 수소와 산소가 반응하는 과정에서 만들어지는 전기를 이

차세대 자동차로 주목받는 수소연료전지차

용해 모터를 돌리는 작은 발전소나 다름없다. 그리고 전기가 만들어지는 과정에서 부산물로 순수한 물만 생성되기 때문에 대기 오염 물질을 전혀 배출하지 않는 친환경 차량으로 주목받고 있다. 실제로 수소연료를 주입하고 전기를 만들어 차량을 운행하는 과정에서는 아무런 배기가스가 방출되지 않지만 수소연료를 만드는 과정에는 문제가 있다. 수소는 우주에서 가장 흔한 물질이지만 지구상에 존재하는 수소는 대부분 단독이 아니라 다른 물질과 결합한 형태로 존재한다. 결국 우리는 인위적인 방법을 동원해 수소를 얻을 수밖에 없다.

수소를 만드는 방법은 세 가지가 있다. 첫 번째 방법은 물을 이용하는 것이다. 물의 화학식 H_2O에 나타나 있듯 물은 2개의 수소와 1개의 산소가 결합해 이루어진 것이다. 따라서 자연 상태의 물에서 수소만 떼어 내려면 인위적인 조작이 필요하다. 이때 엄청난 양의 전기에너지가 소요된다. 그런데 현재 생산되는 전기에너지 대부분은 석유나 석탄을 이용한 화력발전이나 원자력발전으로 얻는다. 수소연료를 생산하려면 화력발전이나 원자력발전으로 얻은 많은 전기를 필요로 하기 때문에 수소연료는 친환경적일 수 없다. 기존 방식으로 생산한 전기를 낭비하면서 수소를 생산할 바에야 차라리 만들어진 전기를 곧바로 전기차의 배터리에 충전하는 것이 낫다고 주장하는 사람이 많은 이유이다.

두 번째 방법은 석탄이나 천연가스에 1,000℃ 이상의 열을 가해 수소를 추출하는 것이다. 이 방법 역시 열을 얻기 위해서는 막대한 에너지가 필요하며 이 과정에서 많은 양의 온실가스가 발생하기 때문에 수소연료가 환경친화적이라는 말을 무색하게 만든다.

세 번째 방법은 석유의 정제 과정에서 발생하는 수소를 활용하는 것이다. 그러나 이 방법도 생산되는 수소의 양이 적어 수소차가 대량으로 보급될 경우 공급 부족 문제를 야기한다. 이렇듯 수소차가 널리 보급되려면 수소연료를 저렴하면서도 환경친화적으로 생산해야 하는 큰 숙제를 풀어야 한다.

수소연료전지차가 보급되려면 이외에도 몇 가지 크고 작은 문제를 해결해야 한다. 수소차는 차량 내부에 수소와 산소를 반응시키는 장치가 반드시 필요한데 이를 만드는 데 비용이 많이 들어가 차량 가격이 비쌀 수밖에 없다. 또한 주유소처럼 곳곳에 수소충전소를 만들어야 하는데 폭발 위험을 두려워하는 사람들이 많아 자신의 집 주변에 설치되는 것을 원치 않는 경우가 많다.

그런데도 수소차의 미래를 밝게 보는 사람이 상당수 있다. 기술이 발전하면 수소연료를 환경친화적이면서도 저렴하게 대량생산할 수 있고 폭발의 위험성이 없는 충전소를 만들 수 있을 것이라는 기대감이 있기 때문이다. 수소차는 현재 운행되고 있는 휘발유차를 대체하기에는 여러 가지 단점이 있지만, 기술 혁신으로 문제점을 극복한다면 미래의 친환경 자동차가 될 수 있을 것이다.

4장

빛과 어둠이 공존하는

도박 산업

도박에 대한 인간의 열망

도박은 인류의 등장과 함께 시작되었습니다. 동서양을 막론하고 사람들은 도박을 즐겼으며 인구가 늘어나자 하나의 산업으로 발전했습니다. 영국 정부는 18세기 이후 신대륙으로 이주하는 사람이 급증하자 아메리카 식민지를 통치하기 위해 이전보다 더 많은 관리를 파견해야 했습니다. 이로 인해 과도한 재정지출 문제가 발생하자 영국 정부는 재정 부족 상황을 타개하기 위해 복권을 발행했고 이를 통해 적지 않은 수입을 올렸습니다.

1776년 미국에서 독립혁명이 일어나자 조지 워싱턴George Washington을 비롯한 식민지 지도자들은 부족한 전비戰費를 마련하기 위해 복권을 발행했습니다. 이 복권은 독립을 원하던 많은 사람의 성원 속에 인기를 끌었습니다. 그러나 미국은 보수적인 청교도가 세운 나라인 만큼 복권 이외의 도박에 대해서는 관대하지 않았습니다. 영국으로부터 독립한 이후에도 많은 주에서 도박을 금지했지만 도박에 대한 인간의 열망은 사라지지 않았습니다.

사람들은 당국의 눈길이 닿지 않는 곳에 개설된 도박장을 들락거리며 다양한 종류의 도박에 빠져들었습니다. 이들 중에 패가망신한 사람이 속출하며 끊임없이 사회문제를 일으켰습니다. 유럽에서 미국으로 건너온 상당수가 일확천금을 노리고 있었기 때문에 도박에 빠져드는 이가 많았습니다. 경건한 미국을 만들고자 했던 정부는 도박산업을 단속하며 국민을 도박의 폐해로부터 지켜 내려고 했습니다. 그런데 1929년 시작된 경제 대공황은 기독교가 지배하는 미국 사회에 커다란 변화를 불러오기 시작했습니다.

환락의 도시로 부상한 라스베이거스

'세계 도박의 수도'라 불리는 라스베이거스Las Vegas가 위치한 네바다주는 미국 내에서 자연환경이 좋지 않기로 유명합니다. 연중 비가 내리는 날이 한 달도 되지 않아 식수조차 구할 수 없는 전형적인 사막 기후입니다. 더구나 긴 여름 동안 낮 기온이 40℃를 훨씬 웃돌기 때문에 야외활동에 제약이 많습니다. 물 한 방울 구하기 쉽지 않았던 라스베이거스는 청교도에게 저주받은 땅으로 비추어졌기 때문에 오랫동안 개발의 손길이 닿지 않았습니다.

1848년 미국이 멕시코와의 전쟁에서 승리한 대가로 네바다주를 차지하게 되면서 라스베이거스가 본격 개발되기 시작했습니다. 가장 먼저 라스베이거스에 관심을 가진 사람은 기독교 분파 중 하나인 모

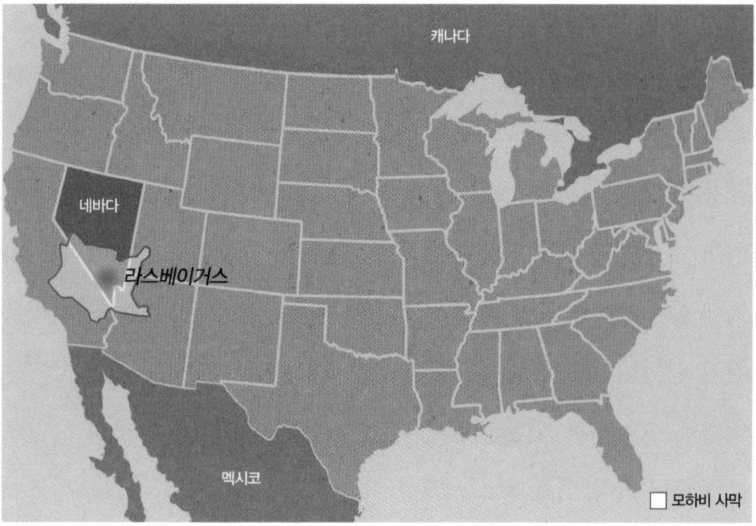

모하비 사막 가운데 위치한 라스베이거스

황량한 사막에 불과했던 이전의 라스베이거스

르몬교 신자들이었습니다. 모르몬교는 성경을 문자 그대로 따르는 종교로, 성경 속에 나타난 일부다처제 관습을 유지하여 사회적인 물의를 빚고 있었습니다.

모르몬교의 사회적 입지가 점점 위태로워지던 19세기 중반 30여 명의 모르몬교 신자가 새로 정착할 곳을 찾기 위해 라스베이거스 지역에 들어갔지만 뜻을 이룰 수 없었습니다. 모르몬교도들의 전략은 현지의 인디언에게 농사짓는 법을 알려 주며 기독교로 개종시키는 것이었지만, 지난 수천 년간 인디언은 농사를 짓는 대신 주로 사냥으로 먹을거리를 해결했고 수많은 자연신을 숭배해 기독교를 전도할 상황이 아니었습니다. 결국 1857년 모르몬교 신자들은 인디언의 계속되는 공격을 감당하지 못하고 라스베이거스를 떠나야 했습니다. 이후 오랫동안 라스베이거스는 미국 사람들의 관심에서 벗어나 있다가 철도가 등장하면서 다시 주목받기 시작했습니다.

1905년 미국 서부 캘리포니아주의 로스앤젤레스와 유타주의 솔트레이크시티Salt Lake City를 잇는 철도가 건설되면서 네바다주의 라스베이거스가 중간 기착지로 개발되었습니다. 당시까지만 해도 기차의 속도가 매우 느렸기 때문에 중간 기착지에서 물과 음식물 등 다양한 물품을 공급받아야 캘리포니아에서 솔트레이크시티까지 갈 수 있었습니다. 라스베이거스가 중간 기착지가 된 이후 외부 사람이 모여들어 술집, 모텔, 편의점 등 철도 승객을 대상으로 다양한 가게를 열고 짭짤한 수입을 올렸습니다. 하지만 라스베이거스는 물과 전기가 부

20세기 초 로스앤젤레스와 솔트레이크시티의 중간 기착지로 개발된 라스베이거스

족해 사람이 살기에는 여전히 불편한 곳이었습니다.

1929년 경제 대공황이 발생하자 정부는 죽어가는 경제를 살리기 위해 미국 전역에서 대규모 공공사업을 시행하며 많은 일자리를 만들어 냈습니다. 네바다주와 애리조나주에 걸쳐 흐르던 콜로라도강 중류의 볼더Boulder 지역에 당시로는 세계에서 가장 큰 규모의 후버댐Hoover Dam을 짓기 위해 수많은 노동자가 네바다주로 몰려들었습니다. 그런데 댐 건설 현장인 볼더 지역은 기독교도가 모여 살던 지역으로서 술과 도박을 금지했기 때문에 댐을 건설하던 혈기왕성한 청년들이 유흥을 즐길 만한 곳이 없었습니다.

1931년 라스베이거스 시의회는 도박을 합법화하면서 지역 발전을 위한 새로운 전기를 마련하고자 했습니다. 이를 계기로 라스베이거

라스베이거스 발전의 계기가 된 후버댐

환락의 도시로 성장한 라스베이거스

스에 도박장이 들어서면서 후버댐 건설 현장의 노동자를 흡수했습니다. 라스베이거스는 즐비하게 늘어선 술집과 도박장을 찾는 손님들로 불야성을 이루며 미국 최대의 환락가로 성장해 나갔습니다.

1936년 후버댐이 완성되고 라스베이거스에 값싼 전기와 수돗물이 공급되자 더욱 많은 사람이 기회를 찾아 라스베이거스로 이주했습니다. 고속도로가 뚫리면서 라스베이거스에 대한 접근성이 좋아지자 인근 캘리포니아주 사람들이 유흥을 위해 몰려들었습니다. 이처럼 라스베이거스는 '술과 도박의 무한한 자유'라는 환락을 위해 탄생했기 때문에 공업이나 농업 등 다른 분야와는 거리가 멀었습니다.

갱단의 시대

1930년대 이후 라스베이거스는 술, 도박, 매춘이 성행하는 환락의 도시로 악명을 떨치고 있었습니다. 사람들이 오로지 즐기기 위해 라스베이거스를 찾아간 만큼 도시는 퇴폐적이었고 절도, 폭행, 살인 등 크고 작은 범죄가 끊이지 않았습니다.

1946년 벤저민 시걸Benjamin Siegel이라는 사람이 등장하면서 무질서하고 난잡하던 라스베이거스에 새로운 바람이 불기 시작했습니다. 뉴욕의 마피아 출신인 벤저민 시걸은 세력을 넓히기 위해 로스앤젤레스를 방문했다가 버지니아 힐Virginia Hill이라는 여인에게 마음을 빼앗겨 장기간 체류하게 되었습니다. 그는 라스베이거스에 놀러갔다가 도박 산업이야말로 조직 폭력배에게 가장 적합한 분야라는 사실을

라스베이거스를 변모시킨
벤저민 시걸

알게 되었습니다.

도박 산업은 현금 거래만 하기 때문에 탈세하기가 수월하고 수익도 엄청나 말 그대로 황금알을 낳는 거위였습니다. 벤저민 시걸은 라스베이거스에 초호화판 카지노* 호텔을 짓기로 마음먹고 자금줄로 마피아의 돈을 끌어들였습니다. 그는 평소 친분이 두터웠던 마이어 랜스키Meyer Lansky에게 거금 600만 달러를 빌려 플라밍고Flamingo 호텔을 짓기 시작했습니다. 머지않아 호텔이 완성되었지만 벤저민 시걸이 플라밍고 호텔을 건설하면서 200만 달러 이상의 돈을 개인적으로 착복한 사실이 드러나면서 그의 야망은 거기서 끝나 버렸습니다.

1947년 6월, 벤저민 시걸은 캘리포니아에서 랜스키 일당이 쏜 총에 암살당했습니다. 이후 호텔 운영권은 랜스키 손으로 넘어갔습니다. 플라밍고 호텔의 카지노는 기존 라스베이거스의 도박장과는 비

* 도박, 음악, 쇼, 댄스 등 여러 가지 오락시설을 갖춘 오락장 또는 도박장.

교할 수 없을 정도로 깨끗하고 편리해 단번에 사람들을 끌어모았습니다. 랜스키가 라스베이거스에서 큰돈을 벌어들이자 전역에서 갱단이 몰려들기 시작했습니다. 돈 냄새를 맡은 갱단은 플라밍고 호텔을 본뜬 초호화 호텔들을 지어 올렸고 시간이 지날수록 치열한 생존경쟁이 벌어졌습니다.

이내 라스베이거스는 피도 눈물도 없는 약육강식의 세상이 되었습니다. 랜스키 역시 라이벌 갱단의 총탄에 목숨을 잃었습니다. 갱들 사이에는 살인 사건이 빈번했지만 카지노를 운영하는 갱들이 손님을 건드리는 일은 결코 없었습니다. 막강한 화력으로 무장한 갱단이 라스베이거스를 장악하자 절도나 강도 같은 잡범이 설 공간이 사라져

라스베이거스를 도박의 도시로 만든 플라밍고 호텔

역설적이게도 라스베이거스는 미국 내에서 가장 안전한 도시가 되었습니다.

자본가의 시대

1960년대까지 라스베이거스는 '환락과 도박의 도시'로 비약적인 성장을 거듭했지만 그 무대를 주름잡고 있던 세력은 여전히 갱단이었습니다. 그런데 1970년대에 접어들어 연방정부가 이곳을 장악하고 있던 갱 소탕 작전에 나서면서 상황이 뒤바뀌기 시작했습니다. 연방정부는 대기업이 라스베이거스에서 카지노 사업을 할 수 있도록 FBI를 동원해 라스베이거스에서 갱단을 몰아내려 했습니다. 물론 갱단도 기득권을 지키기 위해 모든 방법을 동원했지만 제아무리 강력한 범죄 집단이라 해도 연방정부를 이길 수는 없었습니다.

FBI는 갱단이 저지른 죄를 밝혀내 예외 없이 법의 심판대에 세웠습니다. 당국의 압박을 견디지 못한 갱단이 카지노 호텔을 매물로 내놓자 자본가와 기업이 몰려와 호텔을 인수했습니다. 이들이 막대한 돈을 호텔에 쏟아부으면서 라스베이거스는 이전보다 한 단계 격상되었습니다.

돈벌이에 밝은 자본가들은 도박꾼의 주머니에 있는 돈을 가져가기 위해 온갖 아이디어를 짜냈습니다. 도박하러 온 손님에게 아주 저렴한 가격에 호텔방과 식사를 제공해 부담 없이 도박에 열중할 수 있는 분위기를 만들었습니다. 카지노장에서 크게 베팅하는 큰손일 경우에

라스베이거스 인근의 관광지 그랜드캐니언

는 호화로운 스위트룸을 무료로 제공하며 호감을 끌었습니다. 또한 화장실을 제외한 모든 곳에 도박 기계를 설치해 손님의 주머니에서 한 푼이라도 더 빼내려고 했습니다.

카지노 호텔들은 방문객의 시선을 사로잡고자 매일 밤마다 뮤지컬, 서커스, 인형극, 유명 가수의 공연 등 특색 있는 다양한 쇼를 펼쳤습니다. 더불어 그랜드캐니언Grand Canyon* 등 라스베이거스 인근의 멋진 자연경관이 관광 상품으로 개발되면서 라스베이거스는 이전보다

* 미국 서남부 애리조나주 북부에 있는 거대한 협곡.

볼거리가 많은 멋진 곳으로 평가받으며 사람을 불러 모았습니다.

라스베이거스를 한 단계 격상시킨 스티브 윈

스티브 윈Steve Wynn은 1942년 미국 북동부의 코네티컷주 뉴헤이븐New Haven에서 태어났습니다. 그의 아버지는 빙고 게임장을 운영하고 있었는데 영업이 신통치 않아 시간이 갈수록 빚만 쌓여 갔습니다. 어려서부터 총명했던 스티브 윈은 명문 펜실베이니아대학에서 공부한 재원이었지만 아버지가 사망하자 그 뒤를 이어 빙고 게임장을 물려받았습니다. 그러나 빙고 게임장으로는 큰돈을 벌 수 없다는 사실을 깨닫고 무작정 라스베이거스로 건너가 새로운 길을 찾아 나섰습니다. 카지노 호텔을 매입하기에는 돈이 부족했던 그는 부동산 투자와 주류 유통으로 재산을 모아 카지노장이 딸려 있는 작은 호텔을 사들였습니다.

카지노의 제왕이 된 스티브 윈

스티브 윈은 뛰어난 경영 수완으로 빠르게 카지노 사업을 확장해 나갔고, 1989년 라스베이거스 역사에 남을 만한 미라지Mirage 리조트를 세웠습니다. 당시로서는 천문학적 금액인 4억 4,000만

스티브 윈이 세운 미라지 리조트

달러를 투자한 미라지 리조트는 객실이 3,000여 개나 되었고 내부에 초대형 카지노장을 비롯해 공연장, 회의장 등 온갖 시설을 갖춘 신개념 호텔이었습니다. 이후로도 스티브 윈은 라스베이거스에 트레저 아일랜드 호텔, 벨라지오 호텔 등 특색 있는 건축물을 세우면서 라스베이거스의 틀을 바꾸었습니다.

스티브 윈은 라스베이거스가 가족 단위의 관광지가 될 수 있도록 호텔을 꾸몄습니다. 피카소, 고흐, 고갱, 세잔, 마티스, 앤디 워홀 등 유명 작가의 그림을 막대한 돈을 들여 구입해 호텔 안에 전시했습니다. 이 호텔을 방문한 손님은 누구라도 손쉽게 명화를 관람할 수 있었는데 이는 호텔 이미지를 크게 끌어올리는 역할을 했습니다. 또한

미국인이 가장 가보고 싶어하는 여행지가 된 라스베이거스

파리와 뉴욕 등 전 세계 레스토랑에서 명성을 떨치고 있던 유명한 요리사를 초빙해 손님들에게 최고 수준의 음식을 제공했습니다.

그는 엄청난 규모의 다양한 쇼를 만들어 사람들을 즐겁게 해주었는데 대표적인 것이 벨라지오 호텔의 분수 쇼입니다. 호텔 앞에 설치된 분수가 여러 장르의 음악 선율에 맞추어 물을 뿜기 시작하면 완벽한 예술작품의 세계가 펼쳐집니다. 뛰어난 연출가들이 예술작품으로 탄생시킨 분수 쇼는 누구나 무료로 감상할 수 있어 라스베이거스를 찾아온 관광객들에게 감동과 추억을 심어 주고 있습니다. 스티브 윈에 의해 라스베이거스는 미국인들이 가장 가보고 싶어하는 국내 여행지로 승격되었습니다.

마카오의 도박왕 스탠리 호

오늘날 '동양의 라스베이거스', '아시아의 작은 유럽'이라는 수식어가 붙은 마카오중화인민공화국 마카오특별행정구는 중국 남단에 있는 작은 섬입니다. 크기가 제주도의 60분의 1에 지나지 않고 열대 기후로서 습도가 너무 높아 사람이 살기에는 적합하지 않은 지역입니다. 땅이 좁고 자연환경도 열악해 불모지나 다름없었던 이곳을 16세기 중엽 포르투갈이 중국 진출의 교두보로 활용하기 위해 군대를 동원하여 무력으로 점령했습니다.

포르투갈 정부는 마카오를 점령한 후 현지에 총독부를 설치하고

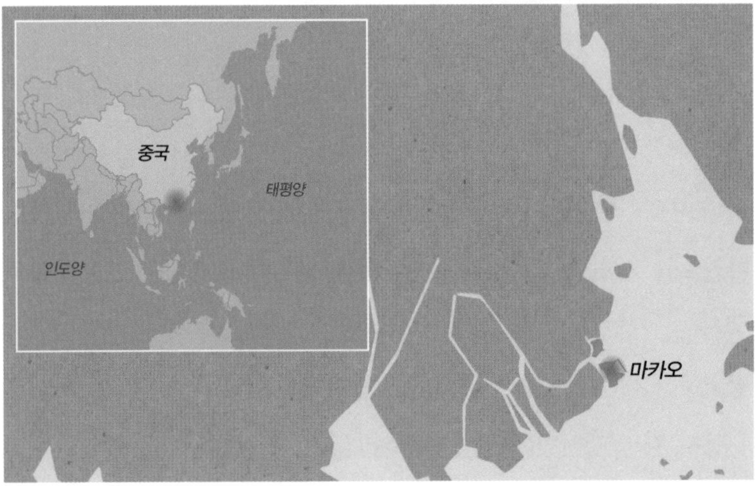

중국 남단에 위치한 마카오

낙후되어 있던 과거의 마카오

포르투갈의 문화와 제도를 이식해 아시아 속의 작은 유럽으로 만들었습니다. 하지만 열악한 기후 때문에 농사도 지을 수 없고 아시아 최대 무역항인 홍콩의 기세에 눌려 무역항으로도 성장할 수 없었던 마카오는 별 볼 일 없는 섬일 뿐이었습니다. 16세기 중엽 포르투갈의 국력은 전성기를 지나고 있었기 때문에 마카오가 국제 무역항으로 발전하는 데는 분명한 한계가 있었습니다.

당시 영국의 식민지였던 홍콩은 영국을 등에 업고 동북아 최대의 국제 무역항으로 발전했지만 지난 수백 년간 마카오는 동북아시아의 낙후된 섬으로서 사람들의 관심을 받지 못했습니다. 그런데 1942년 유대인 스탠리 호Stanley Ho가 등장하면서 기적이 일어나기 시작했습니다.

젊은 시절의 스탠리 호

1921년 홍콩에서 태어난 스탠리 호의 증조부는 네덜란드계 유대인이었습니다. 그는 한몫 잡기 위해 홍콩으로 이주해 무역 사업으로 손꼽히는 부자가 되었습니다. 스탠리 호의 조부 역시 뛰어난 사업 수완으로 가문을 번영시켰습니다. 하지만 그들과 달리 스탠리 호의 아버지는 물려받은 가업을 등한시하고 무리하게 주식투자를 하다가 전 재산을 날렸습니다. 아버지가 빚쟁이에게 시달리다 못해 어느 날 갑자기 처자식을 내버리고 야반도주하자 스탠리 호의 집안은 완전히 몰락하고 말았습니다.

부잣집 귀공자에서 한순간에 끼니를 걱정해야 하는 처지로 전락한 스탠리 호는 불과 13세 때 아버지 대신 가장 역할을 해야 했습니다. 이른 나이에 세상의 쓴맛을 경험한 스탠리 호는 가난에서 벗어날 방법이 공부밖에 없다고 생각해 주경야독했습니다. 이후 홍콩 최고의 명문 홍콩대학에 진학했지만 학창 시절은 그리 길지 못했습니다. 제

2차 세계대전이 일어나자 일본군이 홍콩으로 밀려왔습니다. 생명의 위험을 느낀 스탠리 호는 1942년 초 마카오로 달아났습니다.

무일푼으로 마카오로 건너간 스탠리 호는 일본인이 운영하는 무역회사에 사무보조원으로 취업했습니다. 영어, 중국어, 일본어에 능통했던 그는 회사 거래처 2,000여 개의 전화번호를 몽땅 외울 정도로 뛰어난 기억력을 가진 인물로 외모도 훤칠해 사람들의 호감을 사기에 충분했습니다. 얼마 지나지 않아 사장의 비서가 된 그는 비범함을 인정받아 입사한 지 2년도 되기 전에 임원으로 승진했습니다.

회사생활을 통해 세상이 움직이는 원리를 터득한 스탠리 호는 회사를 그만두고 본격적으로 돈벌이에 나섰습니다. 혼란하기 그지없는 전쟁이야말로 돈을 벌 기회라고 판단한 그는 전쟁 기간에 사치품 밀수에 나서서 큰돈을 벌었습니다. 밀수를 통해 한몫 잡은 스탠리 호는 마카오 최고의 부자가 되기 위해 도박 산업에 눈을 돌렸습니다. 그가 도박 산업을 시작한 것은 도박이라면 사족을 못 쓰는 중국인을 계산에 넣었기 때문입니다. 실제로 중국인들은 자타가 인정하는 세계에서 가장 도박을 좋아하는 민족입니다.

마카오의 도박왕 스탠리 호

당시 마카오에는 수많은 도박장이 있었지만 스탠리 호는 도박 산업을 독점하기 위해 정

스탠리 호가 소유한 카지노 호텔

부를 상대로 로비를 펼쳤습니다. 하지만 최고의 수익 산업을 독점하기란 쉬운 일이 아니었습니다. 그는 자신의 꿈을 포기하지 않고 관리들에게 "마카오를 동양의 라스베이거스로 만들 수 있는 사람은 오로지 나밖에 없다."라고 주장하며 시간과 돈을 쏟아부었습니다.

1962년 스탠리 호는 드디어 정부로부터 도박 산업 독점권을 인정받아 마카오를 도박의 도시로 탈바꿈시켰습니다. 그는 계속 카지노를 늘려가며 마카오의 실질적인 주인이 되어 갔고, 도박에서 번 돈으로 부동산, 운송, 관광 등에 집중 투자해 재산을 빠르게 불려 나갔습니다. 스탠리 호는 마카오 정부가 해마다 거두어들이는 세금의 70%

검은 색깔의 마카오 택시

이상을 혼자 부담할 정도로 부를 독차지하며 이곳을 그의 왕국으로 만들었습니다.

스탠리 호의 돈에 대한 집착을 알 수 있는 대표적인 사례가 바로 검은 택시 사건입니다. 마카오 거리에 빨간 택시가 늘어나자 스탠리 호는 그냥 두어서는 안 되겠다는 생각을 했습니다. 전통적으로 중국인에게 빨간색은 행운을 불러오는 색깔로 여겨졌기에 빨간 택시가 혹시라도 도박장에 오는 사람들에게 행운을 가져다줄 것을 우려했기 때문입니다. 그는 불행을 불러오는 색깔인 검은색을 칠한 택시가 공항에서 도박꾼을 맞아야 손님의 주머니 속 돈을 남김없이 털어낼 수 있다고 생각했습니다. 이를 위해 그는 정치인을 매수해 빨간 택시를 검은색으로 바꾸는 법령을 만들었습니다. 이후 마카오의 택시는 대부분 검은색으로 바뀌었습니다.

미국 자본의 마카오 진출

1999년이 되자 그동안 황제 부럽지 않은 삶을 살았던 스탠리 호에게 위기가 닥쳤습니다. 지난 400년 동안 마카오를 지배해 온 포르투갈이 통치권을 중국 정부에 반환하고 물러나면서 마카오는 중국 공산당의 품속으로 들어갔습니다. 그동안 스탠리 호를 비호하던 포르투갈 세력이 사라지고 그 자리를 중국 공산당이 채우자 그의 도박 산업에 위기가 찾아왔습니다. 스탠리 호는 도박 산업을 계속 독점하기 위해 오래전부터 중국 공산당 지도부를 대상으로 뇌물을 뿌리는 등 많은 노력을 기울였지만 별다른 효과를 보지 못했습니다.

2002년 중국 정부가 마카오의 도박 산업을 외국 기업에 개방하기로 결정하면서 지난 40년 동안 스탠리 호가 누려 왔던 독점적 지위는 한순간에 사라져 버렸습니다. 미국의 카지노 자본가들이 마카오에 진출하자 마카오의 도박 산업은 이전과는 비교할 수 없을 정도로 수준이 높아졌습니다. 카지노 호텔을 하나의 예술작품으로 승화시키는 데 탁월한 감각을 지닌 미국 자본가들은 수백억 달러의 돈을 쏟아부으며 마카오의 도박 산업을 최고 수준으로 끌어올리는 데 성공했습니다.

마카오에 들어선 미국계 카지노 호텔

곧이어 중국 정부가 중국인들의 마카오 여행을 자유화하자 대륙에서 중국인 도박꾼이 몰려들었습니다. 중국 정부는 자국민이 도박을 즐기는 민족임을 감안해 그동안 국내에서 모든 종류의 도박 행위를 엄격히 금지해 왔습니다. 이로 인해 도박에 굶주려 있던 중국인은 도박의 천국이라 불리던 마카오로 물밀듯이 밀려왔습니다.

미국 자본가들이 세운 카지노 호텔은 중국인이 넘쳐나면서 대호황을 맞이했습니다. 이들은 호텔을 짓기 위해 쏟아부은 수백억 달러를 불과 몇 년 만에 회수할 수 있었습니다. 마카오는 카지노 수입이 매년 큰 폭으로 늘어나, 2006년에 드디어 라스베이거스를 제치고 세계 최대의 도박 도시로 등극했습니다. 이로부터 10년 후인 2016년이 되자 마카오는 도박으로만 연간 500억 달러의 수익을 올렸는데 이는 라스베이거스의 5배에 이르는 엄청난 액수였습니다.

마카오가 세계 최대의 도박 도시로 성장할 수 있었던 배경에는 중국인들의 도박에 대한 뜨거운 사랑과 더불어 부패가 만연한 중국의 사회 분위기가 한몫했습니다. 중국의 기업인은 고위 공무원에게 뇌물의 일종으로 도박 관광을 제공했습니다. 공무원들은 특급 호텔 스위트룸에 머물면서 마음껏 도박을 즐겼고 거액의 뇌물까지 받아 본국으로 돌아왔습니다. 호텔에 마련된 명품관에서 공무원에게 뇌물용으로 제공할 수천만 원짜리 명품이 불티나게 팔려 나갔을 정도로 마카오는 부패한 중국의 단면을 보여주는 곳이 되어 갔습니다.

그러나 2014년 중국의 국가지도자 시진핑Xi Jinping이 공무원의 마카오 출입에 대한 단속에 나서자 마카오 경제가 순식간에 침체하기 시작했습니다. 연간 3,000만 명이 넘는 마카오 방문객 중 중국 고위 공직자나 기업인은 얼마 되지 않지만 카지노에서 이들이 차지하는 비중은 절대적이었습니다. 하룻밤에 수십억을 날리는 이들이야말로 카지노 호텔 최고의 고객이었지만 시진핑이 부패와의 전쟁을 벌이면서 감쪽같이 사라지고 말았습니다.

시간이 지나자 시진핑의 반부패 정책은 점차 힘을 잃었고, 마카오는 다시 예전의 활기를 되찾았습니다. 마카오 법률에 따라 모든 카지노장은 오로지 마카오인만을 딜러로 고용해야 했기 때문에 총인구가

중국 내 가장 부유한 도시로 성장한 마카오

50여만 명에 지나지 않는 마카오 사람들의 몸값은 하늘 높은 줄 모르고 치솟았습니다. 마카오는 계속되는 도박 산업의 호황에 힘입어 2018년 1인당 국민소득이 8만 달러를 넘으며 중국 내에서 가장 부유한 도시가 되었습니다.

인디언 보호구역

17세기 청교도가 종교의 자유를 찾아 대서양을 건너오기 전까지 아메리카 대륙의 주인은 인디언이었습니다. 인디언은 몽골 인종으로 아주 오래전 아시아 대륙에서 북미 대륙으로 건너온 사람들입니다. 아메리카 대륙은 백인과 인디언이 함께 살 수 있을 만큼 넓었지만 이들은 사이좋게 공존하지 못했습니다. 유럽에서 이주해 온 백인들은 까마득한 옛날부터 터를 잡고 살던 인디언을 몰아내려고 했고 이 과정에서 수많은 유혈 충돌이 빚어졌습니다.

인디언 학살에 앞장선 필립 헨리 셰리든

시간이 흐를수록 아메리카 대륙으로 유입되는 유럽인이 계속 늘어나면서 인디언들의 입지는 좁아져만 갔습니다. 19세기 중반 남북전쟁이 끝난 후 서부개척이 본격적으로 시작되자 백인들의 인디언에 대한 탄압은 극에 달했습니다. 인디언 토벌 작전의 선봉에 나섰던 필립 헨리 셰리든Philip Henry Sheridan 장군은 백인이 인디언에게 얼마나 잔혹한 짓을 했는지 여실히 보여준 사람입니다.

최신 무기로 무장한 병사들과 함께 인디언 토벌 작전에 나선 셰리든 장군은 길거리에서 한 무리의 인디언을 만났습니다. 그들은 코만치Comanche족* 인디언으로 토와시Towashi 추장과 함께 미군에 투항하러 나온 사람들이었습니다. 토와시 추장은 셰리든 장군을 향해 "나 토와시는 좋은 인디언입니다."라는 말을 반복하며 선처를 호소했습니다.

* 북아메리카의 대평원 남부에서 살던 미국 원주민.

백인에게 몰살당한 코만치족

이를 지켜보던 셰리든 장군은 "내가 아는 좋은 인디언은 죽은 인디언뿐이다."라고 응수하면서 이들을 모조리 살해했습니다.

인디언에 대한 혐오감으로 가득했던 백인들은 인디언과 함께 살려고 하지 않고 인디언의 멸종만이 최상의 방법이라 생각했습니다. 하지만 수백만 명에 이르던 인디언을 모두 학살하는 것은 쉬운 일이 아니었기 때문에 실행 가능한 대안을 찾아야 했습니다. 그 결과 등장한 것이 인디언 보호구역입니다.

1860년대 후반 율리시스 그랜트Ulysses S. Grant 대통령은 인디언 보호구역을 만들어 인디언을 특정 지역에 가두려고 했습니다. 정부가 "강제 이주에 따르지 않는 인디언은 모조리 몰살하겠다."라고 협박을 일삼았기 때문에 인디언으로서는 선택의 여지가 없었습니다. 인디언 보호구역은 창살 없는 감옥과 다를 것 없었습니다. 보호구역에 갇힌 인디언들은 제대로 된 일자리도 구할 수 없었기 때문에 정부의 보조금에 의지해서 살아야 했습니다.

인디언 보호구역을 만든 그랜트 대통령

주정부들이 인디언에게 보조금을 지급하는 것을 세금 낭비로 생각해 지원을 꺼리자 할 수 없이 연방정부가 직접 팔을 걷어붙이고 나서야 했습니다. 연방정부는 근근이 생계를 꾸려갈 정도의 보조금만 지급했을 뿐 인간다운 삶을 영위할 만한 제대로 된 일자리를 제공하지 않았습니다. 이 때문에 인디언들은 무료함을 달래기 위해 술에 의존했고, 수많은 알코올 중독자가 쏟아져 나왔습니다. '인디언들이 가장 자유로울 때는 술에 흠뻑 취해 있을 때다.' 라는 말이 생겨났을 정도로 인디언 보호구역에서의 생활은 유배생활과 다름없는 정신적인 고통을 주었습니다.

이것으로도 부족해 백인들은 인디언의 정체성 말살 작업에도 열을 올렸습니다. 인디언 아이들이 학교에 다닐 나이가 되면 부모에게서 강제로 떼어내 기숙학교로 보냈습니다. 백인 교사들은 철저히 백인의 문화만을 주입할 뿐, 인디언 전통문화에 대해서는 가르쳐 주지 않았습니다. 혹시라도 인디언 아이가 부족의 고유어를 입 밖에 꺼낼 경우 '더러운 단어'를 말했다며 비누로 입을 씻는 처벌을 내리기까지 했습니다. 또한 '가난한 인디언 가정을 위한 양부모 제도'라는 것을 만들어 가난한 인디언 가정에서 태어난 아기들을 백인 가정에서 키우도록 했습니다.

이런 사악한 제도들이 시행되면서 어린 인디언 아이부터 정체성을 잃어 갔으며, 시간이 흐를수록 인디언의 외모에 백인의 정신을 가진 사람이 늘어났습니다. 20세기 들어 민주주의가 깊게 뿌리를 내리면서 더는 보호구역에 갇혀 살 필요가 없게 된 인디언들은 대거 도시로 몰려들었습니다.

미국에 사는 중국인과 일본인의 경우 각각 차이나타운과 리틀도쿄를 만들어 그곳에서 뭉쳐 살았지만 인디언은 뿔뿔이 흩어져 살았습니다. 인디언 가운데 3분의 2는 인디언 보호구역을 떠나 미국 사회에 동화되어 살면서 다른 인종과 광범위한 혼혈이 이루어져 흔적조차 희미해져 갔습니다. 나머지 3분의 1 정도만이 인디언 보호구역에 살며 자신들의 문화를 나름대로 보존할 수 있었습니다.

1988년 연방정부는 생계난을 겪던 인디언에게 보호구역 내에서 도박장을 운영할 수 있도록 허용해 주었습니다. 미국은 본래 기독교가 큰 영향력을 미치는 나라여서 라스베이거스 이외에는 도박이 금지되었지만 연방정부는 인디언의 일자리 마련과 생계유지를 위해 인디언 보호구역 내 도박장 개설을 허용했습니다. 다만 법 규정을 통해 도박장에서 일하는 사람들은 인디언이어야 하며 수익금은 인디언의

인디언의 생계수단이 된 카지노

복지를 위해서만 쓸 수 있도록 규제했습니다. 이는 외부 사람들이 인디언 보호구역으로 들어와 일자리와 수익을 빼앗지 못하게 하려는 목적으로 취해진 조치였습니다.

미국 전역에 흩어져 있던 인디언 보호구역 400여 곳에 카지노장이 들어서자 인근 지역에 살고 있던 주민들은 도박을 즐기기 위해 라스베이거스까지 갈 필요가 없어졌습니다. 인디언이 운영하는 카지노장은 라스베이거스의 초호화 호텔 카지노에 비하면 초라했지만 생활밀착형 도박장으로 자리 잡아 갔습니다. 특히 중국인이 많이 사는 지역의 도박장은 호황을 누렸습니다. 인디언이 모는 버스가 수시로 차이나타운을 운행하며 도박을 즐기는 중국인을 카지노장으로 데려오고 다시 집으로 데려다주는 일을 반복했습니다. 인디언 보호구역에 도박이 허용되면서 30만 개 이상의 일자리가 새로이 생겨났으며 많은 수의 인디언이 가난에서 벗어났습니다. 정부 보조금으로 근근이 생계를 이어 가던 인디언들은 카지노 덕택에 매년 300억 달러 이상의 수익을 올리고 80억 달러에 달하는 돈을 세금으로 낼 정도로 부유해졌습니다.

돈을 만지기 시작하자 인디언들은 의회에 수백만 달러를 로비자금으로 뿌리며 영구적으로 카지노를 운영할 길을 모색했습니다. 또한 인디언 보호구역 밖에서도 자유로이 도박장을 개설할 수 있도록 해 달라고 요구했지만 이에 지지를 표하는 국민은 많지 않았습니다. 인디언들은 400여 곳의 보호구역을 전부 라스베이거스로 만들고 이를 통해 풍요를 누리려고 했지만 일이 생각처럼 진행되지는 않았습니다.

라스베이거스의 변신

2006년 마카오가 추월하기 이전까지만 해도 라스베이거스는 명실상부한 세계 도박의 메카였습니다. 하지만 마카오의 부상으로 일등자리를 놓치게 되었고 2011년에는 카지노 호텔이 단 두 개밖에 없는 싱가포르에도 추월당하는 수모를 겪었습니다. 더구나 인디언 보호구역 내에 수백 개의 중소형 카지노장이 들어서면서 라스베이거스는 생존의 위기를 맞았습니다.

라스베이거스에 우뚝 솟은 수많은 카지노 호텔에 손님이 들지 않자 도시에는 찬바람이 불었습니다. 특히 가족 단위의 손님이 찾지 않는 평일에는 호텔 객실의 70% 이상이 텅 비어 인기척을 느낄 수도 없을 지경이었습니다. 라스베이거스 시당국은 도박 산업의 성장이 한계에 다다랐다고 판단하고 초호화 호텔을 도박 이외의 용도로 활용할 방법을 찾아 나섰습니다. 그 결과 생각해 낸 것이 컨벤션 산업이었습니다. 컨벤션 산업이란 쉽게 말해 각종 회의와 전시회를 유치해 돈을 버는 산업을 말합니다.

지구촌이라는 말이 일반화될 정도로 오늘날 세계는 서로 긴밀한 관계를 맺고 있기 때문에 각국 사람들이 한자리에 모여 다양한 문제에 대해 상의해야 할 일이 많아졌습니다. 또한 자동차, 전자, 기계 등 신제품을 알리기 위한 각종 전시회가 수시로 열리면서 많은 사람이 한자리에 모이게 되었습니다. 이에 라스베이거스는 대규모 인원을 수용할 수 있는 컨벤션 센터를 곳곳에 건설하면서 적극적으로 컨벤션 산업 육성에 나섰습니다.

시간이 흐르자 기존의 '도박과 환락'의 도시라는 오명에서 벗어나려는 노력이 결실을 맺어 라스베이거스는 세계 컨벤션 산업의 중심이 되었습니다. 세계 최대 규모의 전자제품 박람회CES, 자동차 부품 전시회SEMA SHOW를 비롯해 해마다 3만 건이 넘는 국제회의나 전시회가 개최되며 도시는 제2의 전성기를 누리게 되었습니다.

전자제품 박람회나 자동차 전시회 등 규모가 큰 행사가 열리면 세계 100여 개국에서 최소 10만 명 이상의 사람이 몰려들기 때문에 라

컨벤션 산업 도시로 탈바꿈한 라스베이거스

스베이거스의 호텔들은 행사 기간 내내 손님으로 북적입니다. 게다가 방문객들이 쇼핑센터, 레스토랑, 술집 등 각종 부대시설을 이용하면서 적지 않은 돈을 쓰기 때문에 라스베이거스의 상인들은 짭짤한 수입을 올리고 있습니다.

회의가 열릴 때마다 생수와 쿠키를 제공하는 사람, 통역하는 사람, 택시기사, 청소부 등 다양한 일자리가 생겨나면서 실업률 감소에도 큰 도움이 되었습니다. 과거 라스베이거스가 도박으로 먹고살 때만 해도 휴가철을 제외한 비수기 평일에는 호텔 투숙률이 형편없이 낮았지만 컨벤션 산업이 활성화된 이후에는 평균 숙박률이 95%에 육박해 빈방을 찾아보기가 힘들 정도입니다.

2000년대 들어 컨벤션 산업을 통해 얻는 수입이 도박 산업으로 얻는 수입을 추월하면서 컨벤션 산업이 라스베이거스의 주력 산업으로 부상했습니다. 이후 라스베이거스에 새로 지어지는 호텔들은 카지노 호텔처럼 지나치게 화려하거나 불필요한 기능을 없앤 실용적인 비즈니스호텔이 주류가 되었습니다. 이와 같이 라스베이거스는 '도박의 메카'라는 불명예에서 벗어나려는 끊임없는 노력 덕분에 지난날의 오명을 벗고 세계 컨벤션 산업의 중심지가 되었습니다.

도박 산업의 폐해

프랑스의 수학자 겸 철학자 파스칼은 '도박은 불확실한 것을 얻기 위해 확실한 것을 거는 행위'라고 꼬집었습니다. 최근 들어 각국이 도박 산업을 경제성장의 새로운 동력으로 생각해 너도나도 뛰어들고 있지만 도박 산업은 기본적으로 많은 문제점을 안고 있습니다. 도박장이 들어서는 곳마다 도박 중독자가 생겨나 패가망신하고 자살하는 사람이 속출하고 있습니다.

카지노casino의 어원인 이탈리아어 카자casa는 원래 귀족이나 대부호들이 소유한 대저택의 사교용 별채를 의미합니다. 유럽의 상류층들은 카자에서 도박뿐 아니라 스포츠, 파티, 춤 등 다양한 사교활동으로 즐거운 여가를 보냈습니다. 하지만 오늘날의 카지노는 오로지 상대방의 돈을 따기 위해 존재하는 공간으로서 최대한 빨리 승부를 가

미국인들의 사랑을 받는 파워볼

르는 게임만이 도박꾼들의 사랑을 받고 있습니다.

부유한 사람들은 카지노를 통해 대박을 노리지만 경제적으로 여유가 없는 사람들은 복권을 통해 일확천금의 꿈을 실현하고자 합니다. 미국 내에서 발행되는 파워볼Powerball은 미국인들의 절대적인 사랑을 받는 복권 중 하나입니다. 인생역전을 꿈꾸는 사람들은 파워볼을 사기 위해 긴 줄을 서는 것을 마다하지 않습니다. 복권을 산 사람 대부분이 돈을 날리지만 극소수의 사람은 운 좋게 1등에 당첨되어 큰돈을 타게 됩니다.

그런데 복권에 당첨되어 큰돈을 만지게 된 사람 대부분이 불행의 나락으로 빠지게 된다는 사실이 밝혀지면서 복권의 필요성에 대한 논란이 일어나기도 했습니다. 2002년 12월 24일 웨스트버지니아주에 살던 55세의 잭 휘태커Jack Whittaker는 집 근처의 편의점에서 파워볼

복권 당첨으로 돈벼락을 맞은 잭 휘태커

한 장을 구매했습니다. 때마침 그 주에 크리스마스가 끼어 있어 복권 판매량이 엄청났으며 1등 당첨금액은 무려 3억 1,490만 달러에 이르렀습니다. 이는 당시까지 미국에서 발행된 모든 복권의 당첨금액 중 최고 액수였습니다.

파워볼 구입자 휘태커는 가난한 농부의 아들로 태어나 피나는 노력으로 자수성가한 사람이자 기독교인으로서 신앙심이 강한 사람이었습니다. 성실과 근면을 최대 무기로 삼아 열심히 노력한 끝에 그는 100여 명의 직원을 거느린 회사를 운영하는 중소기업 사장이 되었습니다. 그런 그가 3억 달러가 훨씬 넘는 돈벼락을 맞게 되자 국민들의 관심이 집중되었습니다.

휘태커는 언론의 주목을 받으며 당첨금을 받는 자리에서 사람들에게 "나는 일생 모든 것을 일해서 얻었습니다. 공짜로 얻게 된 것은 이번이 처음입니다. 저는 복권 당첨금을 주변의 많은 사람을 돕는 데 사용할 것입니다. 복권에 당첨되었다고 해서 제 인생이 바뀌지는 않을 것입니다."라고 말했습니다. 그동안 미국 국민은 파워볼에 당첨되고서도 사치와 낭비를 일삼다가 무일푼이 된 사람들을 많이 봐 왔지만, 이 기자회견을 지켜보고는 휘태커가 일확천금으로 인한 저주에서 비껴갈 수 있을 것이라 기대했습니다.

그런데 휘태커가 실제로 받은 복권 당첨금은 3억 1,490만 달러가 아니라 9,300만 달러였습니다. 만약 파워볼 당첨금을 29년간 연금 방식으로 받는다면 얘기가 달라지겠지만, 일시불로 받을 경우 예상보다 훨씬 적은 금액밖에 받을 수 없습니다. 휘태커는 당첨금을 일시불로 받으면서 1억 1,338만 달러만 받을 수 있었습니다. 이 금액에서 웨스트버지니아주에 세금을 내고 나니 실제로 손에 쥔 돈은 9,300만 달러에 지나지 않았습니다. 이처럼 복권 당첨자가 손에 쥐는 당첨금은 언론에서 보도된 금액의 30% 정도이지만 복권을 사는 사람들은 이런 현실을 잘 알지 못합니다. 파워볼 운영 회사가 복권 당첨자를 초청해 화려한 축하행사를 하면서 29년 동안 나눠서 지급할 금액을 적은 커다란 수표를 사람들에게 보여주기 때문입니다.

이것저것 떼고도 1억 달러가량의 목돈을 손에 쥐게 된 휘태커는 제일 먼저 소득금액의 10%인 약 1,000만 달러를 교회에 십일조 명목으로 헌금했습니다. 또한 자신의 이름을 딴 자선재단을 만들고 2,000

만 달러에 이르는 거금을 내놓았습니다. 복권에 당첨되기 이전에 회사의 경영 사정이 좋지 않아 20여 명의 근로자를 해고했는데 이들도 모두 복직시켰습니다. 휘태커의 이런 모습이 방송에 소개되면서 미국 사람들은 일확천금도 사람에 따라서는 얼마든지 잘 쓸 수 있다는 생각을 하게 되었습니다.

이때만 해도 사람들은 10년 후 휘태커가 "복권에 당첨된 날 차라리 복권을 찢었더라면 더 나았을 것이다."라는 후회를 하리라고는 상상조차 하지 못했습니다. 시간이 흐르면서 휘태커는 그동안 하던 일에 싫증을 느끼기 시작했습니다. 그는 일생을 바쳐 일구어 온 일들이 1달러짜리 복권만도 못하다고 생각하게 되었고 인생을 즐기면서 살기로 작정했습니다.

그는 수십만 달러의 현찰을 가방에 넣고 다니며 유흥업소를 전전했습니다. 그날 기분에 따라 많은 돈을 유흥비로 탕진했고 음주운전을 하다가 수도 없이 적발되었습니다. 음주운전을 단속하는 경찰관에게 덤벼들기 일쑤였으며 폭력을 행사하려다 경찰서로 끌려가기도 했습니다. 문제가 생길 때마다 그는 벌금을 내거나 뒷돈을 주면서 사태를 무마시켜 사람들의 신망을 잃어 갔습니다.

성실하고 자상하던 남편에서 지역사회의 문제아로 돌변한 남편을 보다 못한 휘태커의 아내는 이혼을 요구했습니다. 아내가 집을 떠나자 휘태커는 더욱 방탕한 삶을 살면서 술에서 벗어나지 못해 차츰 건강을 잃어 갔습니다. 그나마 사랑하는 딸과 외손녀가 옆에 있었기 때문에 그는 이혼의 충격에서 벗어날 수 있었습니다. 휘태커는 남편 없

복권 당첨으로 파탄난 잭 휘태커의 가족

이 사는 자신의 딸과 외손녀를 안타깝게 여겨 모든 것을 해주고 싶어 했습니다. 그는 남아 있는 전 재산을 외손녀가 21세가 되면 넘겨주려고 마음먹었습니다.

그런데 휘태거가 고등학생인 외손녀를 너무 사랑한 나머지 매달 용돈을 수천 달러씩 주면서 불행이 찾아왔습니다. 돈 많은 손녀의 주변에 나쁜 친구들이 몰려들면서 그녀는 마약 중독자가 되었습니다. 한 번 마약의 세계에 빠져들자 손녀는 학교에도 가지 않고 나쁜 친구들과 어울려 마약을 복용하다가 결국 2004년 12월 약물 과다복용으로 세상을 떠나고 말았습니다. 그동안 그녀는 어찌나 많이 마약을 맞았는지 팔목에 온통 주사기 바늘 자국이 남아 있었습니다. 사랑하는 손녀의 죽음은 휘태커의 인생에서 가장 큰 충격이었고 이후 그는 정상적인 생활을 할 수 없었습니다.

대부분의 당첨자에게 불행을 안겨 준 복권

멀쩡히 돌아가던 휘태커의 회사는 몰락하기 시작했고 그의 주변은 복권 당첨금을 노리는 사기꾼으로 북적였습니다. 결국 복권에 당첨된 지 10년도 되지 않아 1억 달러 벼락부자는 무일푼이 되었습니다. 미국 국민은 휘태커의 몰락을 통해 일확천금이 결코 행복을 보장하지 않을뿐더러 멀쩡한 사람도 파멸로 이끈다는 사실을 다시 한 번 여실히 볼 수 있었습니다.

카지노, 복권 등 미국의 도박 산업 규모는 연간 수천억 달러에 이르고 전 세계 도박 산업의 규모는 파악할 수 없을 정도로 어마어마합니다. 적지 않은 국가에서 도박은 불법이기 때문에 도박 산업의 정확한 규모를 알기란 사실상 불가능에 가깝습니다.

2000년대 들어 미국의 델라웨어, 몬태나, 오리건 등 여러 주에서 부족한 세수를 메우기 위해 라스베이거스처럼 도박을 합법화하고 있습니다. 도박 산업을 육성함으로써 일자리를 창출하고 세수를 늘리기를 원하지만 도박 중독으로 인한 피해가 적지 않다 보니, 다른 주에서는 대놓고 도박장을 만들자고 말하기가 쉽지 않습니다. 도박 산업은 어떤 업종보다도 수익률이 높지만 인간성 황폐와 가정파탄이라는 부작용이 있기 때문에 육성하기가 쉽지 않은 산업입니다.

들여다보기

★

도박장에 없는 세 가지

도박장을 운영하는 업체의 최대 목표는 손님의 주머니에서 가능한 한 많은 돈을 빼내는 것이다. 이를 위해 라스베이거스의 카지노 호텔은 수단과 방법을 가리지 않았다. 일례로 먹는 시간을 아껴 도박에 열중할 수 있도록 초호화 뷔페를 저렴한 가격에 제공하기 시작했다. 17세기 프랑스에서 시작된 뷔페는 간단하게 음식을 먹을 수 있는 식당을 의미했지만 라스베이거스 카지노 호텔로 인해 산해진미를 한 곳에서 맛볼 수 있는 곳으로 의미가 달라졌다.

맛있는 음식을 찾아 밖으로 나갈 필요가 없어진 도박장 고객들은 좀 더 많은 시간을 도박하는 데 쓸 수 있었다. 이외에도 라스베이거스의 카지노 호텔은 고객이 도박에만 집중할 수 있도록 시계, 거울, 창문을 없애 버렸다. 카지노장에 시계와 창문이 있으면 손님들은 밤이 깊었음을 알고 자리를 뜨게 된다. 이를 막기 위해 시계와 창문을 없애는 대신 밤에도 조명을 대낮처럼 밝게 비추어 손님들이 시간을 알 수 없도록 했다.

거울을 없앤 이유는 도박에 빠져 추해진 자신의 모습을 못 보도록 하기 위해서다. 도박에 중독되면 밤을 새워가며 도박을 하곤 하는데 그러면 눈이 충혈되고 얼굴이 초췌해지기 마련이다. 거울이 없어야 자신의 상태를 알 수 없기 때문에 도박장에는 가능한 한 거울을 두지 않는다. 손님이

시계, 거울, 창문이 없는 기존의 도박장

잠을 못 잔 채로 도박을 하면 게임에서 돈을 잃을 확률이 높아지기 때문에 카지노 호텔로서는 일거양득이다. 도박 중에는 카지노 호텔 직원과 대결을 벌이는 종목도 있는데 잠이 부족해 판단력이 떨어지는 상태라면 게임에서 이길 수가 없다.

실제로 카지노 호텔에서는 일정 시간마다 손님과 도박을 벌이는 직원을 계속해서 교체한다. 이는 직원이 최상의 상태에서 게임을 할 수 있도록 하기 위해서다. 도박장을 찾는 손님은 나름대로 도박에 일가견이 있는 사람들이지만 오랜 시간 도박을 하다 보면 실력은커녕 제대로 된 판단조차 할 수 없는 상태에서 돈을 날리기 십상이다. 이처럼 카지노 호텔은 손님의 주머니에서 좀 더 많은 돈을 빼낼 수 있도록 철저한 계산 아래 만들어졌다.

그러나 2000년대 들어 라스베이거스가 도박 중독자가 득실댄다는 오명을 벗기 위해 가족 중심의 관광지로 변신을 꾀하면서 적지 않은 변화가 나타났다. 도박은 이제 라스베이거스의 전부가 아니라 관광 상품의 일부가 되었기 때문에 굳이 예전처럼 도박 중독자를 만들어 내기 위해 시계, 창문, 거울을 없앨 필요가 없다. 오히려 눈이 충혈된 채 좀비처럼 카지노 호텔을 돌아다니는 도박 중독자는 가족 단위의 건전한 관광객을 유치하는 데 방해가 될 뿐이다. 이에 유명한 카지노 호텔은 유리창을 만들어 손님에게 라스베이거스의 아름다운 야경을 마음껏 볼 수 있도록 하고 있다.

5장

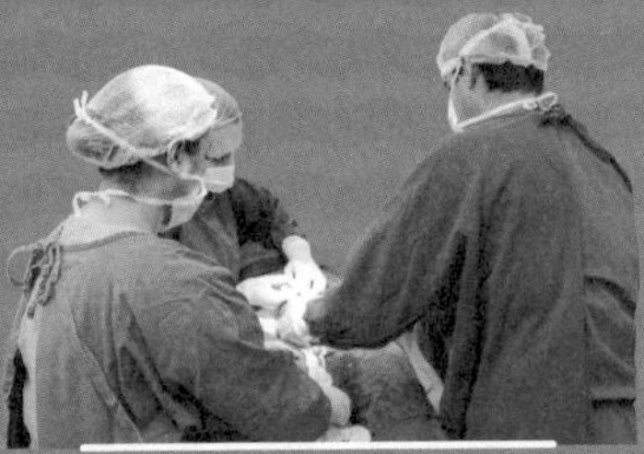

국민의 건강과 생명을 담보하는

의료 산업

미국의 의료 체계

사람이 세상에 태어난 이상 늙고 병드는 것은 피할 수 없기 때문에 누구나 건강에 관심을 가질 수밖에 없습니다. 하지만 복지국가가 등장하기 이전까지는 부와 권력을 가진 소수만이 제대로 된 의료 서비스를 받을 수 있었을 뿐, 대부분의 사람들은 병원 문턱을 넘지 못하고 죽었습니다. 20세기 들어 유럽 국가를 중심으로 복지제도가 도입되면서 부와 권력의 유무와 상관없이 누구나 국가가 제공하는 공공 의료 서비스를 받을 수 있게 되었습니다.

공공 의료시스템 도입을 주장한 시어도어 루스벨트

1912년 미국 공화당을 탈당하고 진보당을 결성해 대통령 후보로 출마한 시어도어 루스

공공 의료보험제도 도입을 위해 최선을 다했던 프랭클린 루스벨트

벨트Theodore Roosevelt는 핵심 선거 공약으로 국가가 국민의 건강을 책임지는 '공공 의료 시스템 도입'을 주장했지만 대선에 패배하는 바람에 첫 단추도 끼우지 못했습니다.

이후 1929년 발생한 경제 대공황의 여파로 미국 국민들이 고통에서 벗어나지 못하자 프랭클린 루스벨트Franklin Roosevelt 대통령은 과감하게 다양한 종류의 복지제도를 도입해 국민을 빈곤에서 구하려고 했습니다. 프랭클린 루스벨트는 "부유한 사람을 더욱 부유하게 하는 것이 아니라, 가난한 사람을 풍요롭게 하는 것이 진보의 기준이다."라고 말하며 미국을 복지국가로 개조하는 일에 착수했습니다.

개인의 자유를 중시하고 정부의 간섭을 부정적으로 생각하는 미국인에게 복지제도는 금기나 다름없을 정도로 수용하기 힘든 일이었습니다. 하지만 미국이 성장을 지속하려면 극심한 소득 양극화 문제를 반드시 해결해야 한다고 생각한 프랭클린 루스벨트는 부유층에게 이전보다 훨씬 많은 세금을 거두어 가난한 사람을 돕는 데 사용했습니다. 서민에게 온정적이었던 그는 실직한 사람을 위한 실업보험, 소득 없는 노인을 위한 노령보험, 장애인과 극빈자를 위한 보조금 지급 등의 선진화된 복지제도를 마련했습니다.

시간이 지나자 빈부 차이가 조금씩 해소되면서 미국 경제는 대공황이라는 사상 최악의 경제 위기에서 벗어났습니다. 이후 개혁에 박차를 가한 프랭클린 루스벨트는 전 국민 의료보험제도야말로 국민을 위해 반드시 해야 할 일이라고 생각했습니다. 그는 전 국민이 빠짐없이 의료혜택을 받을 수 있는 개혁안을 만들었지만 그 법안은 끝내 의회에 상정되지 못했습니다. 미국의사협회American Medical Association와 민영보험회사가 강력하게 반대했기 때문입니다. 이들은 전 국민 의료보험제도가 실시될 경우 본인들의 이익이 줄어들 것을 우려해 반대했지만 국민에게는 그럴듯한 명분을 내세웠습니다.

당시는 사회주의 국가 소련이 미국을 위협하고 있을 때였습니다. 미국의사협회와 민영 보험회사는 전 국민 의료보험제도가 소련에서 시행되는 제도임을 내세워 미국이 소련의 제도를 받아들이면 안 된다고 국민을 선동했습니다. 이들의 전략은 국민들에게 먹혀들었습니다. 프랭클린 루스벨트는 국민에게 사회주의자라는 말까지 들어야 했고 결국 전 국민 의료보험제도는 시행되지 못했습니다.

1945년 집권한 민주당 출신 해리 트루먼Harry Truman 대통령 역시 전 국민 의료보험제도를 도입하려고 했지만 공교롭게도 한국전쟁이 일어나는 바람에 의료개혁 문제에 신경 쓸 겨를이 없었습니다.

1961년 집권한 민주당 출신 존 F. 케네디 대통령은 진보주의자답게 미국의 개혁을 부르짖으며 전 국민 의료보험제도 도입을 야심차게 추진했지만 1963년 11월 텍사스주 댈러스Dallas에서 집권 2년 만에

노령자를 위한 메디케어

저소득층과 장애인을 위한 메디케이드

암살당해 모든 것이 수포로 돌아갔습니다.

1965년 민주당 출신 린든 존슨Lyndon Johnson 대통령은 의회에서 민주당이 다수당인 점을 활용해 65세 이상의 노령자를 위한 메디케어medicare, 저소득층과 장애인을 위한 메디케이드medicaid를 만들어 부분적이나마 정부가 주도하는 의료보험제도를 도입했습니다. 하지만 메디케어는 20년 이상 꼬박꼬박 국가에 세금을 낸 국민만이 혜택의 대상이며, 메디케이드는 의식주조차 해결하기 힘든 극빈층을 대상으로 하기 때문에 공공 의료보험의 혜택을 받을 수 있는 국민은 전체 국민의 3분의 1 정도에 지나지 않습니다.

유럽의 의사와 미국의 의사

유럽의 선진국들은 아픈 국민을 도와주는 것을 국가의 의무라고 생각합니다. 국민의 생명을 돈벌이의 대상으로 여기지 않기 때문에 병원비는 무료이거나 병원 운영을 위한 최소한의 비용만을 받습니다. 유럽 사람들이 의료 서비스를 누구에게나 충분하게 공급되어야 하는 공공재로 인식하게 된 데는 교육의 역할이 컸습니다.

대부분의 유럽 선진국은 무상 교육시스템을 운영합니다. 어린이집부터 대학원 박사과정까지 무료이거나 소득 수준에 비례하는 최소한의 비용으로 교육을 받을 수 있습니다. 학교 교육의 목표는 협력입니다. 세상은 함께 살아가는 곳이며 강한 자가 약한 자를 돕는 것이 미덕이라고 교육합니다. 대학에서 의대생을 선발할 때도 성적만으로 뽑는 일은 거의 없습니다. 의사가 되려는 사람에게 학교 성적보다 더 중요한 것은 병마로 고통받는 환자에 대한 따뜻한 배려심이기 때문입니다.

유럽의 의대생은 의학교육을 받는 동안 교육비를 면제받기 때문에 자신이 받은 혜택을 의대 졸업 후 사회에 돌려줘야 한다고 생각합니다. 유럽의 의사가 다른 지역의 의사보다 상대적으로 환자에게 헌신적인 것 또한 무상 교육의 영향이 큽니다.

노벨평화상을 받은 세계적인 의료 자원봉사 단체인 '국경없는의사회'가 유럽에서 탄생하고 유럽 의사가 주축을 이루는 것 역시 우연이 아닙니다. 국경없는의사회 소속 의사들은 언제든지 목숨을 잃을 가능성이 있는 세계 분쟁 지역을 찾아다니며 따뜻한 의술을 펼치고 있

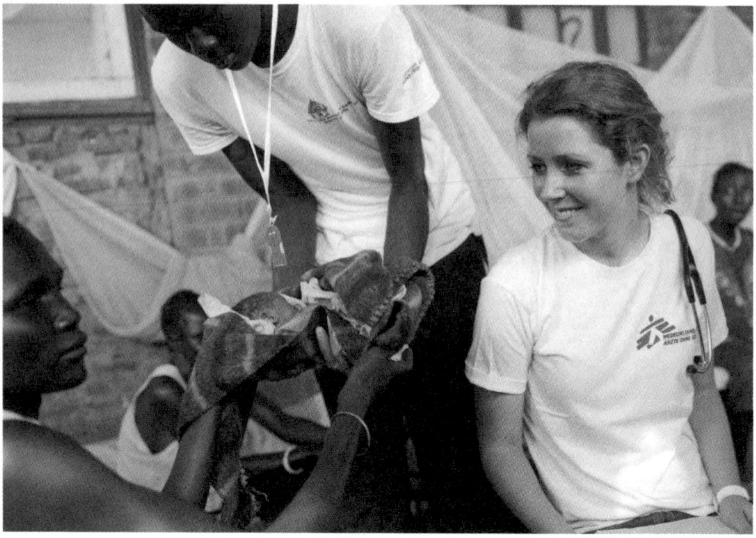
전 세계 생존의 위협에 처한 사람들에게 의료의 손길을 펼치는 국경없는의사회

습니다.

그런데 미국인의 생각은 유럽인과 다릅니다. 미국 학교 교육의 목표는 치열한 경쟁을 통해 유능한 인재를 양성하는 것입니다. 경쟁에서 성공한 이들은 부와 권력을 마음껏 누릴 수 있지만 낙오자는 빈손으로 살아가는 것이 미국 사회의 단면입니다. 누구나 경쟁에서 승리하면 많은 것을 얻을 수 있는 만큼 어릴 적부터 치열한 생존경쟁을 벌이지만 사실상 부자가 경쟁에서 절대적으로 유리한 위치를 차지하고 있습니다.

공교육이 붕괴한 지 오래인 미국에서 명문 대학이나 의대를 가려면 등록금이 비싼 사립학교에 다니는 것이 절대적으로 유리합니다.

학비가 비싼 미국의 의과대학교

연간 수만 달러가 들어가는 사립학교를 초등학교부터 고등학교까지 다니더라도 곧바로 의대에 진학할 수는 없습니다. 미국에서 의사가 되려면 일반 대학을 졸업한 후 의학전문대학원에 진학해야 합니다. 대학 학비가 세계에서 가장 비싸기로 악명 높은 미국에서 그보다 훨씬 비싼 의학전문대학원에 다니는 일은 쉽지 않으며 많은 학생이 학자금 대출로 학업을 간신히 마칩니다.

이와 같이 미국에서는 의사가 되기 위해 엄청난 비용을 치러야 하기 때문에 의사가 된 후에는 투자비용 회수에 몰두하게 됩니다. 미국의 의사가 환자를 돈벌이의 수단으로 생각하는 경우가 많은 것은 사회적 환경의 산물인 셈입니다.

미국의 민영 의료보험과 문제점

부자와 가난한 사람을 비교해 보면 가난할수록 병에 더 많이 걸립니다. 부자는 쾌적한 환경에서 몸에 좋은 유기농 음식 위주의 식생활을 하고 건강검진도 주기적으로 받을 수 있기 때문에 큰 병에 걸릴 확률이 낮습니다. 반면에 가난한 사람은 열악한 환경에서 생활하며 병원에 다닐 여건이 못 되어 작은 병을 키우고 큰 병이 되어서야 비로소 병원을 찾게 되는 경우가 많습니다.

그래서 선진국 정부는 경제적으로 어려운 국민도 충분한 의료혜택을 누릴 수 있도록 모든 국민을 의무적으로 전 국민 의료보험에 가입시켜 재정의 안정을 꾀하려고 합니다. 그리고 소득에 따라 의료보험료를 다르게 부과해 가난한 사람에게 혜택이 돌아가도록 합니다.

하지만 정부가 주도해 전 국민이 의무적으로 가입하게 하는 의료시스템은 부유층에게는 달갑지 않은 제도입니다. 돈이 많을수록 부담해야 할 금액도 폭발적으로 늘어나는 데다가 적은 보험료를 낸 사람들과 같은 병원에서 같은 서비스를 받아야 하기 때문입니다. 따라서 법으로 전 국민 의료보험제도를 강제하지 않으면 부유층은 공공의료보험을 탈퇴해 그들만을 위한 민간 의료보험에 가입하려 들 것입니다.

유럽은 단일민족 국가가 많아 국민 사이에 강한 사회적 연대감이 있어 본인에게 다소 불리하더라도 공공 의료보험료를 납부하는 일에 큰 반감을 갖지 않습니다. 반면 다양한 민족이 모여 만들어진 미국은 민족적 동질감을 찾아보기 힘들고 철저히 개인주의 문화가 지배하는 사회입니다. 미국에서 지금까지 한 번도 전 국민 의료보험제도가 도입되지 못한 것은 이러한 개인주의 전통 때문입니다. 경제적으로 풍요로운 중산층 이상의 미국인들은 자신과 상관없는 빈민을 위해 의료보험료를 내는 것에 강한 거부 반응을 보이며 전 국민 의료보험제도를 실시하는 것을 반대해 왔습니다.

미국의 부자는 가난한 사람과 같은 의료 서비스를 받는 것을 원치 않으며 병원비가 비싸더라도 그들만의 특별한 서비스를 받고자 합니다. 그들은 안락한 시설에서 진료 시간에 구애를 받지 않고 최고의 의사에게 병에 대한 자세한 설명을 듣기를 원합니다. 만약 병원에 입원해야 한다면 특급 호텔의 스위트룸 같은 최고급 병실을 이용하고자 합니다. 미국 부자들의 이 모든 바람은 가능합니다. 전 국민 의료보험제도가 없는 미국에서는 국민 각자가 소득에 맞는 민간 의료보험에 가입하며 매달 납부하는 보험료에 따라 차별화된 서비스를 받습니다. 최고급 의료보험에 가입할 경우 아프면 병원에서 헬기까지 보내줄 정도로 특별한 대우를 해줍니다.

미국의 민영 의료보험은 가입자가 부담한 만큼 보험사로부터 의료서비스를 받을 수 있는 합리적인 시스템이라고 여겨질 수 있습니다. 하지만 중산층 이상의 사람들이 국가가 운영하는 의료보험에 가입하지 않을 경우 공공 의료보험은 적자를 면치 못하기 때문에 제대로 운영될 수 없습니다.

2012년 런던 올림픽 개막식은 문화 콘텐츠 강국인 영국답게 감동적이고도 다채로운 내용을 담고 있었습니다. 특히 세계인들에게 깊은 인상을 준 장면은 영국의 공공 의료시스템 NHSNational Health Service 소속 수백 명의 간호사, 의사, 환자가 나와서 함께 어우러져 즐겁게 춤을 추는 모습이었습니다. 영국은 올림픽 개막식을 통해 전 세계에 자랑하고 싶을 만큼 NHS를 소중하게 생각합니다.

NHS는 영국 정부가 직접 운영하는 의료 서비스 기관입니다. 영국 병원의 98%는 NHS 소속이고 의사 대부분은 공무원 신분으로 NHS에 소속되어 있습니다. 영국은 1948년 제2차 세계대전의 폐허 위에서 '무상 의료 실시'라는 사회적 합의를 끌어냈습니다. 국가가 재정

런던 올림픽 개막식에 선보인 영국의 공공 의료시스템 NHS

적으로 최악의 상태였지만 질병으로 신음하는 단 한 명의 국민도 그냥 두지 않겠다고 선언한 후, 전면 무상 의료를 실시했습니다. 영국 정부는 가난한 사람들에게 차비까지 지급하며 국민의 건강을 관리하고 있습니다.

영국은 병원에서 고가의 MRI자기공명촬영장치나 CT컴퓨터단층촬영를 이용해 진단을 받더라도 모두 무료입니다. 환자가 병원에 의료비를 직접 낼 필요가 없어 의사와 환자 모두 마음이 편할 뿐만 아니라, 의사가 환자를 돈벌이 대상으로 보지 않기 때문에 과잉 진료·치료를 할 필요가 없어 의사와 환자 모두에게 이익이 됩니다.

영국에서 병원비는 무료지만 약값이 모두 무료인 것은 아닙니다. 해외에서 수입하는 약을 모두 무상으로 공급할 경우 정부가 적자를 감당하기 어렵기 때문입니다. 영국은 환자의 부담을 최소화하기 위해 약값을 소득에 따라 상대적으로 매기며, 최소한의 약값만 받고 있습니다. 노동가능인구*에게는 약값을 받지만 나머지 사람에게는 돈을 전혀 받지 않습니다. 모든 영국인이 이 같은 무상 의료혜택을 누릴 수 있는 것은 경제적으로 여유 있는 사람들이 가난한 사람들의 의료비를 대신 내주는 사회적 연대가 있기 때문입니다.

* 15세 이상의 인구 가운데 실제로 노동을 할 수 있는 인구.

미국의 민영 의료보험사

전 국민을 대상으로 한 의료 서비스가 없는 미국에서는 민영 의료보험사가 정부를 대신해 가입자를 상대로 의료 서비스를 제공합니다. 민영 의료보험사는 이윤추구가 목적인 만큼 철저히 영리 위주로 운영되면서 수많은 부작용을 낳고 있습니다.

우선 민영 보험사는 가입자를 선별해 받습니다. 건강하면서도 보험료를 잘 낼 수 있는 사람은 환영하되, 병에 걸려 보험금을 받아갈 가능성이 있는 사람은 철저히 가려냅니다. 당뇨, 고혈압, 심혈관계 질환이 있었다면 무조건 가입을 거절합니다. 이들이 가입하면 해마다 막대한 보험금을 지급해야 하기 때문입니다. 성인병 같은 중증질환이 아니더라도 뚱뚱하거나 너무 마른 경우에도 건강에 이상이 생길 확률이 높다고 판단해 가입신청을 거절합니다.

보험계약은 1년마다 갱신해야 하며 보험가입자가 갱신을 위한 공백 기간에 병에 걸려서 보험금을 청구하면 대부분 지급을 거부합니다. 보험계약 기간에 발병하면 의료비를 지원하지만 계약 기간이 만료되면 가입자는 재계약을 할 수 없습니다.

민영 보험사는 가입자에게 보험금을 주지 않기 위해 온갖 꼼수를 동원하기도 합니다. 계약자는 민영 의료보험에 가입하기 전에 굉장히 두꺼운 보험계약서에 동의해야 합니다. 민영 의료보험사는 사람들이 계약서를 처음부터 끝까지 읽지 않는다는 점을 교묘히 이용합니다. 작은 글자로 깨알같이 적혀 있는 보험계약서에는 일반인이 알기 힘든 법률용어와 의학용어가 가득하기 때문에 그 뜻을 제대로 이해할 수 있는 사람은 그리 많지 않습니다. 민영 보험사가 자사 소속의 의사와 변호사를 동원해 의도적으로 보험계약서의 내용을 최대한 이해하기 어렵게 만들어 놓았기 때문입니다.

민영 보험사는 가입자가 계약서 내용을 완벽히 이해할 수 없다는 점을 악용해 가입자가 청구한 보험금을 지급하지 않아도 되는 수많은 지급예외 조항을 계약서에 포함시키기도 합니다. 또한 가입자가 병에 걸려서 보험금을 청구하더라도 돈을 주지 않을 방법을 어떻게든 찾아내려 합니다. 보험사 직원들은 고객을 샅샅이 조사해 보험사에 알리지 않았던 사실이나 숨긴 질병을 찾아내는 등 꼬투리를 잡아 보험금 지급을 거부합니다. 또한 민영 보험사는 많은 의사를 직원으로 고용해 보험금 지급을 거절할 구실을 찾도록 합니다. 직원의 연봉과 승진이 보험금 지급을 거절한 횟수와 금액에 의해 결정되기 때문에 보험사 직원은 수단과 방법을 가리지 않고 보험금 지급 거절에 대한 이유를 만들어 냅니다.

민영 보험사가 계약 조항을 들먹이며 보험금 지급을 거부하면 병에 지친 환자는 대부분 보험금을 포기하거나 보험회사가 선심 쓰듯 주는 적은 돈을 받고 자신의 권리를 포기하곤 합니다. 하지만 일부 환자는 민영 보험사의 횡포에 맞서 언론에 고발하거나 소송을 제기하기도 합니다. 이 정도로 일이 커지면 민영 보험사는 시끄러운 환자의 입을 막기 위해서 마지못해 보험금을 지급합니다. 하지만 병약한 환자가 거대한 민영 보험사와 싸우기란 쉽지 않으며 법정 소송을 할 경우 변호사 비용이 많이 들어 경제적으로 큰 부담이 될 수밖에 없습

미국의 대표적 민영 의료보험사인 유나이티드 헬스

니다.

민영 의료보험사는 국민에게 지탄받으면서 벌어들인 많은 돈을 주주에게 배당하고 경영자가 성과급으로 챙겨 갑니다. 미국 최대 민영 의료보험사인 유나이티드 헬스United Health의 빌 맥과이어Bill McGuire 회장은 성과급으로 수천억 원을 받기도 했습니다. 매년 수백억 원에서 수천억 원씩 성과급 잔치를 벌이고 있는 이들 보험회사의 경영진은 갑부의 반열에 오를 정도로 막대한 돈을 벌고 있습니다.

미국의 영리병원

미국의 드라마 중에 〈내가 그녀를 만났을 때How I Met Your Mother〉라는 작품이 있습니다. 이 드라마의 남자 주인공에게 어느 날 편지가 한 통 배달됩니다. 발신지는 남자 주인공이 가입한 의료보험회사로, 사

정상 3주간 의료보험 서비스가 중단된다는 사실을 알리기 위한 편지였습니다. 편지를 읽은 주인공은 갑자기 불안해지기 시작했습니다. 의료보험 서비스가 중단된 기간에 혹시 사고라도 날까 봐 제대로 돌아다니지도 못합니다. 심지어 화장실까지 아내와 함께 다니는 다소 우스꽝스러운 장면도 연출됩니다. 미국에서 이런 드라마가 나올 수 있는 것은 병원비가 상상을 초월할 정도로 비싸기 때문입니다.

미국에서는 산부인과에서 산모가 자연분만을 할 경우 3만 달러, 제왕절개 수술을 받을 경우에는 10만 달러가 넘는 돈이 듭니다. 수술 중에서 가장 간단하다는 맹장 수술도 1만 달러가 넘습니다. 2009년 오클라호마주에서 호흡기 질환인 신종인플루엔자가 돌았을 때 병원에 한 달간 격리 수용되어 치료받은 한 어린이의 병원비는 130만 달러에 달했습니다.

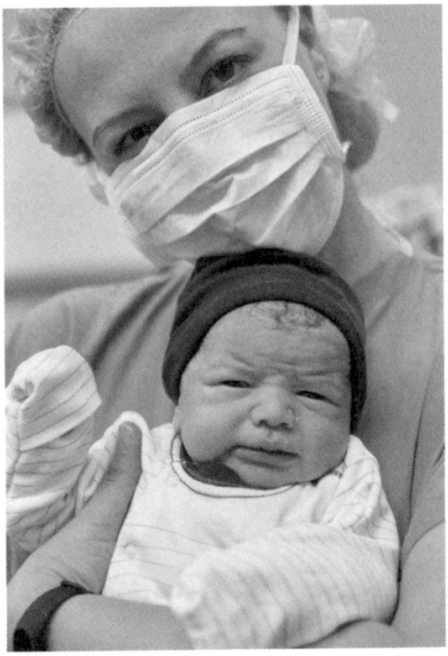
평범한 미국인에게 큰 부담이 되는 출산비용

미국에서는 치료비가 10만 달러가 넘는 경우가 아주 흔하며 암 치료를 제대로 받을 경우 100만 달러가 넘는 치료비를 내는 일도 적지 않습니다. 중환자실은 하루 기본 입원비가 1만 달러가 넘으며 생명이 위독해 응급수술이라도 받게 되면 10만 달러 이상을 내야 합니다. 이처럼 병원비가 부르는 게 값이다 보니 미국인들에게 아파서 병원에 가는 일은 공포 그 자체입니다.

이 같은 문제를 해결하기 위해 각국 정부는 의사의 치료행위에 대해 표준가격을 정하여 의사가 일정 금액 이상으로 치료비를 받지 못하도록 엄격한 제한을 두고 있습니다. 의료행위는 오랜 기간 고도의 훈련을 받고 자격을 갖춘 사람만이 할 수 있기 때문에 의료 시장은 의료 서비스의 공급자인 의사가 좌지우지할 수 있는 상태입니다. 생명을 담보로 한 의료 시장은 절대로 공정한 가격이 매겨질 수 없는 구조이기 때문에 정부가 의료비 결정에 적극적으로 개입하는 것입니다.

하지만 미국은 정부가 의료비 결정에 개입하지 않다 보니 의사가 마음대로 치료비를 결정할 수 있어 환자에게 일방적으로 불리합니다. 의사는 더 많은 돈을 벌기 위해 과잉 진료를 하기도 합니다. 단순한 감기몸살로 병원을 찾은 환자에게 각종 검사를 실시해 거액의 진료비를 청구하는 경우가 적지 않으며 심지어 환자에게 불필요한 검사와 치료를 한 후 돈을 챙기기도 합니다.

과잉 의료로 물의를 일으킨 치과의사 슈나이더

일례로, 2014년 하워드 슈나

이더Howard Schneider라는 치과의사가 충치 치료를 위해 병원을 찾은 여섯 살짜리 소녀의 치아를 3시간 동안 6개나 뽑은 사건이 발생해 사람들을 경악하게 만든 적이 있습니다. 이 의사는 오래전부터 갖가지 구실을 붙여 이를 뽑지 않아도 될 사람들을 대상으로 이를 뽑는 등 과잉 치료를 해 부당이익을 챙겼습니다.

당국의 조사 결과 슈나이더는 사건이 발각되기 전 5년간 과잉 치료를 통해 무려 40억 원 이상을 챙긴 것으로 드러나 미국인들의 분노를 샀습니다. 문제는 이러한 과잉 의료행위가 일부 양심 없는 의사의 문제만이 아니라는 점입니다. 미국에서는 의료가 거대한 산업이다 보니 오로지 이윤을 목적으로 하는 주식회사 형태의 영리병원이 난립해 물의를 빚고 있습니다.

유럽은 대부분의 병원을 정부가 소유하고 의사들은 공무원 신분으로서 이익과 무관하게 환자를 돌보는 반면 미국은 월스트리트의 거대 자본이 병원을 설립해 이익을 가져갑니다. 미국 최대의 영리병원 체인점 HCA의 경우에는 미국 전역에 160개 이상의 영리병원을 운영하며 매년 수십억 달러에 이르는 수익을 올리고 있으며, 뉴욕증시에도 상장되어 있습니다.

HCA를 비롯해 미국의 수많은 병원 주식회사는 소속 의사를 앞세워 돈벌이에 여념이 없습니다. 영리병원의 의사들은 환자를 대상으로 거두어들인 매출에 따라 연봉을 받기 때문에 과잉 진료를 하지 않을 수 없습니다. 만약 매출이 신통치 않을 경우 영리병원은 고용한

미국의 영리병원 체인 HCA

의사를 해고하고 다른 의사로 대체합니다. 이러한 환경에서 의사가 양심에 따라 진료하기를 바라는 것은 무리입니다. 미국 병원과 의사가 환자를 상대로 바가지를 씌우는 일이 비일비재한 상황은 잘못된 의료 환경의 산물입니다.

GM과 망국병이 된 의료 산업

'GM에 좋은 것은 미국에 좋은 것'이라는 말이 있을 정도로 미국 최대 자동차 회사 GM은 오랜 기간 미국 경제의 상징이자 버팀목 역할을 해 왔습니다. 1930년대에 포드자동차를 제치고 미국 최대의 자동차 회사가 된 GM은 이후 많은 사람을 고용하고 종업원에게 충분한 임금을 지급해 미국 내 중산층이 늘어나는 데 큰 기여를 했습니다.

제2차 세계대전 때는 군용차를 비롯해 탱크와 항공기까지 만들어 납품하면서 미국의 승전에 적지 않은 이바지를 했습니다. 직원 복지에 대해 남다른 배려가 있었던 GM은 비싼 의료비로 고통받는 직원을 돕기 위해 현직 노동자를 비롯해 퇴직 노동자와 그 가족에게도 의료보험 서비스를 제공했습니다. 그 덕분에 GM 노동자들은 은퇴 후에도 수준 높은 의료 서비스를 받았습니다. GM의 과감한 사내 복지 정책은 회사의 경영상태가 좋을 때는 별다른 문제가 없었지만 상황이 바뀌자 여러 가지 문제를 드러냈습니다.

1960년대까지만 해도 GM은 품질 경쟁력에서 타사의 추종을 불허할 만큼 압도적이었기 때문에 충분한 이익을 올렸습니다. 하지만 1970년대 들어 오일쇼크가 발생하자 대형차 제조가 주력이던 GM은 고전하기 시작했습니다. 크기가 작고 기름을 적게 먹는 일본 차가 미국에서 인기를 끌면서 GM의 판매량은 예전만 못해졌습니다.

1990년대 초반 국제 유가가 폭락하자 그동안 계속 줄어들기만 하던 GM의 시장점유율이 회복되는 듯했지만 2000년대 들어 유가가 폭등하면서 다시 궁지에 몰리기 시작했습니다. 자동차가 팔리지 않아 경영난에 시달리던 GM에게 해마다 늘어나는 직원 의료보험료 지출은 점점 심한 부담이 되어 갔습니다.

미국인들의 평균수명이 계속 늘어나면서 회사가 부담해야 할 의료

의료비 부담으로 경영 위기에 몰린 GM

보험료가 눈덩이처럼 늘어나 매년 50억 달러가량의 비용이 발생했는데 이는 자동차용 철강 구입비보다 많은 금액이었습니다. 2000년대 들어 GM의 미국 내 노동자 수는 8만여 명에 불과했지만 퇴직한 직원과 그 가족 43만 명에게도 회사가 약속한 의료보험 서비스를 제공해야 했습니다. 회사의 재무상태가 계속 어려워졌지만 GM 경영진은 생명과 직결된 의료보험혜택을 줄일 수가 없어 빚으로 회사를 운영했습니다.

그런데 2008년 미국에 금융 위기가 발생해 극심한 불황이 찾아오자 대형차 위주로 자동차를 만들던 GM은 더는 견딜 수가 없어졌습니다. 급격한 매출 하락과 대규모 적자에 시달리게 되면서 GM의 주가는 급락을 거듭해 1달러 이하로 떨어졌고 급기야 뉴욕증시에서 퇴

출당하는 수모를 겪었습니다.

2009년 6월 GM은 1,730억 달러에 이르는 부채를 감당하지 못해 결국 파산하고 말았습니다. 당시 버락 오바마 대통령은 미국 최대의 제조업체 중 하나인 GM의 몰락을 그냥 두고 볼 수 없어 대규모 지원을 통해 GM을 살려 냈습니다. 이는 건국 이후 지켜온 민간 기업에 대한 정부의 불개입 전통을 깨는 일이었지만 오바마는 GM의 파산으로 인해 생겨날 자동차 관련 부품업체 연쇄 도산, 대량 실업 발생 등 수많은 부작용을 막기 위해 GM을 도왔습니다. 이와 같이 미국의 터무니없이 비싼 의료비용은 미국의 자존심이나 다름없던 GM을 파산 위기로 몰고 갈 정도로 심각한 망국병이 되었습니다.

미군의 의료혜택

군대를 구성하는 방법은 크게 징병제와 모병제로 나눌 수 있습니다. 징병제는 일정 연령에 이른 모든 젊은이가 특정 기간 동안 의무적으로 군대에 복무하게 하는 강제적 병역제도이며, 모병제는 강제 징병이 아닌 본인의 지원에 의한 직업군인을 모병하여 군대를 유지하는 병역제도를 말합니다.

모병제 국가인 미국은 150만 명에 이르는 군대를 유지하기 위해 끊임없이 신병을 모집해야 하는데 이는 만만치 않은 일입니다. 다양한 직종의 일자리가 있는 미국에서 청년들을 군대로 끌어들이는 가장 효과적인 유인책은 무상 의료보험 제공입니다.

상식을 벗어나는 엄청난 의료비 때문에 해마다 2만 명이 넘는 미국인이 병원비를 감당할 수 없어 제대로 치료받지 못하고 사망합니다. 또한 매년 수만 명에 이르는 미국인 개인 파산자 중 62%가 값비싼 의료비 때문에 파산합니다. 하지만 군인이 되면 본인은 물론 가족까지 무상 의료 서비스를 받을 수 있어 청년들은 자진해서 군대로 몰려듭니다.

미군 병원은 전액 무료일뿐더러 웬만한 민간 병원과는 비교할 수 없을 정도로 수준 높은 의료 서비스를 제공합니다. 게다가 참전 군인은 전역하더라도 일생 군대 병원을 무상으로 이용할 수 있기 때문에

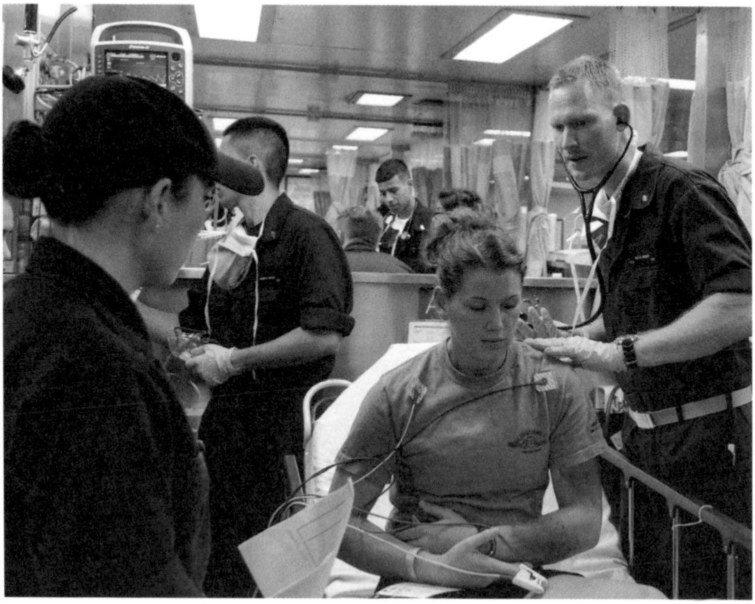

무상 의료혜택을 누리는 미군

병원비 걱정으로부터 완전히 해방됩니다. 미군이 제공하는 무상 의료 서비스를 받기 위해 미국인뿐 아니라 외국인도 미군에 들어가려고 안달합니다.

외국인이 미군에 입대할 경우 시민권을 받을 수 있는 특혜도 있습니다. 대개 영주권이 있는 외국인은 6년에서 8년 동안 꼬박꼬박 세금을 내고 아무런 사고를 내지 않아야 시민권을 얻을 수 있지만 미군에 입대하면 시민권을 획득할 수 있습니다. 이와 같이 미국인, 외국인 구분 없이 미군에 입대해 전쟁터에라도 나가면 평생 무상 의료 서비스와 시민권을 받을 수 있기 때문에 미국 정부는 별다른 어려움 없이 신병을 모집할 수 있습니다.

오바마 대통령의 의료개혁

중산층 이상의 미국인을 대변하는 미국의 공화당은 전 국민 의료보험제도를 적극적으로 반대하지만 서민의 입장을 고려하는 민주당은 기회가 있을 때마다 공공 의료보험제도의 도입에 앞장섰습니다. 1965년 린든 존슨 대통령이 메디케어와 메디케이드를 도입한 이후 민주당 출신 대통령들은 공공 의료보험을 확대하기 위해 많은 노력을 기울였지만 눈에 띄는 성과를 이루기란 쉽지 않았습니다.

1976년 대선에 출마한 민주당 후보 지미 카터Jimmy Carter는 전 국민 의료보험제도를 공약으로 내세웠지만 오일쇼크를 비롯한 임기 중 계속된 경제 위기로 인해 뜻을 펼칠 수 없었습니다. 1993년 임기를 시작한 빌 클린턴Bill Clinton 대통령도 영부인 힐러리를 앞세워 전 국민 의료보험제도를 도입하려고 했지만 공화당의 반대로 아무것도 할 수 없었습니다. 민주당마저 의료개혁을 이루지 못하자 미국 국민의 정치권에 대한 불만은 쌓여만 갔습니다. 이때 등장한 사람이 버락 오바마입니다.

2008년 민주당 대선 후보로 나온 오바마는 '전 국민 의료보험 실시'를 공약으로 내세워 서민층의 전폭적인 지지를 받은 덕분에 흑인이라는 약점에도 불구하고 대통령에 당선되었습니다. 오바마는 미국의 의료시스템에서 고쳐야 할 문제점이 한두 가지가 아니라는 사실을 알았습니다.

오바마가 취임하던 2009년, 미국을 제외한 선진국의 의료비 지출액은 국내총생산GDP 대비 9% 수준이었지만 미국인의 의료비 지출액은 GDP의 17%에 이를 만큼 엄청났습니다. 실제로 1970년에는 연간 750억 달러에 불과했던 의료비 지출이 2018년에는 3조 6,000억 달러 이상으로 급증했습니다. 앞으로 의료시스템을 개혁하지 못할 경우 2030년이 되면 GDP 대비 의료비용이 28%에 달하고, 2040년에는 34%에 이른다는 전망도 있습니다. 이 경우 미국인의 의료비 지출액이 연간 10조 달러를 넘어 미국 경제에 엄청난 악영향을 미치게 됩니다. 지금도 비싼 의료비 때문에 파산하는 사람이 속출하는 상황에서 앞으로 의료비 지출이 기하급수적으로 늘어난다면 미국인들의 소비 여력이 크게 줄어들어 경제는 침체를 벗어날 수 없게 됩니다.

의료보험 개혁에 앞장섰던 버락 오바마

미국인은 다른 나라 국민에 비해 많은 의료비를 지출하지만 소수 부유층을 제외한 보통 사람들이 병원에서 누릴 수 있는 의료 서비스의 질은 여느 선진국에 비해 현저히 떨어집니다. 다시 말해 미국의 의료 산업은 가격은 비싸고 품질은 형편없는 저효율 구조입니다.

미국의 의료 산업이 후진적인 것은 민영 보험사의 구조적 비효율성 때문입니다. 정부가 주도하는 공공 의료보험은 전 국민을 대상으로 하기 때문에 가입자에 대한 조사가 필요가 없습니다. 반면 병에 걸릴 가능성이 적은 건강한 사람만을 고객으로 받아야 하는 민영 보험사는 많은 직원을 고용해 가입하려는 사람들에 대해 꼼꼼히 알아봐야 합니다.

실제로 민영 보험사들은 의사를 대거 고용해 가입 신청자의 병력과 가족력 등을 깐깐하게 심사하고 있습니다. 수많은 민영 보험사가 한정된 시장을 놓고 치열한 생존경쟁을 벌이기 때문에 광고비용으로도 많은 돈을 써야 합니다. 게다가 회사 경영진이 연간 수십억에서 수백억 원에 이르는 연봉도 챙겨가기 때문에 고객에게 받는 보험료 중 24~30%는 치료와 아무런 관련도 없는 회사 유지비용으로 지출해야 합니다.

이렇게 불필요하게 지출되는 돈을 메우기 위해 민영 보험사는 가입자들에게 비싼 보험료를 받습니다. 미국에서는 보장이 빈약한 민영 의료보험조차 4인 가족 기준으로 월 1,500달러 이상을 내야 하는데, 이는 중산층에게도 적지 않은 액수입니다. 반면 공공 의료보험은 고객 유치를 위해 광고를 할 필요가 없으며 공공 단체이기 때문에 경영진이 수백억 원의 돈을 연봉으로 챙길 수도 없어 보험료가 저렴하고, 납부 보험료의 98% 이상을 환자를 위해 활용할 수 있습니다.

오바마는 미국의 의료시스템이 안고 있는 문제를 해결하기 위해 영국의 NHS처럼 전 국민이 가입하는 공공 의료보험제도를 과감히 추진했지만 곧바로 난관에 부딪혔습니다.

보수단체 티파티의 반격

2009년 1월 오바마가 집권하면서 의료보험 개혁에 나서자 백인 보수층을 중심으로 반격이 시작되었습니다. 오바마 집권 이후 미국 남부와 중서부를 중심으로 티파티Tea Party라는 단체가 만들어져 의료

오바마의 의료개혁에 격렬히 반대하는 티파티 회원들

보험 개혁 등 오바마가 추진하는 개혁정책에 발목을 잡기 시작했습니다. 티파티란 미국 독립운동의 시발점이 된 보스턴 차Tea 사건*에서 빌려온 이름입니다.

오바마가 의료개혁을 위해 중산층 이상의 국민에게 세금을 잔뜩 부과할 것으로 생각한 미국의 보수층들은 과거 식민지 시절 보스턴 차 사건을 일으켜 영국의 횡포에 저항한 것처럼 자신들도 티파티를 만들어 오바마의 정책에 저항하기로 했습니다. 이들은 오바마가 가

* 1773년 12월 미국 식민지 주민들이 영국 본국으로부터의 차(茶) 수입을 저지하기 위해 일으킨 사건.

난한 사람을 돕겠다고 중산층 이상의 국민에게 징수하는 세금을 늘리는 것은 권력을 무기로 한 약탈에 불과하다며 정부의 역할을 최소한으로 하는 작은 정부를 요구했습니다.

오바마가 의료개혁에 박차를 가할수록 티파티에 가담하는 사람도 계속 늘어나 전 인구의 10%가 넘는 3,200여만 명이 티파티의 회원이 되었습니다. 티파티의 힘이 막강해지자 보수 정당인 공화당의 정치인들이 티파티와 협력하기 시작했습니다. 2010년 중간선거*에서 티파티와 손잡은 정치 지망생이 공화당 후보로 하원의원 선거에 출마해 87명이나 당선되면서 티파티는 의회 내에서도 무시할 수 없는 존재가 되었습니다. 또한 공화당은 의회 내에서 과반의 의석수를 차지하며 오바마를 견제할 힘을 갖게 되었습니다.

티파티와 공화당은 오바마 대통령에게 의료개혁을 포기하도록 강요했지만 그는 끝내 소신을 굽히지 않았습니다. 2013년 9월 공화당은 오바마의 정치생명에 치명적인 타격을 주기 위해 다음 연도인 2014년 예산안을 합의해 주지 않았습니다. 당시 공화당이 다수당이었기 때문에 민주당 출신 오마바는 공화당의 도움 없이는 아무것도 할 수 없었습니다. 공화당이 2013년 9월 30일까지 다음 연도 예산안을 통과시켜 주지 않자 국방이나 치안 등 국가를 유지하기 위한 최소한의 기능을 제외한 연방정부의 기능이 마비되어 미국 사회에 대혼란이 찾아왔습니다. 이와 같이 정부 기능이 일시적으로 중단되는 상

* 미국에서 대통령의 임기 중에 실시하는 상·하원의원 및 공직자 선거.

셧다운으로 기능이 정지된 미국 정부

황을 '셧다운shutdown'이라고 하는데 셧다운은 미국 경제부터 뒤흔들어 놓았습니다.

연방정부의 기능이 마비되자 주가가 대폭락해 주식 투자자들은 큰 손실을 입었고 행정 업무를 볼 수 없게 된 시민들은 큰 불편을 겪었습니다. 애초 공화당 지도부는 셧다운으로 나라에 큰 혼란이 빚어질 경우 행정부의 수장인 오바마 대통령이 국민으로부터 비난의 화살을 맞을 것으로 생각했지만 현실은 정반대로 흘러갔습니다. 국민은 예산안을 통과시켜 주지 않은 공화당에게 비난의 화살을 퍼부었으며 시간이 갈수록 공화당을 비판하는 소리가 커졌습니다. 공화당은 국민의 거센 반발로 셧다운 개시 16일 만에 두 손을 들고 의회로 나와 2014년 예산안을 통과시켰고 이로써 양측 간의 대결은 오바마의 승리로 막을 내렸습니다.

오바마케어

오바마는 집권 초기 모든 미국인을 정부가 주도하는 공공 의료보험에 가입시키려고 했습니다. 다른 나라의 사례를 보면 상위 30% 이상 고소득층이 60% 이상의 보험료를 납부하기 때문에 부유층의 강제 가입 없이는 공공 의료보험이 성공할 수 없었기 때문입니다. 하지만 오바마가 이른바 '오바마케어Obamacare'라고 불리는 의료개혁 정책을 추진하자 민간 의료보험사가 이를 막기 위해 필사적으로 나섰습니다. 오바마케어가 성공해 미국에 전 국민 의료보험제도가 도입되면 자신들이 설 자리가 사라지기 때문입니다.

민영 의료보험사는 공화당 의원들에게 거액의 정치 자금을 뿌려가며 오마바의 계획을 견제했습니다. 이들은 대대적인 광고를 통해 오바마가 개인의 자유를 존중하는 미국의 전통을 파괴하려 한다고 비판했습니다. 누구나 자신이 원하는 의료보험에 가입할 수 있는 지금의 사회 구조 체계가 개인주의를 최상의 가치로 여기는 미국 정신에 부합하는 것이라고 주장했습니다.

부유한 미국인들은 지금도 보험사로부터 충분한 서비스를 받고 있기 때문에 가난한 사람의 의료비용까지 부담해야 하는 전 국민 의료보험제도 도입에 강한 거부감을 드러냈습니다. 공화당과 부유층의 강력한 저항에 부딪힌 오바마는 자신의 소신을 계속 밀어붙이지 못하고 조금씩 양보하기 시작했습니다. 오바마가 한 발짝 물러나자 공화당은 더욱 강하게 그를 궁지에 몰아넣었고 그럴수록 오바마케어는 당초 취지와는 다른 모습으로 변해 갔습니다.

결국 2014년 1월 시행된 오바마케어는 정부가 운영하는 전 국민 의료보험이 아니라 민영 보험사가 주도하는 형태가 되고 말았습니다. 당시 미국 인구 3억 명 중 5,000만 명 정도가 경제적 어려움으로 인해 의료보험혜택을 받지 못하고 있었습니다. 미국 내에서 정부가 인정한 극빈층일 경우 메디케이드 혜택을 누릴 수 있지만 그보다 소득이 약간 많은 차상위 계층은 아무런 혜택을 받을 수 없었습니다

OBAMACARE

반쪽짜리 개혁으로 끝난 오바마케어

다. 미국에는 의료 사각지대에 있는 이런 사람이 무려 5,000만 명이나 있었습니다.

당초 오바마는 공공 의료보험을 만들어 무보험자에게도 저렴한 보험료만 내면 의료혜택을 주려고 했지만 계속되는 저항을 이기지 못하고 정부 주도의 의료보험제도를 포기했습니다. 그 대신 가난한 사람들이 민영 보험사에 가입하도록 법으로 강제했으며 정부 예산으로 보험료 일부를 지원했습니다. 전 국민 의료보험을 강력하게 원하던 수많은 국민은 오바마케어를 두고 근본적인 문제는 손도 못 댄 용두사미에 그친 개혁이라는 비난을 쏟아 냈습니다.

한편, 오바마의 도전은 그 자체로 인정받을 만한 일이라는 평가가 대세입니다. 중산층 이상의 미국인들이 싫어하는 의료개혁을 추진하는 것 자체가 정치적 자해 행위이기 때문입니다. 정치적인 득실을 따져 보았다면 오바마케어를 중간에 포기하는 것이 오바마와 민주당에 더 이익이었습니다. 실제로 오마바와 뜻을 함께한 민주당 의원들은 중간선거에서 대거 낙선해 정계를 떠나야 했습니다.

오바마케어가 시행되자 그동안 의료보험에 가입하지 못했던 사람 중 무려 2,500만 명 이상이 오바마케어에 가입해 의료혜택을 누렸습니다. 이 중 상당수가 흑인과 히스패닉 등 미국 사회에서 무시당하던 사람들이었습니다.

하지만 시간이 흐르자 생각지 못한 문제점들이 나타났습니다. 오바마케어 시행 3년 만인 2016년부터 민영 보험사들이 수익성 악화를 이유로 보험 서비스를 중단했기 때문입니다. 오바마케어가 개시되었을 때 민영 보험사는 정부 보조금을 받는 새로운 고객을 잡기 위해 혈안이었지만 시간이 흐르면서 태도가 바뀌기 시작했습니다.

오바마케어를 통해 새로 가입한 사람들은 부유층에 비해 건강이 좋지 않아 병원을 방문하는 횟수가 많았지만 주로 싼 보험상품에 가입했기 때문에 회사가 정부로부터 받는 보험료는 적었습니다. 병원 응급실에 가서 간단한 수술을 받는 데 드는 비용이 10만 달러가 넘어가는 상황에서 오마바케어 가입자들은 민영 보험사에 적자를 안겨주는 골칫거리에 지나지 않았습니다.

민영 보험사들이 보험상품을 없애자 또다시 의료보험혜택을 받을 수 없는 사람이 생겨나기 시작했습니다. 그러나 자본주의 국가 미국에서는 연방정부가 민영 의료보험사에 보험 서비스를 제공하라고 강제할 수 있는 권한은 없기 때문에 정부는 이런 상황을 그냥 두고 볼 수밖에 없습니다. 이는 오바마가 당초 계획했던 정부 주도의 공공 의료보험제도를 만드는 데 실패했기 때문에 발생한 문제입니다.

미국을 제외한 대부분의 선진국에서는 의료 서비스를 국민들이 마땅히 누려야 할 권리로 생각하지만 미국은 돈벌이를 위한 하나의 산업으로 여겨 시장의 논리에 맡겨 둔 결과 예상치 못한 일이 계속 발생하고 있습니다. 경제학에서는 재화나 서비스를 시장에 맡겨 두면 가장 효율적으로 배분되어 모두에게 이익이 된다고 말하지만 의료 분야는 예외입니다. 의료 분야는 서비스의 공급자인 의사와 병원이 환자에 비해 압도적으로 우월한 지위에 있기 때문에 정부가 공정한 심판 역할을 통해 환자를 보호해 주어야 합니다. 대다수의 미국인이 자국의 의료시스템을 후진적이라고 한탄하지만 병원, 의사, 민영 의료보험사는 눈앞의 이익을 놓칠 수 없어 전 국민 의료보험제도 도입을 반대하고 있습니다.

들여다보기

★

사랑의 병원선

세계 최강의 군대를 보유하고 있는 미국은 전 세계 온갖 분쟁 지역에 군대를 파견한다. 미군은 세계에서 가장 막강한 화력을 보유하고 있지만 포탄이 빗발치는 전쟁터에서는 사상자가 생겨날 수밖에 없다. 그러나 전쟁터가 미국에서 멀리 떨어져 있을 경우 부상자를 아무리 빨리 후송하더라도 치료 기회를 놓치기 십상이다.

이에 미국 정부는 전투 중 다친 장병들을 신속하게 치료할 방법을 오래전부터 고심해 왔고, 그 일환으로 특수대학인 국방의과대학을 설립해 군의관을 육성하고 있다. 미국에서는 전쟁이 일어나더라도 미국 내 민간

바다 위를 떠다니는 미군 병원선

의사들을 강제로 동원할 수 없기 때문에 군인 신분의 군의관이 반드시 필요하다. 또한 군의관의 수준이 높아야 제대로 된 치료가 가능하기 때문에 국방의과대학에서는 최고 수준의 의학교육을 한다. 국방의과대학에서 무상으로 교육받은 군의관은 국가의 명령에 따라 세계 곳곳에서 전쟁터를 누비며 다친 장병들을 돌보고 있다.

미국은 전쟁터에서 다친 장병을 신속하게 치료하기 위해 초대형 병원선을 운영하고 있다. 병원선에는 CT나 MRI 등 대형 병원에서나 볼 수 있는 첨단 의료 장비가 완비되어 있다. 또한 동시에 수술을 진행할 수 있는 12개의 수술실과 1,000개가 넘는 병상을 갖추고 있으며 영안실도 마련되어 있다. 모든 장비가 완비된 수술실에서는 하루에도 수십 건의 수술을 할 수 있다.

출동 명령이 내려지면 군의관을 포함해 1,200명에 이르는 요원들이 작전 지역으로 출발한다. 병원선은 배수량이 7만 톤에 이르는 큰 배이지만 전투와는 무관하기 때문에 최소한의 방어용 병력만을 두고 있다. 제네바 협약에 따라 병원선을 공격하는 것은 국제법으로 금지되어 있기 때문에 굳이 전투 병력을 둘 필요가 없다. 또한 배 전체가 흰색 페인트로 칠해져 있고 가운데는 빨간색 적십자 표시가 새겨져 있기 때문에 멀리서도 병원선임을 쉽게 알아볼 수 있다.

병원선은 전쟁이 없는 기간에도 바쁘다. 미국 정부가 인도적인 목적을 위해 병원선을 적극적으로 활용하기 때문이다. 2001년 미국에서 9·11테러 사건이 발생했을 때 병원선은 뉴욕 맨해튼에 정박하면서 다친 사람들을 무상으로 치료해 주었다. 2005년에는 뉴올리언스가 허리케인 카트리나로 초토화되자 병원선이 출동해 1,500명의 환자를 치료했다. 병원선의 활동 범위는 미국에 국한되지 않고 도움의 손길이 필요한 곳이라면 어디

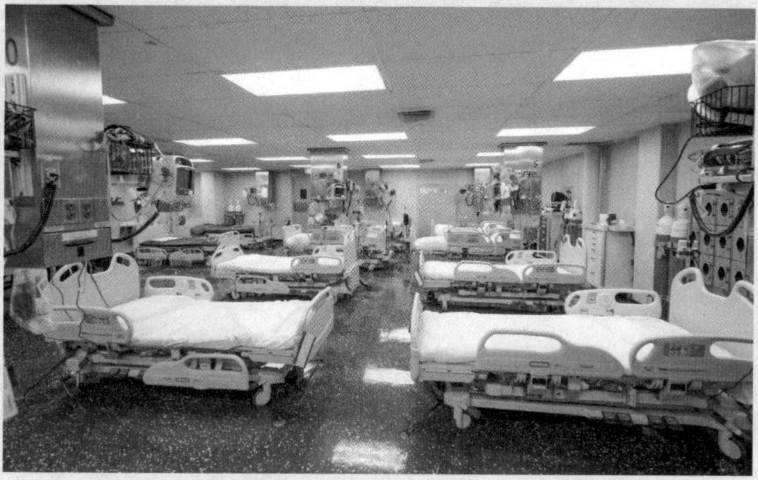

첨단 시설을 완비한 미군 병원선

든지 출동한다.

2010년 카리브해의 최빈국인 아이티에서 강력한 지진이 일어나 나라 전체가 쑥대밭이 되었다. 돈이 없어 대충 지은 건물들이 지진을 견디지 못해 그대로 주저앉는 바람에 수많은 사람이 죽거나 다쳤다. 병원마저도 지진으로 무너져 다친 사람들이 치료를 받을 수 없게 되자 병원선이 아이티로 출동해 수많은 환자를 돌봐 주었다. 병원선은 지금까지 병원에 갈 수 없는 20만 명이 넘는 가난한 나라의 환자를 치료해 주었는데 이는 미국의 이미지 개선에 큰 도움이 되었다. 다른 강대국도 병원선을 갖고 싶어 하지만 하루에 수십만 달러가 드는 막대한 운영비용 때문에 엄두를 내지 못하고 있다.

6장

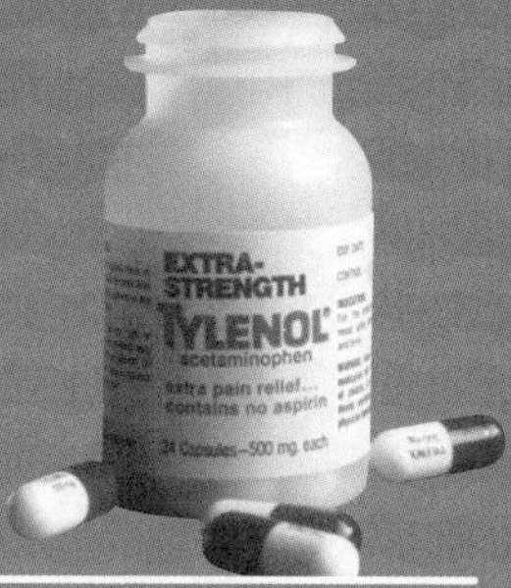

탄탄한 기초과학과 막대한 연구개발 자금의 합작

제약 산업

미국의 막강한 기초과학

사람은 누구나 병 없이 건강하게 오래도록 살기를 꿈꾸지만 그것은 희망에 지나지 않습니다. 인간은 대부분 온갖 질병으로 고통받다가 세상을 떠나기 때문입니다. 이러한 질병을 정복하기 위해 많은 노력을 기울인 결과 수많은 치료약이 개발되었습니다.

처음 인류는 주변에서 구할 수 있는 동·식물을 활용해 약을 만들었지만 19세기 이후 과학이 빠른 속도로 발전하면서 화학물질을 활용해서도 신약을 만들 수 있게 되었습니다. 신약을 만들기 위해서는 화학, 생물학, 의학 등 다양한 분야의 기초과학 지식이 필요합니다. 그래서 전 세계 200여 개국에 이르는 나라 중 기초과학이 고도로 발달한 미국, 스위스, 영국, 프랑스, 독일, 일본 등 소수 선진국만이 신약 개발을 주도하고 있습니다.

기초과학 분야에서 미국은 지구상의 어떤 나라도 따라갈 수 없을 만큼 막강합니다. 1990년 이후 노벨과학상 분야의 수상자만 보아도 금방 알 수 있습니다. 노벨과학상 수상자의 70% 이상이 미국인입니다. 한 나라가 이처럼 독보적으로 앞선 과학기술을 가진 사례는 없었

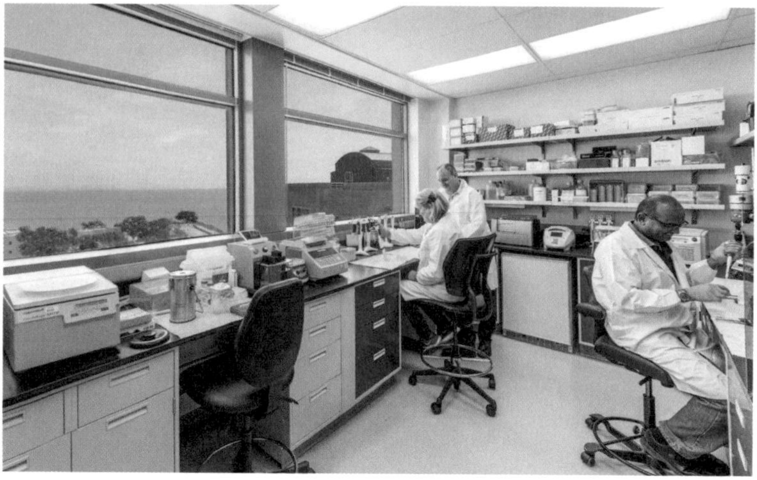
소수의 선진국이 주도하는 신약 개발

으며 앞으로도 미국을 앞지르는 나라가 등장하기는 결코 쉽지 않을 것입니다. 미국의 제약업체는 탄탄한 기초과학과 막대한 연구개발 자금을 기반으로 유럽 국가들과 함께 전 세계 제약 산업을 양분하고 있습니다.

미국 국립보건원

신약을 만드는 과정은 복잡하고 시간도 많이 듭니다. 병을 치료하려면 우선 병에 대해 속속들이 알아야 합니다. 어떤 원인으로 발병하며 병이 어떻게 진행되는지를 오랜 기간 관찰해야 합니다. 병을 일으키는 세포나 균에 대해서도 분자 단위까지 철저하게 연구하고 분석해야 합니다. 이처럼 병의 완치에 이르는 단계 중에서 가장 불확실하고 시간과 비용이 많이 드는 기초적인 연구는 대부분 미국의 대학이나 국립연구소에서 합니다. 특히 미국 국립보건원NIH은 미국을 넘어 세계를 무대로 질병 퇴치를 위해 큰 공헌을 하고 있습니다.

1887년에 설립된 미국 국립보건원은 보건복지부 산하의 질병 연구기관입니다. 1년 예산이 300억 달러가 넘고 직원이 2만 명이나 되는 세계에서 가장 규모가 큰 연구기관입니다. 연구 성과도 뛰어나 100명이 넘는 노벨상 수상자가 국립보건원과 인연이 있는 사람들입니다. 눈앞의 이익보다는 인류의 건강 증진에 이바지한다는 국립보건원의 이념이 가장 잘 드러난 업적이 바로 인간게놈 프로젝트human

질병 퇴치에 앞장서는 미국 국립보건원

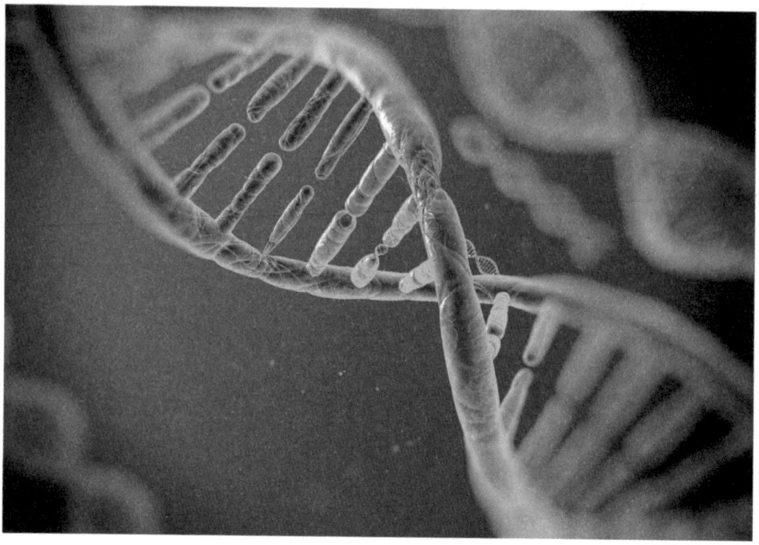
인간 유전자 해독을 위한 인간게놈 프로젝트

genome project*입니다.

1990년 국립보건원은 영국, 프랑스, 일본 등 여러 나라와 함께 15년 계획으로 인간의 유전자 정보를 알아내는 '인간게놈 프로젝트'를 야심차게 추진하면서 세계인의 주목을 받았습니다. 게놈genome은 유전자gene와 염색체chromosome의 합성어로서 유전체라고 합니다. 국립보건원은 인간 유전체에 관한 완벽한 정보를 갖게 될 경우 질병 치료에 획기적인 기반을 마련할 수 있을 것으로 판단해 막대한 연구비용이 들어가는 인간게놈 프로젝트를 추진했습니다.

2003년 과학자들의 부단한 노력으로 예상 기간보다 2년 앞당겨 인

* 인간 DNA의 전체 염기 배열을 완전히 해독할 목적으로 각종 정부기관, 민간 연구기관이 참여한 국제적인 연구 프로젝트.

간 유전자에 관한 모든 정보를 얻을 수 있었습니다. 인간게놈 프로젝트를 통해 몸속의 모든 유전자의 역할을 알게 되자 특정 유전자가 어느 질병에 영향을 미치는지도 밝혀낼 수 있게 되었습니다. 또한 질병을 일으키는 유전자를 교체하거나 활동을 억제하는 방법을 찾는다면 각종 유전성 질환으로부터 해방되는 길도 열리게 될 것입니다.

미국 국립보건원이 이룬 업적은 이뿐만이 아니었습니다. 그동안 국립보건원은 신약 개발의 총지휘자 역할을 훌륭히 수행해 왔습니다. 전 세계에서 큰 성공을 거둔 미국 신약의 60% 이상이 이곳에서 나왔습니다.

대표적인 것이 역사상 가장 많이 팔린 항암제 중 하나인 택솔Taxol 입니다. 택솔은 난소암과 유방암 같은 여성암에 탁월한 효과가 있어 수많은 여성을 죽음으로부터 구한 항암제입니다. 택솔을 연구개발한 곳은 미국 국립보건원 산하 국립암센터입니다.

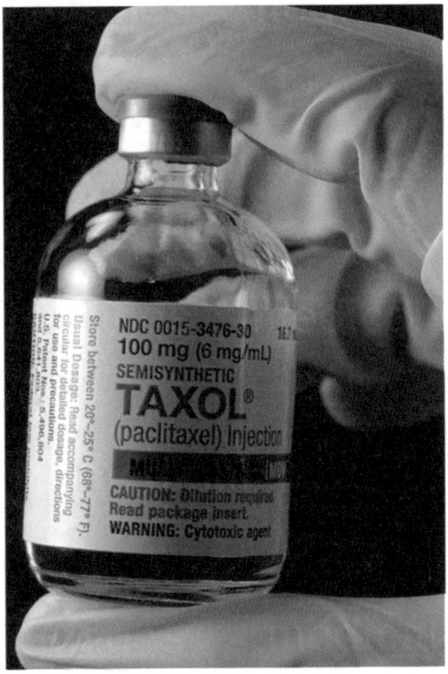

탁월한 효능을 보인 항암제 택솔

미국 국립암센터는 1960년부터 30년이 넘는 기간 동안 2억 달러 이상의 세금을 투입한 끝에 주목나무 껍질에서 강력한 항암물질을 분리해 냈습니다. 이 신물질은 1992년 까다롭기로 유명한 미국 식품의약국Food and Drug Administration, FDA의 안전성 테스트를 통과하면서 제약업계의 이목을 끌었습니다. 그러나 이 물질을 상업화하는 데는 커다란 걸림돌이 하나 있었습니다.

항암제 신약을 대량으로 생산하려면 미국의 주목나무를 모두 베어도 부족할 정도로 엄청난 양의 주목나무 껍질이 필요하다는 문제에 봉착했던 것입니다. 다행히 플로리다 주립대학 연구원들이 신물질의 인공합성법을 개발해 냈고 이로써 신약을 무한정 생산할 수 있게 되었습니다. 이처럼 국립보건원은 질병 퇴치 분야에서 전 세계 어느 제약 기업보다 더 많은 공헌을 하고 있습니다.

폭리를 취하는 제약 기업

국립보건원은 이윤을 추구하는 기업이 아니기 때문에 이곳에서 개발한 신약은 미국 제약업체에 적은 돈을 받고 넘겨줍니다. 택솔에 관한 모든 지식재산권과 독점판매권 역시 헐값에 판매되었는데, 이를 BMSBristol-Myers Squibb라는 제약 기업이 차지해 많은 논란을 불러일으켰습니다.

BMS는 택솔 하나만으로도 매년 큰돈을 벌어들이면서 세계적인 제약 기업으로 발돋움했습니다. 국민의 세금으로 연구해서 개발한 신약으로 특정 기업이 큰 이익을 차지한다는 것은 상식에 어긋나지만 미국에서는 흔한 일입니다.

제약 기업은 매년 막대한 돈을 정치인에게 제공하면서 자사에 유리한 여건을 조성합니다. 대부분의 선진국에서는 정치인 대상의 금품을 동원한 로비활동이 불법이지만 미국에서는 합법입니다. 실제로 미국의 제약 기업은 전직 국회의원과 장관을 로비스트로 고용해 로비활동을 합니다. 다만 기업들이 제공하는 정치 후원금은 의원들이 자발적으로 당국에 신고해야 하고 개인적으로 유용할 수는 없습니다. 자금력이 막강한 제약 기업의 집요한 로비 때문에 미국 정치인은 종종 국민의 이익보다는 제약 회사의 이익에 앞장서는 법안을 만들어 내곤 합니다.

이렇게 제약 기업이 정치권을 상대로 돈잔치를 벌인 결과 미국은 선진국 중에서 유일하게 제약 회사가 약값을 자유롭게 정하는 나라가 되었습니다. 대부분의 선진국에서는 제약 회사가 지나치게 폭리를 취하지 못하도록 가격을 규제하지만 제약업체의 입김이 센 미국에서는 제약 회사가 환자의 급박한 처지를 이용해 최대한의 폭리를 취하곤 합니다.

이에 값비싼 약값을 감당할 수 없는 미국인들 중에는 이웃 나라 캐나다로 약을 사러 가는 일도 생겨났습니다. 복지국가를 추구하는 캐나다는 정부가 약값을 엄격히 통제해 미국 약값의 절반 정도밖에 되지 않기 때문입니다. 특히 비싼 약을 장기 복용해야 하는 미국인 환자는 주기적으로 차를 몰고 국경을 넘어 캐나다에서 필요한 약을 구매했습니다. 캐나다의 약국도 미국인 환자에게 바가지를 씌우지 않고 자국 환자와 비슷한 가격으로 약을 판매했습니다. 캐나다의 약값

미국보다 의약품값이 저렴한 캐나다 약국

이 싸다는 것이 입소문을 타고 퍼지자 미국인 환자들은 인터넷을 통해서도 캐나다의 약을 주문하기 시작했습니다.

그러자 미국의 제약 회사가 정부와 국회를 상대로 로비에 들어갔습니다. 제약 기업은 미국에서 약값을 많이 받아야 그 돈으로 지속적인 신약 연구개발을 할 수 있고 미국의 제약 산업이 다른 나라에 뒤처지지 않는다는 논리를 내세웠습니다. 결국 미국 의회는 개인 의약품 수입을 모두 금지했습니다.

또한 제약 기업은 캐나다의 약국을 향해 미국으로 약을 보내면 모든 약의 공급을 중단하겠다고 으름장을 놓으면서 미국에 약을 판매하지 못하도록 했습니다. 이처럼 미국 정부가 제약 산업을 아무런 규제 없이 풀어 둔 까닭에 미국인은 세계에서 가장 많은 약 광고에 노출되어 있는 동시에 가장 비싸게 약을 사 먹는 처지가 되었습니다.

존슨앤드존슨의 윤리경영

1886년 뉴저지주에서 설립된 제약 회사 존슨앤드존슨Johnson & Johnson은 수술에 쓰이는 붕대를 제조해 큰 성공을 거두었습니다. 이후 회사는 다양한 의약품을 개발하면서 성장을 거듭해 세계적인 제약 기업으로 발돋움했습니다. 존슨앤드존슨은 창업 때부터 여느 제약업체와 달리 기업의 이익보다는 환자의 생명을 소중히 여기는 것을 회사의 이념으로 삼았습니다.

1943년 존슨앤드존슨은 '우리의 신조Our Credo'라는 헌장을 공식 채택하고 윤리적인 기업이 되기로 다짐했습니다. 요즘에는 대중매체를 통해 '기업의 사회적 책임 · 윤리경영'이라는 말을 쉽게 접할 수 있지만 당시만 해도 기업의 목적은 거의 무조건 이윤추구였습니다. 존슨앤드존슨의 최대 히트 상품은 안전하고 효능이 뛰어난 진통제로 정평이 난 타이레놀Tylenol이었습니다. 타이레놀은 미국 시장에서 35% 이상의 시장점유율을 차지하며 미국인들에게 진통제의 대명사로 인식되었습니다.

그런데 1982년 9월 미국 시카고 교외의 한 마을에서 감기 증세를 보이던 12세 소녀가 타이레놀

존슨앤드존슨 로고

존슨앤드존슨 CEO
제임스 버크

을 먹은 후 통증을 호소하며 사망하는 사건이 일어나 미국 사회를 발칵 뒤집어 놓았습니다. 이후로도 타이레놀을 먹고 죽는 사람이 계속 발생해 사망자는 7명으로 늘어났습니다. 지구상에 존재하는 진통제 중 가장 안전하다고 평가받던 타이레놀을 먹고 사망하는 사람이 속출하자 당시 존슨앤드존슨의 최고경영자였던 제임스 버크James Burke는 긴급 대책위원회를 구성하고 본인을 포함한 최고 임원들 전부를 대책위원회에 포함시켜 사태 수습에 나섰습니다.

버크는 사태 수습에 나서면서 "투명성이 최선이다."라는 원칙을 세웠습니다. 회사가 한 점 의혹도 남김없이 모든 것을 세상에 공개해야 잃어버린 신뢰를 회복할 수 있다는 것이 그의 신념이었습니다. 그는 언론을 통해 타이레놀의 위험성을 적극적으로 알리며 약국, 병원, 편의점 등 타이레놀을 판매하는 미국 전역에 직원을 보내 제품을 회수했습니다.

존슨앤드존슨이 무려 1억 달러어치가 넘는 타이레놀을 회수해 폐기 처분하려고 하자, 미국 정부는 과잉조치라는 반응을 보이며 반대했습니다. 하지만 버크는 "소비자의 안전에 비하면 회사의 이익은 아무것도 아닙니다."라고 말하며 회사의 방침을 밀어붙였습니다. 또한 경찰과도 긴밀한 협조 관계를 맺고 추가 피해자가 나오지 않도록 조치를 취했습니다. 시카고 경찰은 순찰차에 설치된 스피커를 이용해 골목을 빠짐없이 돌며 타이레놀을 먹지 말 것을 권고했습니다. 회사, 경찰, 언론이 합심한 결과 추가 피해자는 더 나오지 않았습니다. 경찰 수사 결과 누군가가 타이레놀 캡슐에 독극물인 청산가리를 넣은 사실이 밝혀졌습니다. 경찰은 범인을 잡기 위해 최선을 다했지만 범인도 범행의 동기도 알아낼 수 없었습니다.

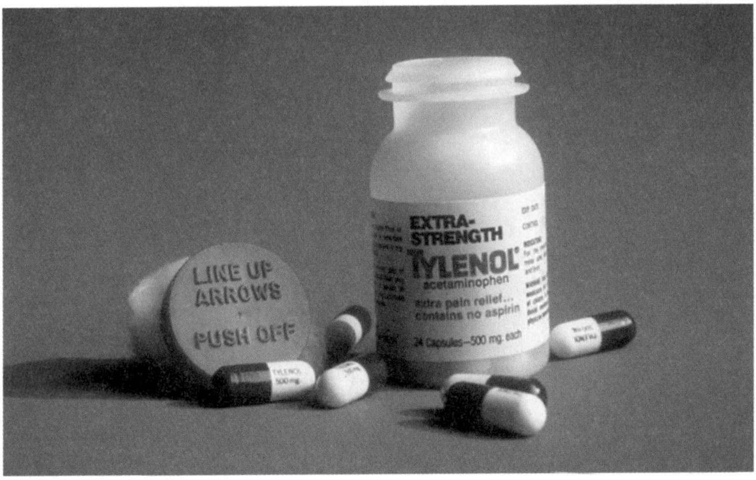

문제를 일으킨 캡슐형 타이레놀

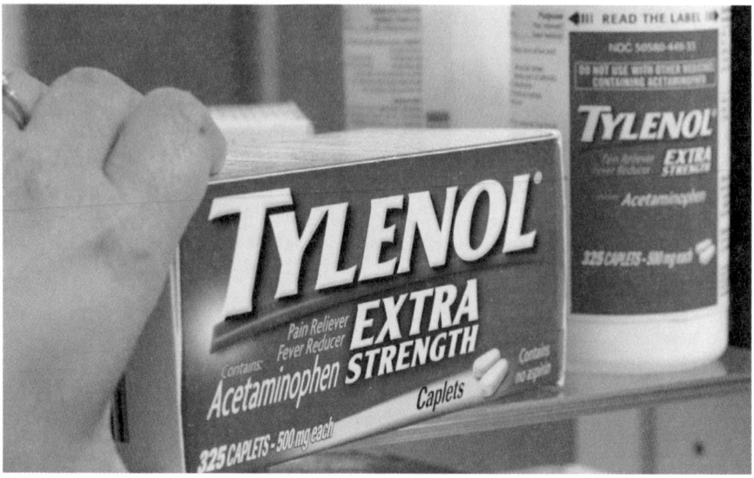

알약형으로 바뀐 타이레놀

이후 버크는 공장 가동을 중단하고 기존 캡슐형 타이레놀 대신 알약형 타이레놀을 개발했습니다. 캡슐형 타이레놀은 독극물을 넣을 수 있는 여지가 있지만 딱딱한 알약 속에는 이물질을 넣을 수 없기 때문입니다. 또한 누군가가 손을 대면 흔적이 남도록 겉포장도 바꿨습니다. 이 같은 안전조치는 제품의 원가 상승을 불러와 회사의 수익을 감소시켰지만 버크는 수익을 포기하고 소비자의 안전을 먼저 생각했습니다.

회사가 모든 것을 투명하고 단호하게 처리하자 소비자의 마음이 돌아서기 시작했습니다. 사실 존슨앤드존슨 역시 피해자였지만 회사는 모든 사태에 대해 책임지는 자세를 보였고, 바로 이 점이 국민의 마음을 움직이게 했습니다. 알약형 타이레놀이 나오고 회사가 제조 과정을 공개하자 미국인들은 다시 타이레놀을 찾았고 존슨앤드존슨은 예전의 시장점유율을 회복했습니다.

타이레놀 사건 이후에도 버크는 “사람의 생명에 영향을 미칠 수 있는 제약업체는 항상 소비자의 안전을 최우선시해야 한다.”라고 말하며 기업의 올바른 자세를 강조했습니다. 버크는 2002년 세상을 떠났지만 오늘날에도 존경받는 경영자의 명단에 항상 이름을 올리며 미국 국민의 존경을 받고 있습니다.

중국에서 생긴 일

1970년대까지만 해도 중국은 가난한 나라 중 하나였습니다. 농지에 비해 인구가 너무 많아서 매년 수많은 사람이 굶어 죽었습니다. 매년 반복되는 경제 위기를 타개하기 위해 중국 지도자 덩샤오핑은 경제개방이라는 최후의 카드를 선택했습니다. 거대한 인구의 나라 중국이 문을 열자 미국을 중심으로 한 유럽의 다국적 제약 기업이 발빠르게 진입해 들어갔습니다. 이들은 중국 곳곳에 매혈소를 세우고 중국인의 피를 수집했습니다.

그동안 제약 기업은 혈액을 이용해 알부민, 간염 백신 등 고가의 약제를 만들어 큰돈을 벌었습니다. 그러나 혈액을 이용한 약제에 대한 수요는 큰 폭으로 증가하는 데 반해 원재료인 혈액 공급은 늘어나지 않았습니다. 이 문제를 해결하기 위해 제약 기업은 피를 인공적으로 만들려고 했으나 성공하지 못했습니다.

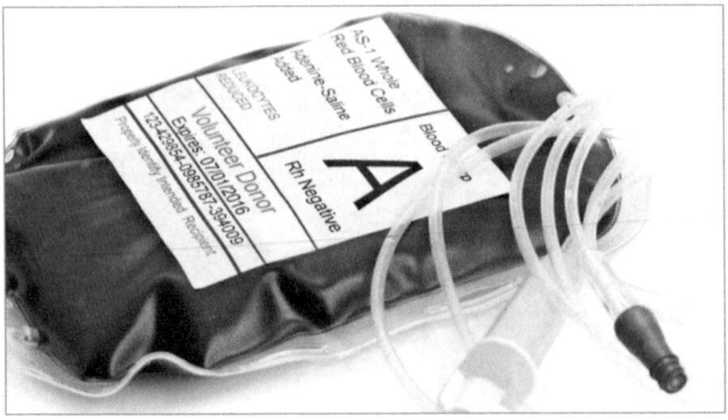

특정한 약을 만드는 데 필수적인 혈액

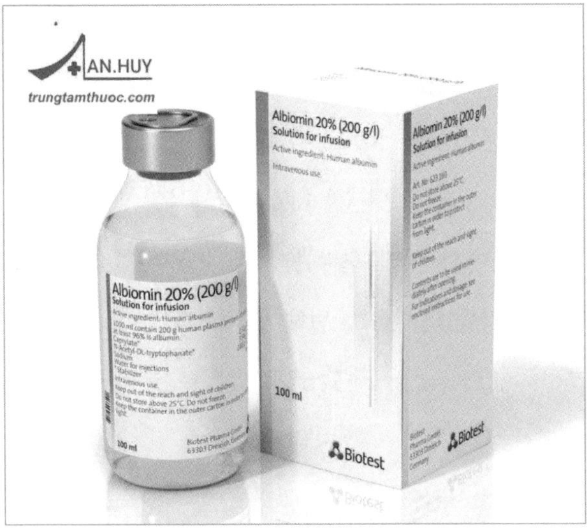

인간의 혈액으로 만든 알부민

다국적 제약 기업은 혈액 부족 문제를 해결하기 위해 중국인의 피를 사들이기 시작했습니다. 중국인은 돈을 벌기 위해 혈액 400밀리리터를 4만 원 정도에 팔았습니다. 당시 중국인의 월 소득은 6만 원 가량으로, 4만 원은 한 달 소득의 60%가 넘는 큰돈이었습니다. 특히 중국에서 가장 가난한 허난성 지역 농민들이 매혈에 가장 적극적이었습니다. 계속되는 흉작으로 인해 매혈이 거의 유일한 생계수단이 되었기 때문입니다.

매혈소는 새벽 3시부터 피를 팔려는 사람으로 인산인해를 이루었습니다. 작은 마을에도 다국적 제약 기업이 만든 매혈소가 여러 군데 있을 정도로 주민들은 혈액을 파는 데 열성적이었습니다. 그러나 중국 정부나 다국적 제약 기업 모두 피를 파는 농민의 건강은 신경 쓰지 않았습니다. 급기야 제약 기업은 비용을 아끼기 위해 주사기 하나로 500명의 피를 채혈하기도 했습니다.

다국적 제약 기업은 중국인의 수혈을 유도하기 위해 성분채혈 방식을 도입했습니다. 성분채혈은 채혈한 피에서 약을 만들 때 꼭 필요한 혈장만을 채취하고 나머지 성분은 다시 매혈자의 몸속에 수혈하는 방식입니다. 혈장을 제외한 혈액이 몸으로 되돌아오기 때문에 매혈자는 자주 매혈을 할 수 있었습니다. 열성 매혈자의 경우에는 주말을 제외한 주 5일 동안 하루도 거르지 않고 매혈을 할 정도였습니다.

다국적 제약 기업은 전혈채혈*보다 성분채혈이 건강에 좋으며 피를 많이 뽑으면 고혈압에 걸리지 않는다고 선전했습니다. 이에 매혈로 생계를 꾸리는 사람도 생겨났습니다. 도로는 피를 팔러 가는 농민으로 혼잡해졌고, 그중 90%는 젊은이였습니다.

하지만 이러한 매혈은 끔찍한 부작용을 일으켰습니다. 바로 에이즈가 창궐했던 것입니다. 매혈한 자신의 피를 혈장성분 추출 뒤에 곧바로 돌려받았다면 큰 문제가 없었겠지만 다국적 제약 기업은 사람

* 채혈된 피를 다시 인체로 주입하지 않는 방식.

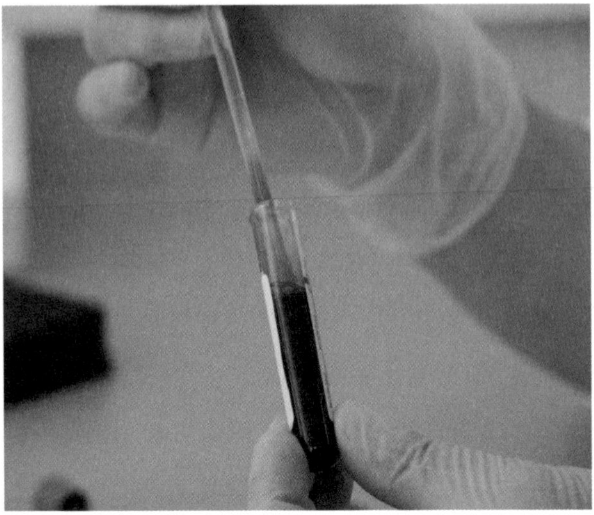

중국에
에이즈를 유발한
오염된 혈액

마다 혈장성분을 추출하는 불편을 덜기 위해 같은 혈액형 피를 큰 통에 모아 성분 채집기로 혈장성분만 분리한 다음 수백 명의 피가 섞인 상태에서 매혈자에게 피를 다시 주입해 넣었습니다.

이때 에이즈 환자의 피가 혈액을 모아 두는 통에 섞이게 되었고 에이즈에 감염된 피를 마을 사람 모두가 나눠서 수혈받았습니다. 결국 한 명의 에이즈 환자 때문에 수많은 사람이 에이즈에 감염되는 재앙이 닥치고 말았습니다. 허난성의 후양촌 마을에서는 주민 4,000명 중 무려 3,200명이 에이즈에 감염되어 사망했습니다. 허난성에서만 수십만 명의 에이즈 환자가 발생했고, 주민의 80%가 에이즈에 감염된 이른바 에이즈 마을이 40개가 넘었습니다.

에이즈 환자가 폭발적으로 늘어나자 중국 정부는 1995년 매혈을 금지했습니다. 그 전까지 다국적 제약 기업은 중국에서 매혈로 벌어들인 막대한 수익 중 일부를 중국 정부에 세금으로 납부했습니다. 세금 수입이 너무나 커서 중국 정부도 이를 포기하기가 쉽지 않은 상황이었습니다. 중국의 이런 약점을 잘 아는 다국적 제약 기업은 담당 공무원에게 뇌물을 주고 계속 혈액을 수집했지만 에이즈 문제가 불거지자 중국에서 철수해야 했습니다.

지식재산권과 생명권

1985년 미국 오리건 보건과학대학교 브라이언 드러커Brian Druker 교수와 스위스의 다국적 제약 회사인 노바티스Novartis는 만성 백혈병 치료제를 개발하기 위해 공동 연구팀을 구성했습니다. 백혈병이란 혈액 속에 있는 백혈구에 발생하는 암으로서, 미성숙한 백혈구가 이상 증식하며 생명 유지에 꼭 필요한 정상적인 백혈구와 적혈구의 생성을 억제해 문제를 일으키는 질병입니다. 정상적인 백혈구 수가 감소하면 면역저하를 일으켜 세균감염에 의한 패혈증이 일어날 수 있고, 적혈구의 감소는 어지러움과 호흡곤란을 가져와 결국에는 죽음에 이르게 되는 무서운 질병입

백혈병 치료에 새로운 방향을 제시한 브라이언 드러커 교수

니다.

노바티스가 미국의 드러커 교수와 함께 연구팀을 만들어 백혈병 치료제 개발에 나설 때만 해도 백혈병은 치료제가 없는 불치병이었습니다. 기존 항암제는 암세포뿐 아니라 정상적인 세포도 함께 죽이기 때문에 독약이나 다름없었습니다. 항암치료를 받는 백혈병 환자들은 구토와 호흡곤란 등 매우 고통스러운 부작용에 시달려야 했습니다.

연구팀은 유전자가 포함된 염색체에 문제가 생겨 백혈병이 발생한다는 사실을 확인할 수 있었습니다. 즉, 알 수 없는 이유로 몸 안에 만들어진 기형 염색체가 백혈병을 일으키는 단백질을 생성시켜 병이 발생한다는 사실을 알아낸 것입니다. 연구팀은 문제를 일으키는 단백질에 열쇠 구멍 같은 작은 구멍이 있고 특정한 세포가 단백질 구멍에 들어오면 본격적으로 암세포가 만들어진다는 사실도 알아냈습니다.

연구팀은 기형 염색체가 만들어 내는 단백질의 구멍에 특정 물질을 집어넣어 차단하면 암세포의 증식을 막을 수 있다는 가설 하에 특정 물질을 찾아 나섰습니다. 아마존 오지의 식물 추출액, 태평양 바다의 해삼, 안데스산맥의 약초 등 지구상에 존재하는 대부분의 물질을 대상으로 실험을 진행했지만 연구팀은 좀처럼 해결책을 찾지 못했습니다. 백혈병을 일으키는 단백질과 비슷한 구멍을 가진 정상적인 단백질의 종류가 500여 개나 되었기 때문입니다.

만약 신약이 정상적인 단백질의 구멍까지 막으면 백혈병 환자가 극심한 부작용에 시달릴 것이 뻔했기 때문에 연구는 난항을 거듭했습니다. 백혈병에 관한 연구가 진행될수록 모양이 비슷한 단백질 간에도 미세한 차이가 있다는 사실을 알게 되었습니다. 연구진은 피나는 노력 끝에 백혈병 유발 단백질의 구멍만을 막아 줄 물질을 찾아냈습니다.

그리하여 연구를 시작한 지 15년 만에 백혈병 치료제 글리벡Gleevec이 완성되었고 환자를 대상으로 한 임상실험 결과 기적 같은 일이 벌어졌습니다. 죽음을 얼마 남겨 두지 않았던 말기 백혈병 환자들의 증세가 급속도로 호전되면서 하루가 다르게 건강이 좋아졌습니다. 더구나 글리벡은 암세포만을 가려서 공격하기 때문에 다른 정상세포를 파괴하지 않아 항암제로 인한 부작용도 거의 발생하지 않았습니다. 글리벡을 복용한 환자들이 건강을 회복하면서 드디어 인간이 백혈병을 정복하는 쾌거가 이루어졌습니다.

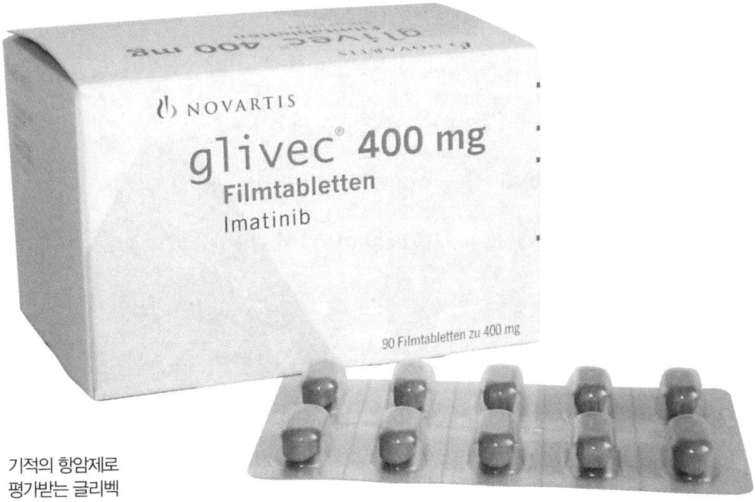

기적의 항암제로
평가받는 글리벡

2001년 4월 한국 정부는 노바티스와 협의해 당시 미국에서 한창 임상실험 중이던 글리벡을 들여왔습니다. 이는 생명이 위독한 환자들을 위한 특별한 조치였습니다. 글리벡은 한국 환자들에게도 놀라운 효능을 보였습니다. 다 죽어 가던 환자가 글리벡을 복용한 후 건강을 되찾는 기적이 계속 일어났습니다. 이제 글리벡만 꾸준히 복용하면 백혈병을 충분히 다스릴 수 있는 새로운 시대가 열린 셈이었습니다. 하지만 전 세계 수많은 백혈병 환자의 행복은 오래가지 않았습니다. 글리벡의 약값이 지나치게 비쌌기 때문입니다.

노바티스는 신약의 특허 유효기간인 20년 내에 투자비를 회수하고 충분한 이익을 거두어들이기 위해 약값을 일부러 비싸게 책정했습니다. 일례로 한국의 경우 글리벡의 한 달 약값은 300만 원 정도로 소수의 부유한 사람을 제외하고는 쉽게 감당할 수 있을 만한 수준이 아니었습니다. 이에 한국을 비롯한 전 세계에서 글리벡의 가격을 인하하라는 요구가 거세가 몰아치기 시작했습니다. 각국 정부와 시민단체는 한 정당 몇 백 원에 불과한 제조원가에 비해 2~3만 원으로 책정한 약값은 지나치게 비싸다고 주장했습니다.

노바티스는 글리벡이 비싼 이유가 신약을 개발하기 위해 쏟아부은 열정과 10억 달러 이상의 개발비용이 포함되었기 때문이라고 주장하면서 고가정책을 계속 유지할 것임을 내비쳤습니다. 또한 "만약 제약 회사가 신약을 통해 충분한 수익을 거두어들이지 못한다면 또 다른 신약을 개발할 여력이 사라지기 때문에 결국에는 전 인류에게 손해입니다."라고 말하며 약값 인하가 장기적인 관점에서 손해라고 역설했습니다. 당시까지만 해도 골수이식* 외에는 만성 백혈병에 대한 마땅한 치료법이 없었기 때문에 골수이식을 받지 못하는 환자에게 글리벡을 확보하지 못한다는 것은 곧 죽음을 의미했습니다.

노바티스의 주장이 전적으로 틀린 말은 아니지만 제약 회사가 신약으로 너무 많은 이윤을 챙기는 데 문제의 심각성이 있습니다. 글리벡이 한국에 수입되었을 때 보건당국은 글리벡의 가격을 적정선에서 유지하기 위해 노바티스에 협조를 요청했지만 거절당했습니다. 한국의 경우 약값의 70%가량을 정부에서 부담하기 때문에 글리벡 가격이 비쌀수록 정부의 부담이 클 수밖에 없습니다.

노바티스는 한국 정부와의 가격 협상이 난항에 부딪히고 백혈병 환자들과 시민단체의 항의가 빗발치자 "한국 정부와의 가격 협상이 마무리될 때까지 백혈병 환자에게 글리벡을 무상으로 공급한다."는 특단의 대응책을 내놓았습니다. 그런데 이는 노바티스의 계산된 행동이었습니다. 만성 백혈병 환자는 글리벡을 복용하는 기간에는 정상적인 생활을 할 수 있지만 복용을 중단하는 순간부터 다시 극심한 고통에 시달리게 됩니다. 즉, 정상적인 생활을 하려면 죽을 때까지 글리벡을 먹어야 하는 셈입니다.

노바티스가 특단의 대응책으로 무상 제공한 글리벡을 복용한 환자들은 그동안의 고통에서 벗어나 건강을 되찾았습니다. 그러나 글리벡의 공급이 중단될 경우 다시 예전의 극심한 고통을 겪어야 한다

---

* 환자의 골수에 건강한 사람의 골수세포를 이식하는 것.

는 사실을 너무나 잘 알고 있었던 환자들은 정부를 압박하기 시작했습니다. 결국 한국 정부는 당초 예상했던 가격보다 비싼 한 정당 2만 5,000원으로 노바티스와의 협상을 마무리지을 수밖에 없었습니다. 통상 백혈병 환자는 하루에 최소 4알의 글리벡을 복용해야 하기 때문에 하루 약값만 10만 원에 달하는 큰 부담을 져야 했습니다. 정부에서 약값의 70%가량을 지원해 주기 때문에 환자의 부담은 한 달에 100만 원 정도이지만 이 역시 서민들로서는 감당하기 힘든 액수였습니다.

노바티스는 글리벡을 시판한 지 2년 만에 개발비용을 모두 회수하고 해마다 막대한 수익을 올렸지만 약값을 조금밖에 내리지 않았습니다. 한국 정부뿐 아니라 세계 각국에서 약값 인하를 줄기차게 요구했지만 만성 백혈병의 유일한 치료제를 개발한 노바티스의 고가정책에는 변함이 없었습니다.

2008년 미국의 제약회사 BMS가 스프라이셀Sprycel이라는 글리벡을 뛰어넘는 백혈병 치료제를 개발하면서 그동안 글리벡으로 막대한 수익을 올리던 노바티스에 위기가 찾아왔습니다. 노바티스는 스프라이셀의 거센 도전을 차단하기 위해 백혈병 환자가 글리벡을 구입할 때 지불하는 본인부담금을 대신 내주는 방법을 동원했습니다. 일반적으로 환자나 의사는 증세가 크게 나빠지지 않고서는 복용하던 약을 다른 약으로 바꾸지 않습니다. 더구나 본인부담금이 사라지다 보니 마치 공짜처럼 느껴진 글리벡은 계속 인기를 구가했습니다.

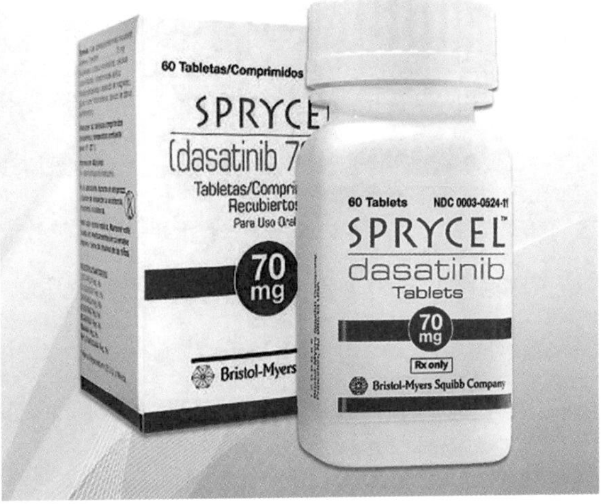

글리벡의 효능을 뛰어넘는 스프라이셀

그나마 한국의 경우는 공공 의료보험제도가 잘 짜여 있어 백혈병 환자가 일정액의 본인부담금만 내면 글리벡 같은 신약을 구입할 수 있지만 가난한 개발도상국으로 가면 이야기가 달라집니다. 가난한 나라는 정부 주도로 국민의 건강을 책임지는 공공 의료보험제도가 없어 각자 알아서 건강을 책임져야 합니다. 이로 인해 가난한 나라의 국민 상당수는 약을 구하지 못해 죽어 갑니다.

이때마다 가난한 나라의 환자들은 돈보다 인간의 생명이 중요하다고 외치며 부유한 선진국의 제약업체에 신약 가격을 내려 달라고 요구하지만 현실은 좀처럼 바뀌지 않습니다. 신약에 관한 독점적인 권리가 지식재산권법에 의해 20년 동안 보장되는 터라 제약 기업은 그 기간 안에 폭리를 취해 회사의 이익을 극대화하려 들기 때문입니다.

강제실시권과 제약 기업의 횡포

남아공남아프리카공화국은 월드컵을 개최할 만큼 아프리카에서는 가장 잘사는 나라입니다. 그뿐만 아니라 아프리카 유일의 공업국으로서 자체적으로 많은 제품을 만들 수 있는 강대국입니다. 남아공이 강대국이 된 데는 이유가 있었습니다. 수백 년 전 유럽인이 아프리카를 식민지화할 때 남아공은 아프리카의 다른 국가와 달리 기후가 무덥지 않았습니다. 오히려 유럽보다 기후가 더 쾌적하고 세상에서 가장 멋진 파란 하늘을 가진 나라였습니다. 더구나 다이아몬드와 금이 세계에서 가장 많이 묻혀 있어 유럽에서 이주한 백인들은 대대로 남아공에 정착했습니다.

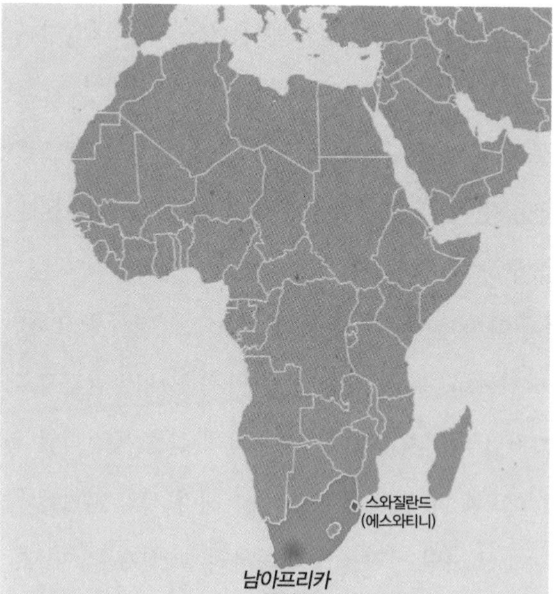

아프리카 최남단에 위치한
남아프리카공화국

남아공의 인구 구성은 네덜란드와 영국에서 건너온 백인이 10% 정도를 차지하고 나머지는 흑인입니다. 흑인은 여느 아프리카 흑인과 마찬가지로 가난하게 살지만 소수의 백인은 유럽의 문명을 뛰어넘는 생활을 누리며 살고 있습니다.

1990년대에 접어들어 양극화가 극심한 남아공에 에이즈가 급속도로 퍼졌습니다. 미국과 유럽의 다국적 제약 기업은 에이즈 치료제를 만들어 시장에 내놓았지만 가격이 너무 비싼 탓에 가난한 사람들에게는 그림의 떡이었습니다.

남아공에서 에이즈에 감염된 사람은 주로 흑인들로 대부분 에이즈 치료제를 구입할 만한 경제적 여력이 없었습니다. 에이즈 치료제가 뻔히 개발되어 있는데도 불구하고 국민이 죽어 나가자 노벨평화상 수상자 출신이자 남아공 최초의 흑인 대통령 넬슨 만델라Nelson Mandela는 특단의 조치로 '의약특허의 강제실시권'을 발동했습니다.

남아프리카공화국의 넬슨 만델라 대통령

의약특허의 강제실시권이란 한 나라에 국민의 건강을 위협하는 위급한 상황이 발생했을 때, 정부가 지식재산권자인 다국적 제약 기업의 허락 없이 강제로 특허를 사용할 수 있도록 하는 것을 말합니다. 즉, 자국의 제약 기업이 다국적 제약 기업의 허락 없이 특허를 이용해 약품을 생산하고 환자에게 공급한 후 적정한 특허료를 후불제로 다국적 제약 기업에 주는 방식을 말합니다.

넬슨 만델라 대통령이 강제실시권을 발동하자 미국과 유럽의 다국적 제약 기업은 강하게 반발했습니다. 특히 미국의 제약 기업은 빌 클린턴 대통령에게 집중 로비를 벌여서 미국 정부가 남아공에 경제 보복 조치를 하도록 했습니다. 제약 기업의 압력에 굴복한 빌 클린턴 대통령은 남아공에 경제제재를 가하며 남아공 정부와 국민을 옥죄었습니다.

이로 인해 빌 클린턴은 생각지도 못한 역풍을 맞았습니다. 의식 있는 미국인들의 대중적 분노가 폭발했기 때문입니다. 결국 클린턴은 국민의 요구를 받아들여 남아공의 강제실시권 행사를 못 본 척했습니다. 그 결과 연간 1만 달러가 넘던 에이즈 치료제 가격은 수백 달러 수준으로 내려갔고 남아공은 에이즈 공포로부터 어느 정도 벗어날 수 있었습니다. 하지만 주변국들은 강제실시권을 발동하고 싶어도 남아공과 달리 약을 만들 수 있는 공장이 없었습니다. 특히 남아공과 국경을 맞대고 있는 스와질란드의 상황이 가장 처참했습니다.

스와질란드에스와티니는 에이즈 최대 감염 국가로, 15세에서 49세 사이의 노동가능 인구 중 무려 26%가 에이즈 바이러스에 감염되어 있었습니다. 에이즈가 창궐하면서 젊은 사람이 너무 많이 죽다 보니 국민의 평균 기대수명이 32세에 불과할 지경이었습니다. 하지만 강제실시권을 제대로 행사할 수 없는 스와질란드 같은 가난한 나라에서는 에이즈 환자들이 속수무책으로 죽음을 맞이할 수밖에 없었습니다.

세계적으로 기술력을 인정받는 미국의 제약 기업은 가난한 나라에서 강제실시권을 발동할 때마다 크게 반발하며 자사의 이익을 지키려고 합니다. 정부를 동원해 해당 국가를 강하게 압박하기도 합니다. 그때마다 미국 정부는 제약업체의 의견을 전폭적으로 받아들여 상대 국가에 경제제재라는 철퇴를 휘두르지만, 필요할 경우에는 자국민 보호를 위해 강제실시권을 발동하는 모순을 저지르기도 합니다.

2001년 미국에서 탄저균 테러가 일어났습니다. 탄저균이 묻어 있는 편지가 미국 전역으로 배달되었고, 눈에 보이지 않는 탄저균에 오염된 편지를 뜯어본 미국인이 죽어 나가자 정부는 안달하기 시작했습니다. 탄저병의 유일한 치료제인 씨프로바이ciprobay를 독점 생산하는 최대 제약업체 바이엘Bayer이 미국이 원하는 수량과 가격에 약품을 공급하기를 거부했기 때문입니다.

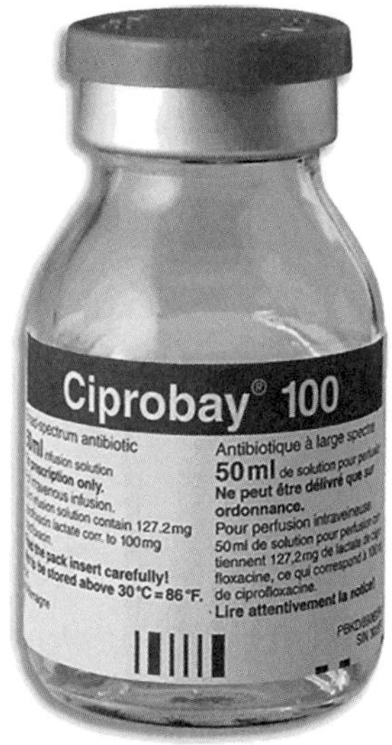

미국 정부가 강제실시권을 발동한
탄저병 치료제 씨프로바이

바이엘은 이윤을 극대화하기 위해 미

국 정부에 높은 가격을 요구했습니다. 이를 탐탁지 않게 여긴 미국 정부는 바이엘을 상대로 으름장을 놓았습니다. 만약 미국이 원하는 가격과 수량의 씨프로바이를 공급하지 않는다면 미국 내 바이엘의 특허를 모두 취소시키고 미국 기업이 씨프로바이를 무한대로 생산할 수 있도록 하겠다고 위협했습니다.

결국 독일의 바이엘은 미국 정부에 두 손을 들었고 이로 인해 바이엘의 주가는 대폭락했습니다. 바이엘이 미국의 강요로 엄청난 손실을 보았지만 독일은 세계 최강국인 미국을 상대로 경제제재 조치를 취할 수 없었습니다. 강제실시권은 환자의 생명을 보호하기 위해 반드시 필요한 제도이지만 미국의 눈치를 보아야 하는 약소국이 발동하기는 쉽지 않은 비상조치입니다.

나고야의정서

바이러스는 오랜 세월 인류를 괴롭히며 수많은 생명을 앗아갔습니다. 바이러스는 유전물질인 DNA와 RNA를 지닌 단백질 덩어리로, 최고 배율의 광학현미경으로도 볼 수 없는 작은 크기이기 때문에 20세기 이전까지 그 존재조차 알 수 없었습니다. 공기 중의 바이러스는 먹이를 먹지 않고 성장하지도 않으며 무생물처럼 지내다가 다른 생명체 안에 들어가면 번식을 시작합니다.

일단 생명체의 몸 안에 들어간 바이러스는 빠른 속도로 번식하고 돌연변이를 일으키는 등 진화를 거듭하기 때문에 박멸하기가 매우

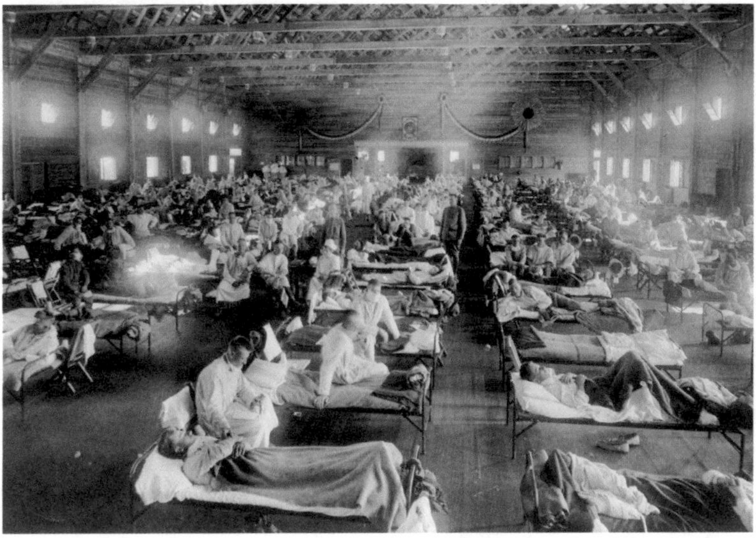

5,000만 명 이상의 사망자를 낳은 스페인 독감

어렵습니다. 14세기에 유럽을 휩쓴 페스트로 인해 유럽인 4명 중 1명이 목숨을 잃었는데, 특히 피해가 심했던 영국은 인구의 절반 이상이 사라졌습니다. 1918년에 세계를 휩쓴 스페인 독감은 5,000만 명 이상의 사망자를 내며 사람들을 공포에 몰아넣었습니다.

2009년 4월 멕시코에서 시작된 신종인플루엔자신종플루*가 전 세계로 급속히 확산하자 인류는 또다시 공포에 휩싸였습니다. 이때 인류를 구한 약이 바로 미국의 벤처 제약 기업인 길리어드Gilead가 만든 타미플루였습니다. 1990년대 초 길리어드는 일반인에게 독감으로 알려진 인플루엔자를 퇴치하기 위한 연구를 시작했습니다. 길리어드는

* 사람, 돼지, 조류 인플루엔자 바이러스의 유전물질이 혼합되어 있는 새로운 형태의 바이러스.

타미플루를 개발한 길리어드

인플루엔자를 일으키는 바이러스를 죽이기 위한 물질을 세계 방방곡곡에서 찾다가 중국에 자생하는 붓순나무과 식물인 팔각회향의 열매를 주목했습니다.

팔각회향은 베트남 북부의 국경 지역과 맞댄 중국 광시廣西성에서만 자라는 식물로서 오래전부터 중국인은 그 열매를 향신료로 활용했습니다. 팔각회향 열매가 중국인이 즐겨 먹는 돼지고기 특유의 냄새를 없애는 데 탁월했기 때문입니다. 1996년 길리어드는 팔각회향을 원료로 복잡한 처리 과정을 거쳐 시킴산shikimic acid이라는 물질을 추출하는 데 성공했습니다.

길리어드는 팔각회향의 독성을 줄이고 체내 흡수율을 높이기 위해 10단계의 특수한 처리 과정을 개발해 인체에 무해한 물질을 만들어 냈습니다. 임상실험 결과 시킴산은 인플루엔자 바이러스를 죽이는

타미플루의 원료가 된 팔각회향

데 탁월한 효과가 있었습니다. 1999년 신종플루가 전 세계를 강타하자 시킴산을 주원료로 만든 항바이러스제 타미플루가 날개 돋친 듯 팔려 나갔습니다. 신종플루에 감염된 세계 500만 명 이상의 사람이 타미플루 덕분에 목숨을 구했습니다.

타미플루의 대성공으로 길리어드는 엄청난 돈을 벌었습니다. 그동안 2억 달러에도 미치지 못했던 회사의 시가총액이 1,220억 달러로 폭등했습니다. 길리어드는 타미플루를 통해 단번에 세계적인 제약기업이 되었고 회사 설립에 참여한 직원들은 주가 상승으로 억만장자의 반열에 올랐습니다.

그렇지만 팔각회향을 재배하고 공급한 중국 농민들의 생활수준은 약간 향상되는 데 그치면서 형평성의 문제가 불거졌습니다. 팔각회

안데스산맥의 특산물 마카

향이 없었다면 타미플루는 결코 만들어질 수 없었기 때문입니다. 이와 비슷한 일은 이후에도 반복되며 신약의 원재료가 산출되는 가난한 개발도상국 농민과 이를 이용해 막대한 부가가치를 창출하는 선진국 제약업체와의 갈등이 지속되었습니다.

2000년대 초 해발 4,000미터 높이의 안데스산맥 고산지대에 사는 페루 농민들이 국회의사당 앞에 모여 대규모 시위를 벌였습니다. 미국의 한 제약업체가 벌인 만행을 규탄하기 위해서였습니다. 이들은 잉카제국* 시대부터 '마카'라는 작물을 재배해 생계를 이어 갔습니다. 마카는 고산지대의 척박하고 메마른 땅에 사는 작물로 영양분을 많이 포함하고 있어 예로부터 원기 회복제로 각광받았습니다.

* 15세기 중엽에서 16세기 초에 안데스를 중심으로 현재의 에콰도르, 볼리비아, 칠레 북부까지 지배한 제국.

그런데 미국의 퓨어월드 보태니컬Pure World Botanicals이라는 제약 회사가 마카의 성분을 분석한 결과 항암효과와 성기능 장애 개선에 탁월한 물질이 포함되어 있음을 알게 되었습니다. 이 제약 회사는 마카를 특허 등록해 마카에 관한 모든 권리를 획득했습니다. 이에 분노한 페루 국민은 국회의사당에 모여 미국 회사에 빼앗긴 마카에 관한 권리를 찾아 달라는 시위를 벌였지만 힘없는 페루 정부가 초강대국 미국을 상대로 할 수 있는 일은 없었습니다.

이 같은 문제를 방지하기 위해 2010년 10월 일본 나고야에 세계 192개국 대표가 모여 '나고야의정서'를 채택했습니다. 나고야의정서는 '개발도상국의 동·식물 등 생명자원을 이용하려는 제약업체는 사전 통보와 승인을 받아야 하며 수익이 발생할 경우 공정하게 나누어야 한다.'라고 규정하고 있습니다. 이로써 개발도상국도 선진국의 제약업체로부터 원료를 제공해 준 대가를 받을 수 있는 길이 열렸고 그동안의 불합리한 관행을 바로잡을 수 있게 되었습니다.

바이오 제약 시대

포도당은 우리 몸이 사용하는 가장 기본적인 에너지원입니다. 혈액 속의 포도당 농도를 혈당이라고 하는데, 혈당은 췌장에서 생성되는 인슐린insulin과 글루카곤glucagon이라는 두 가지 물질에 의해 일정한 수준으로 유지됩니다. 인슐린은 혈당을 낮추고 글루카곤은 혈당을 높이는 역할을 하는데 당뇨병은 인슐린 분비에 문제가 생길 경우 발

바이오 제약 시대를 연 허버트 보이어 박사

생합니다. 인슐린 분비가 제대로 안 되면 피 속에 흐르는 당분이 지나치게 많아져 신체 각 기관에 큰 문제가 생깁니다. 당뇨병 환자는 혈당 농도 문제로 온갖 합병증에 시달리다 죽음을 맞이해 왔습니다.

1973년 생명과학자 허버트 보이어Herbert Boyer 박사는 당뇨병 치료의 길을 여는 획기적인 방법을 찾아냈습니다. 보이어 박사가 인슐린을 만들어 내는 유전자를 재조합해 박테리아에 삽입하자 박테리아가 인슐린을 생산하기 시작했습니다. 이 연구로 인해 박테리아가 신약을 대량으로 생산하는 생물 공장으로 탈바꿈했습니다. 이로써 유전공학이 시작되었지만 보이어 박사는 자신이 개발한 기술의 상업적 가치를 모르고 있었습니다.

1976년 벤처투자자 로버트 스완슨Robert Swanson은 보이어 박사의 기술이 충분히 상업적 가치가 있음을 파악하고 그를 찾았습니다. 보이어는 비즈니스 감각이 탁월한 스완슨에게 호감이 있었고 두 사람은 수시로 만나 의견을 교환했습니다. 마침내 두 사람은 의기투합해 세계 최초 바이오 제약 회사인 제넨텍Genentech을 설립했습니다. 경제적 여유가 별로 없었던 이들은 샌프란시스코 남부의 선박 회사들이 쓰

바이오 제약 시대를 연 제넨텍

다가 버린 창고에서 바이오 벤처 사업을 시작했습니다.

동료 과학자들은 보이어 박사가 인류의 공동 자산인 과학적 발견을 사유화하여 돈을 버는 것은 과학자다운 태도가 아니라면서 비판을 쏟아 냈습니다. 그러나 보이어 박사는 꿋꿋이 유전공학을 이용한 신약 개발에 몰두했습니다. 그는 세계 최초의 유방암 치료제 허셉틴Herceptin, 직장암 치료제 아바스틴Avastin 등 획기적인 신약을 쏟아 내며 세상을 깜짝 놀라게 했습니다. 그가 만든 신약마다 날개 돋친 듯 팔리자 창업주 보이어 박사와 스완슨은 부와 명예를 한꺼번에 얻었습니다.

1980년 보이어 박사는 미국의 대표적인 시사 주간지 〈타임〉의 표지 모델로 등장할 만큼 중요한 인물로 부상했습니다. 1980년 10월 14일 제넨텍은 뉴욕 증권거래소에 상장되었는데 상장 첫날 30달러에 거래가 시작되었지만 계속 가격이 치솟아 장이 마감할 때는 89달러에 이르렀습니다. 이는 당시까지 미국 주식시장에서 주가가 하루 동안 가장 많이 상승한 사례였습니다.

제넨텍이 주식시장에 상장되면서 충분한 자금이 확보되자, 보이어 박사는 연구원들이 마음 놓고 편안히 일할 수 있는 좋은 회사를 만들었습니다. 넓은 부지를 매입해 대학 캠퍼스처럼 낭만적인 분위기의 연구소를 만들었고 직원이 연구활동에 전념할 수 있도록 세심한 배려를 했습니다. 그는 연구원을 최대한 존중해 당장 눈앞에 이익이 되지 않는 연구활동도 적극적으로 지원했습니다. 이에 좋은 성과가 쏟아져 나와 회사에 큰 이익이 되었습니다.

또한 연구에만 전념할 수 있도록 사내에 탁아소, 세탁소, 체육관,

샌프란시스코에 조성된
바이오 클러스터

휴게실, 카페 등 온갖 편의시설을 갖추었습니다. 보이어 박사가 이룬 대성공은 단순히 한 사람의 성공으로 끝나지 않았습니다. 제넨텍의 성공에 자극받은 수많은 생명과학자가 제넨텍이 있는 샌프란시스코 남부 지역으로 몰려와 바이오 벤처기업을 창업하면서 쇠락한 지역에 활기를 불어 넣었습니다. 축구장 280개가 넘는 큰 면적에 200여 개의 바이오 벤처 제약 회사가 들어서고 2만 명이 넘는 연구 인력이 상주하자 이 지역은 세계 최대의 바이오 클러스터, 즉 바이오 벤처기업 집적 단지가 되었습니다.

바이오 클러스터에 버클리대학, 스탠퍼드대학 등 인근에 있는 명문 대학 출신의 인재가 대거 유입되면서 한층 더 좋은 여건이 마련되었습니다. 이들은 창의력과 열정을 밑천으로 연구활동에 매진해 다수가 성공을 거뒀습니다. 성공한 바이오 벤처 기업인들이 태평양 바다가 보이는 경치 좋은 곳에 대저택을 짓고 호화 요트를 구입해 화려하게 살자 대박의 꿈을 꾸는 인재들이 점점 더 몰려들었습니다.

제약업계의 새로운 흐름

1980년대 제넨텍이 등장하기 이전까지만 해도 제약 산업은 미국과 유럽의 극소수 거대 제약업체가 주도했습니다. 이들 업체는 높은 연봉을 미끼로 인재를 독점하면서 고부가가치의 신약 개발을 통해 막대한 수익을 올렸습니다. 하지만 제넨텍이 큰 성공을 거두면서 벤처 신화를 이룩하자 생명과학 분야의 인재들은 거대 제약 기업 대신

바이오 벤처를 선호했습니다. 당장에는 적은 임금으로 고생하지만 신약 개발에 성공하면 회사의 주식 가격이 폭등해 대박을 터트릴 수 있기 때문입니다.

거대 제약 기업 입장에서 보면 매년 대학에서 배출되는 한정된 인재를 벤처기업에 빼앗기는 일이 달가울 리 없었습니다. 궁지에 몰린 제약 기업은 살길을 찾기 위해 신생 바이오 벤처와 함께 공존할 수 있는 상생의 길을 모색했습니다. 제약 기업은 신생 바이오 기업에 연구비와 실험 장비를 제공하는 대가로 신약 개발에 성공할 경우 독점 생산권과 판매권을 인정받았습니다.

존슨앤드존슨은 회사를 처음 시작하는 스타트업startup 기업에 2년간 연구소와 실험 장비를 조건 없이 제공해 벤처인들에게 호평을 받고 있습니다. 대부분 제약업체는 경제적 지원을 하면서 나름대로 요구조건을 제시하지만 존슨앤드존슨은 자사의 도움으로 성공한 벤처기업에 회사 지분을 요구하거나 협력할 것을 강요하지 않습니다.

바이오 벤처기업 입장에서도 거대 제약 기업의 협조는 손해 볼 것이 하나 없는 좋은 일이었습니다. 사실 신약을 개발할 때 원료가 되는 신물질을 개발하는 비용은 그리 많이 들지 않습니다. 신약 후보물질로 효과와 부작용을 시험하기 위해 여러 차례 임상실험을 실시하는데 이때 많은 자금이 필요합니다.

임상실험은 동물실험을 시작으로 건강한 사람을 대상으로 하는 독성평가 실험에서 실제 환자를 대상으로 하는 실험까지 광범위하게 진행됩니다. 자금력이 취약한 바이오 벤처는 신물질을 개발한 후 상당 금액의 로열티를 받는 조건으로 제약 기업에 신물질을 넘기고, 나머지는 제약 기업이 알아서 처리합니다. 제약 기업은 약효와 안전성이 입증되면 오래전부터 구축해 온 세계 유통망을 통해 신약을 판매해 수익을 거두어들입니다.

미국에서는 450만 명 이상이 제약 산업 덕분에 생계를 유지할 정도로 제약 산업은 미국의 주력 산업입니다. 미국 제조업체의 매출액 대비 연구개발 비용은 3%대에 머물지만 제약업계의 연구개발 비용은 18%를 넘어설 정도로 제약 산업은 고도의 지식 집약적 산업에 속합니다. 전 세계 제약 산업을 주도하고 있는 미국은 해마다 500억 달러 이상의 의약품을 전 세계에 수출하며 막대한 돈을 벌어들이고 있지만 지식재산권을 무기로 지나치게 높은 약값을 책정해 비난의 대상이기도 합니다.

돌여다보기

★

세계의 신뢰를 받는 FDA

어느 나라에든 의약품과 식품의 안전성을 검사하는 국가기관이 있다. 특히 신약이 개발되면 시판하기 전에 반드시 동물뿐만 아니라 인간을 대상으로도 유해성 여부를 검사해야 한다. 이 분야에서 FDA는 최고의 권위를 자랑한다. FDA로부터 신약 안전성 승인을 받으려면 수백만 달러의 비용이 들지만 미국을 비롯한 전 세계 제약사들은 자사가 개발한 신약의 신뢰성 확보를 위해 기꺼이 FDA에 비용을 지불한다.

FDA가 세계 최고의 권위를 갖게 된 데는 '탈리도마이드 사건'이 결정

세계적인 권위를 갖는
미국 식품의약국(FDA)

적인 계기가 되었다. 1953년 독일의 제약사 그루넨탈Grünenthal은 임신부의 입덧에 탁월한 효능이 있는 물질인 탈리도마이드를 개발했다. 이후 쥐, 토끼 등 다양한 동물로 유해성 여부를 검사한 결과 별다른 문제가 발견되지 않았다. 1957년 탈리도마이드가 유럽 시장에 출시되자 그동안 입덧으로 고통받던 임산부에게 인기를 끌었다. 머지않아 미국을 제외한 전 세계로 출시되었다. 탈리도마이드가 선풍적인 인기를 끈 가장 큰 이유는 회사가 대대적인 광고를 통해 내세운 '안전성' 때문이었다.

1960년 그루넨탈은 세계 최대 제약 시장인 미국 시장에 진출하기 위해 FDA에 신약 안전성 승인 신청을 했다. 회사는 전 세계에서 인기리에 팔리고 있는 탈리도마이드의 승인이 쉽게 날 것이라고 예상했지만 뜻밖의 복병을 만났다. FDA에서 신약 승인을 담당하던 프랜시스 켈시Frances Kelsey가 깐깐하게 심사를 진행했기 때문이다. 시카고대학에서 의학박사 학위를 받은 켈시는 1960년부터 FDA에서 신약 심사업무를 맡은 신출내기였지만 의학에 대한 해박한 지식을 갖고 있었다. 켈시는 인간과 동물이 신체 구조가 다르기 때문에 동물실험에서 별다른 문제가 발생하지 않는 것이 인간의 안전을 보장하지는 않는다고 판단해 신약 판매 승인을 쉽게 내주지 않았다. 제약사는 온갖 방법을 동원해 그녀를 압박했지만 켈시는 인간에게도 안

탈리도마이드의 유통을 막은 프랜시스 켈시

전하다는 임상실험 결과를 제출하라고 요구하며 뜻을 굽히지 않았다.

그런데 탈리도마이드를 복용한 임신부 중 일부가 팔다리가 없거나 유난히 짧은 기형아를 낳는 일이 잇따르면서 사람들을 놀라게 했다. 유럽 의사들은 탈리도마이드가 기형아를 유발한다고 판단해 회사 측에 판매 중단을 요구했지만 회사 측은 확실한 증거가 없다면서 판매를 지속했다. 이에 탈리도마이드의 위험성을 감지한 켈시는 수많은 외압에도 불구하고 신약 승인을 해주지 않았다.

시간이 흐르자 기형아 출산이 폭발적으로 증가해 전 세계 46개국에서 1만 2,000여 명의 기형아가 태어났다. 이에 회사도 더는 탈리도마이드 판매를 고집할 수 없어 1962년 결국 탈리도마이드 판매를 중단했다. 이후 탈리도마이드의 독성이 밝혀졌다. 모든 사람에게 해로운 것이 아니라 임신 5~8주 차의 여성에게만 문제를 일으키는 것으로 드러났다. 태아의 팔과 다리는 임신 5~8주 동안 만들어지는데 탈리도마이드가 이 시기의 태아에게 악영향을 미쳤던 것이다.

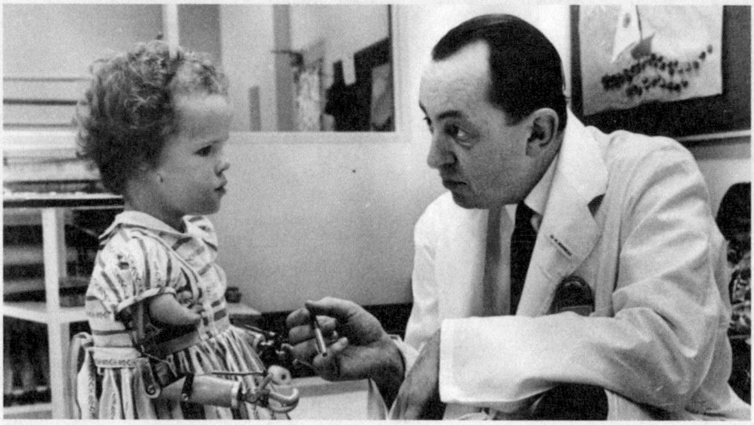

탈리도마이드의 부작용으로 태어난 기형아

케네디 대통령으로부터
상을 받는 켈시 박사

켈시가 탈리도마이드에 대해 끝까지 판매 허가를 내주지 않은 덕분에 미국에서는 팔다리 없는 아기가 17명밖에 태어나지 않았다. 이는 회사 측이 미국 의사들에게 홍보용으로 제공한 탈리도마이드를 임신부가 복용해 생긴 사고였다. 1962년 존 F. 케네디 대통령은 "켈시 박사의 탁월한 판단력으로 인해 미국에서 기형아 출산이라는 커다란 비극을 막을 수 있었다."라고 칭찬하며 공무원으로서 받을 수 있는 최고의 상을 주었다. 이 사건을 계기로 세계 각국은 신약 판매 승인을 내주기 전에 동물은 물론 인간을 대상으로 한 임상실험도 반드시 거치도록 하는 엄격한 규정을 마련했다.

세계적 제약사들은 자국의 심사보다 FDA의 승인 심사를 더욱 중요하게 여겨 비싼 비용을 감수하면서도 FDA의 승인을 신청한다. 전 세계에서 쇄도하는 신약 승인 신청을 처리하기 위해 FDA에는 1,700명이 넘는 전문 지식을 갖춘 심사관이 일하고 있다. 의약품 1개당 40명이 넘는 심사관이 달라붙어 효능 및 안전성 여부를 철저히 조사하고 있다.

7장

창의성과 보편성으로 무장한

문화 산업

브로드웨이의 탄생

오늘날 미국 뉴욕의 거리 브로드웨이Broadway는 연극과 뮤지컬의 메카입니다. 하루에도 수백 편의 연극과 뮤지컬이 공연되며 이를 보기 위해 수많은 관람객이 극장 앞에서 장사진을 이룹니다. 그러나 브로드웨이가 처음부터 문화의 중심지였던 것은 아닙니다. 미국 개척 초기에 유럽에서 건너온 사람들에게는 연극이나 뮤지컬 같은 문화활동

미국 연극과 뮤지컬의 중심인 브로드웨이

을 즐길 만한 여유가 없었기 때문입니다.

19세기까지 브로드웨이는 외양간과 말 상인으로 붐비던 곳이었지만 하나둘씩 극장이 생겨나면서 점차 문화와 예술의 거리로 탈바꿈하기 시작했습니다. 1914년 일어난 제1차 세계대전은 브로드웨이를 폭발적으로 성장시키는 계기가 되었습니다. 제1차 세계대전을 계기로 미국 경제가 고도성장을 거듭하자 경제적 여유가 생긴 사람들은 연극과 뮤지컬을 즐길 수 있었습니다. 이때부터 브로드웨이에 극장이 대거 들어서면서 브로드웨이는 미국을 넘어 세계 문화의 중심지로 자리매김했습니다.

브로드웨이에 있는 수많은 극장은 그 크기와 작품의 성향에 따라 세 가지로 분류됩니다. 먼저 브로드웨이 극장은 맨해튼 중심부의 번화가인 타임스 스퀘어Times Square를 중심으로 인근에 있는 수용인원 500명 이상의 대형 극장을 말합니다. 이곳에서는 주로 세계적으로 유명한 뮤지컬과 연극이 공연되며 하루에도 수천 명의 관객이 모여듭니다.

두 번째로 오프브로드웨이off-broadway 극장이 있는데 이는 중심가를 조금 벗어나 브로드웨이 골목 안쪽에 있으며 수용인원 500명 이하의 중형 극장을 의미합니다. 극장 규모가 작다고 해서 공연되는 작품의 질마저 떨어지는 것은 아닙니다. 중형 극장에서는 대형 극장에 오르는 작품보다 실험성이 강하고 관객과 가까이서 호흡할 수 있는 작품을 선보이며 그들만의 세계를 구축하고 있습니다.

마지막으로 오프오프브로드웨이off-off-broadway는 수용인원이 100명을 넘지 않는 소형 극장을 의미합니다. 임대료를 아끼기 위해 주로 지하실에 위치해 있으며 창작 작품 위주로 가장 실험적인 작품이 공연됩니다.

이 같은 브로드웨이 시스템으로 인해 미국의 연극과 뮤지컬은 상업성에만 치우치지 않고 창의성과 작품성 등 다양성을 유지하며 발전해 왔습니다. 뛰어난 작품은 소형 극장이나 중형 극장에서 큰 인기를 끌다가 대형 극장 무대에까지 오르는 일이 많기 때문에 제작자나 배우는 성공이라는 희망의 끈을 놓지 않고 최선을 다합니다.

1947년 미국에서는 토니상Tony Awards* 이 만들어져 브로드웨이에서 공연되는 연극과 뮤지컬 작품 중 뛰어난 작품을 시상하고 있습니다. 토니상은 영화계의 아카데미상과 같은 것으로 상업성뿐 아니라 작품성까지 갖춘 작품에 수여하기 때문에 수상작마다 작품을 보려는 관객으로 문전성시를 이룹니다.

영국 웨스트엔드의 도전

제1차 세계대전을 계기로 미국이 문화 산업의 주도권을 쥐기 이전까지 연극과 뮤지컬의 중심지는 영국 런던의 웨스트엔드West End 였습니다. 제1차 세계대전의 여파로 경제의 중심축이 유럽에서 미국으로 이동하자 웨스트엔드는 브로드웨이에 열세를 면치 못했고 예전의 명

* 미국 브로드웨이의 연극 상.

영국 공연문화를 이끄는
웨스트엔드

성은 점점 희미해져만 갔습니다.

그런데 1981년 영국 출신 뮤지션 앤드류 로이드 웨버Andrew Lloyd Webber가 뮤지컬 〈캣츠Cats〉를 선보이면서 모든 것이 순식간에 바뀌었습니다. 1948년 영국 켄싱턴Kensington에서 작곡가 아버지와 피아니스트 어머니 사이에서 태어난 웨버는 일찌감치 음악적 천재성을 보였습니다. 7살 때부터 작곡활동을 시작한 웨버는 옥스퍼드대학교 역사학과에 입학했지만 음악에 대한 열정을 포기하지 못해 학교를 그만두고 본격적인 작곡가의 길을 걸었습니다.

웨버는 22세가 되던 해에 예수 그리스도의 마지막 7일을 극화한 〈지저스 크라이스트 슈퍼스타Jesus Christ Superstar〉라는 최초의 록오페라Rock Opera를 선보여 선풍적인 인기를 끌었습니다. 이 오페라는 음반으로도 발매되어 미국에서만 150만 장 이상의 판매고를 올렸을 정도로 큰 인기를 누렸습니다. 1981년 웨버는 영국의 시인 T.S. 엘리엇Thomas Stearns Eliot의 작품《지혜로운 고양이가 되기 위한 지침서》에 등장하는 시 14편에 맞춰 곡을 붙여 뮤지컬 〈캣츠〉를 완성했습니다.

영국 뮤지컬의 황제 앤드류 로이드 웨버

뮤지컬 〈캣츠〉는 고양이를 의인화해 삶의 희로애락을 보여주었습니다. 감미로운 선율과 배우들의 열정적인 몸동작은 관객에게 큰 감동을 주었고 순식간에 전 세계에 〈캣츠〉 열풍을 몰고 왔습니다. 웨스

전 세계적으로 흥행한 뮤지컬 〈캣츠〉

트엔드를 석권한 〈캣츠〉는 브로드웨이에 상륙해 영국 뮤지컬의 위대함을 과시했습니다. 〈캣츠〉는 1981년 브로드웨이에서 첫 공연을 시작한 이후로 2000년 9월까지 18년 동안 무려 7,485회의 공연을 펼치며 수백만 명에 이르는 관객의 뜨거운 사랑을 받았습니다.

1986년 웨버는 프랑스 작가 가스통 르루Gaston Leroux의 소설《오페라의 유령》을 뮤지컬로 만들어 세상에 내놓았는데, 이 역시 전작인 뮤지컬 〈캣츠〉를 뛰어넘는 대성공을 거두었습니다. 영국산 뮤지컬은 브로드웨이에서 큰 인기를 끌었을 뿐 아니라 뮤지컬의 대중화에도 크게 기여해 뮤지컬의 저변 확대에 큰 공헌을 했습니다.

미국의 게임 산업을 주도한 아타리와 '아타리 쇼크'

1972년 미국의 놀란 부쉬넬Nolan Bushnell이 세계 최초의 비디오게임 회사인 아타리Atari를 설립하면서 게임 산업에 새로운 지평을 열었습니다. 오늘날 비디오게임의 아버지로 추앙받는 부쉬넬은 집에서 온 가족이 함께 즐길 수 있는 게임 개발에 전력을 기울여 1977년 '아타리 2600'이라는 혁신적인 가정용 게임, 게임기를 만드는 데 성공했습니다. '아타리 2600'은 마이크로프로세서*가 내장된 고성능 게임기로 오락실에 가야 즐길 수 있는 수준 높은 게임을 집 안에서 편히 즐길 수 있게 만든 당시 최첨단 게임기였습니다.

* 연산장치와 중앙처리장치의 기능을 칩 속에 설치한 초소형 연산장치.

아이들의 등살에 못 이긴 미국의 부모들은 크리스마스 선물로 아타리 게임기를 사주어야 했고 게임 시장은 해가 갈수록 확대되었습니다. 아타리가 발매하는 게임마다 100만 개 이상의 판매고를 올리며 큰 성공을 거두자 게임 산업은 미국 내 어떤 산업보다도 돈을 많이 버는 신생 고부가가치 산업으로 각광받았습니다.

미국의 게임 산업을 연 아타리

1980년대로 접어들자 아타리의 성공을 좇아 수많은 게임업체가 난립하면서 게임 산업은 치열한 경쟁 상태가 되었습니다. 대부분의 게임업체가 새로운 게임을 발매할 때마다 대박을 터트리며 손쉽게 돈을 벌자 게임업체는 시장에 게임을 내놓기만 하면 돈을 벌 수 있다는 안일한 생각을 하게 되었습니다. 그도 그럴 것이 당시 게임 산업

큰 인기를 얻은 아타리의 가정용 게임기

은 다른 어떤 산업보다 돈을 많이 벌어들이는 산업으로서 해마다 폭발적인 성장을 거듭하던 상황이었습니다. 시장에 질 낮은 엉터리 게임이 쏟아져 나오면서 소비자들이 등을 돌리기 시작했지만 자만심에 사로잡힌 게임업체들은 현실을 제대로 파악하지 못한 채 비싸고 재미없는 게임을 쏟아 내며 위기를 키웠습니다.

1982년 영화감독 스티븐 스필버그Steven Spielberg의 작품 〈E.T.〉가 대성공을 기록하며 영화의 역사를 다시 쓰는 일이 일어났습니다. 순진무구한 어린이들과 마음씨 착한 외계인의 만남을 다룬 영화 〈E.T.〉는 전 세계 아이들의 마음을 사로잡으면서 조지 루카스George Lucas 감독의 영화 〈스타워즈〉가 세운 기존의 흥행 기록을 모조리 갈아치우는 기염을 토했습니다. 아타리는 영화 〈E.T.〉를 게임으로 만들면 대박을 터트릴 수 있다는 판단 아래 당시로서는 거액인 2,500만 달러

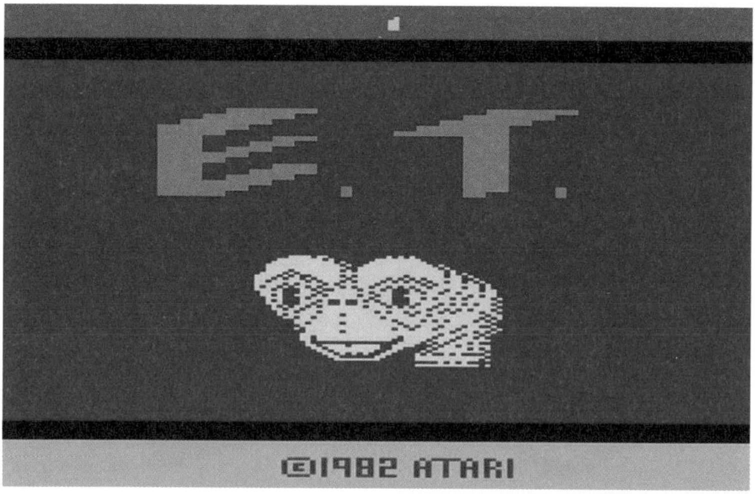

아타리를 몰락시킨 E.T.게임

를 주고 영화사로부터 판권을 사들여 게임 제작에 들어갔습니다. 아타리가 판권을 사들인 시점은 게임업계 최대 대목인 크리스마스를 불과 5주 앞둔 때였습니다.

아타리의 게임개발 담당 직원들은 시간이 너무 촉박하다는 현실적인 이유를 들어 'E.T.게임'의 발매를 내년으로 미루어야 한다고 주장했지만 경영진의 생각은 달랐습니다. 영화가 히트를 치고 있을 때 게임을 발매해야 주요 고객인 어린아이들의 마음을 사로잡을 수 있을 것으로 판단했기 때문입니다. 그리하여 아타리 경영진의 무리한 개발 강행으로 크리스마스에 맞춰 'E.T.게임'이 세상에 모습을 드러냈습니다.

아타리는 모든 언론 매체를 동원해 대대적인 게임 홍보에 나섰고 이를 본 고객들은 대작을 기대하며 앞다퉈 게임을 구매했습니다. 그런데 막상 게임을 시작하자 조악한 그래픽이 눈앞에 펼쳐지며 게이머에게 실망감을 주었습니다. 조악한 그래픽은 둘째 치더라도 'E.T.게임'은 도대체 무엇을 하는 게임인지도 모를 정도로 엉망 그 자체였습니다. 실망을 넘어 분노를 느낀 게임 구매자들은 앞다투어 환불을 요청했습니다.

아타리는 제조원가 3달러짜리 'E.T.게임'에 40달러라는 가격을 매겨 500만 장이나 팔았지만 계속되는 환불 요구로 엄청난 타격을 입었습니다. 그런데도 아타리는 저급한 게임들을 시장에 내놓으며 'E.T.게임'의 흥행 참패로 입은 큰 손실을 만회하려고 했습니다. 비단 아타리뿐 아니라 미국의 게임 회사 대부분이 아타리를 모방해 상품성이 거의 없는 엉터리 게임을 쏟아 냈습니다. 이는 게임업계 전반에 대한 불신을 낳았고 미국 게임 산업의 몰락을 불러왔습니다.

1982년 30억 달러에 달하던 미국 게임 산업의 규모는 3년 만인 1985년 1억 달러 이하로 쪼그라들 정도로 소비자의 외면을 받았습니다. 게임업체가 발매한 수많은 게임은 소비자의 선택을 받지 못해 창고를 벗어나지 못했고 게임 판매업자들은 재고처리를 위해 헐값 판매 경쟁을 벌였습니다. 얼마 전까지 35달러 이상을 받았던 게임을 5달러로 할인 판매했지만 한 번 떠난 고객의 마음을 되돌릴 수는 없었습니다. 결국 아타리를 비롯한 수많은 게임업체가 도산하거나 간신히 명맥만 유지했습니다.

아타리가 개발한 'E.T.게임'의 실패가 불러온 미국 게임 산업의 몰락을 두고 사람들은 '아타리 쇼크'라고 일컬었습니다. 아타리 쇼크 이후 세계 게임 산업의 주도권은 신흥 게임 왕국인 일본으로 넘어갔습니다.

전 세계 게임 시장을 장악한 닌텐도

1889년 닌텐도*는 화투 제조업체로 출발했습니다. 1902년에는 일본 최초로 트럼프Trump**를 만들기도 했지만 비디오게임과는 무관한

* 소니와 함께 세계 휴대용 게임기 시장을 주도하고 있는 일본의 대표적 기업.
** 여러 가지 게임을 하는 데 사용하는 직사각형의 판지.

아타리 이후의 게임업계를 주도한
닌텐도의 패미컴

회사였습니다. 1970년대 일본에 전자 산업이 열리자 1977년 닌텐도는 비디오게임 분야에 진출했습니다. 당시까지만 해도 세계 게임 산업은 아타리를 비롯한 미국 회사가 주도하고 있었습니다.

1980년 닌텐도는 미국 뉴욕에 '닌텐도 오브 아메리카'라는 현지법인을 세워 미국 시장을 공략하고자 했습니다. 닌텐도는 역량을 쏟아부은 끝에 1983년 패미컴패밀리컴퓨터이라는 성능 좋은 게임기를 개발하는 데 성공했습니다. 패미컴은 완성도가 높은 게임기였지만 미국 시장에서는 게임 산업을 개척한 아타리의 명성에 가려 빛을 보지 못했습니다.

1985년 '아타리 쇼크'를 계기로 미국의 게임업체가 줄줄이 몰락하자 닌텐도의 시대가 열리기 시작했습니다. 이때 등장한 게임 '슈퍼마리오'는 닌텐도를 단번에 세계 최대의 게임 회사로 올려놓은 일등 공

일본 게임의 아버지 미야모토 시게루

신이 되었습니다.

닌텐도는 1980년 미국 시장에 진출하면서 당시 인기를 끌던 〈뽀빠이〉의 캐릭터 판권을 사서 게임을 만들려고 했습니다. 하지만 미국 측에서 닌텐도의 제안을 거절하자 닌텐도는 새로운 캐릭터를 만들기로 했습니다. 미국 지사에서 게임 개발 업무를 주도하던 미야모토 시게루Shigeru Miyamoto는 새로운 게임 캐릭터에 대한 아이디어가 떠오르지 않아 고민하고 있었습니다.

그러던 어느 날 닌텐도 미국 지사 건물의 이탈리아계 주인 마리오 시갈Mario Segale이 임대료를 받기 위해 사무실을 방문했는데, 미야모토 시게루는 그의 모습에서 게임 캐릭터 '슈퍼마리오'를 떠올렸습니다. 통통한 체격에 콧수염을 기른 건물주 마리오는 한순간에 닌텐도의 새로운 게임 '슈퍼마리오'의 주인공이 되었습니다. 1985년 세상에

닌텐도의 인기 게임 슈퍼마리오

모습을 드러낸 닌텐도의 액션 게임 '슈퍼마리오'는 미국을 비롯해 전 세계에서 선풍적인 인기를 끌었습니다. 덩달아 닌텐도의 게임기 패미컴도 날개 돋친 듯 팔려 나갔습니다. 머지않아 콧수염을 단 배관공 마리오는 지구촌 아이들에게 미키마우스보다 더 유명한 캐릭터가 되어 두꺼운 마니아층을 만들어 냈습니다.

슈퍼마리오는 격투, 레이싱, 퍼즐, 스포츠 등 닌텐도에서 개발한 온갖 종류의 게임의 주연이 되어 끊임없는 인기를 누렸습니다. 게임 이외 캐릭터 상품의 판매액만 해도 100억 달러가 넘었을 정도로 슈퍼마리오는 닌텐도의 화수분과 같은 역할을 했습니다. 게다가 1995년 새로운 게임 '포켓몬스터'가 대박을 터트리면서 닌텐도는 또다시 돈벼락을 맞았습니다. '주머니 속의 괴물'이라는 뜻의 '포켓몬스터'는 어느 행성에도 속하지 않는 수수께끼의 생명체로 그 종류가 150종이

전 세계적 히트를 친 포켓몬스터

넘습니다.

게임 플레이어는 150여 종의 포켓몬스터 중 자신의 몬스터를 선택해 이를 잘 보살펴 키웁니다. 본인이 키운 몬스터의 힘이 어느 정도 강해지면 다른 몬스터와 대결을 하게 되고 여기에서 승리를 거두면 단계가 올라가게 되는 롤플레잉게임Role Playing Game* 입니다.

플레이어는 자신이 선택한 캐릭터를 키우면서 성취감을 느낄 수 있으며 캐릭터의 종류도 매우 다양하다 보니 쉽게 질리지 않고 계속할 수 있습니다. 게다가 닌텐도 측이 끊임없이 새로운 캐릭터를 만들어 내기 때문에 중독성도 무척 강합니다. 아이들이 게임에 중독되는

* 역할을 하는 놀이를 통해 캐릭터의 성격을 형성하고 문제를 해결해 나가는 형태의 게임.

것이 부모 입장에서 달가울 리 없지만 그 중독성은 닌텐도가 계속해서 돈을 벌 기회를 제공해 주고 있습니다.

닌텐도가 '슈퍼마리오'와 '포켓몬'을 앞세워 미국을 비롯한 전 세계 게임 시장을 석권하면서 미국의 게임업체들은 그 존재감마저 느낄 수 없는 초라한 위치로 전락하고 말았습니다.

소니와 마이크로소프트의 도전

닌텐도가 게임 산업 전체의 90% 이상을 석권하면서 여러 가지 문제가 발생하기 시작했습니다. 닌텐도는 미국 시장 진출 초기에 게임 시장점유율을 늘리기 위해 하드웨어에 해당하는 게임기를 거의 이익을 붙이지 않은 저렴한 가격에 내놓았습니다.

닌텐도는 터무니없이 싼 가격에 게임기를 판매하는 대신 게임 소프트웨어를 비싸게 팔아 이익을 올리는 전략을 구사한 최초의 회사였습니다. 저가 하드웨어 정책은 큰 힘을 발휘해 닌텐도의 패미컴은 일본에서 4,000만 대, 미국에서 3,170만 대나 팔려 나가는 폭발적인 인기를 누렸습니다. 닌텐도는 더 많은 게임 소프트웨어를 팔기 위해 외부에서 게임 소프트웨어 개발업체를 끌어들여 착취하는 방식을 고안해 수익을 극대화했습니다.

닌텐도는 게임 소프트웨어를 담는 매체인 롬 카트리지ROM cartridge*의

* 고정 기억장치가 담긴 이동식 용기로 게임기, 가정용 컴퓨터 같은 전자제품에 연결해 사용한다.

롬 카트리지 형태의 닌텐도 게임

독점 생산을 통해 게임업계를 지배하려고 했습니다. 게임 소프트웨어 개발업체가 닌텐도 게임기에 자사 게임을 탑재하기 위해서는 반드시 닌텐도의 공장에서 개당 2,000엔의 로열티를 주고 롬 카트리지를 제조해야 했습니다. 이때 제조하는 최저단위는 10만 개로서 게임 개발업체는 닌텐도에 2억 엔이라는 엄청난 돈을 지불해야 했습니다. 즉, 닌텐도는 게임이 시장에서 팔리든 말든 2억 엔의 수입을 올릴 수 있는 유리한 여건이었습니다.

닌텐도는 시장의 독점적 지위를 이용해 손쉽게 돈을 벌었지만 게임 개발업체들은 지나치게 높은 로열티를 요구하는 닌텐도에 불만이 많았습니다. 하지만 그들은 닌텐도 외에는 게임을 판매할 곳이 마땅치 않았기 때문에 닌텐도의 횡포를 감내해야 했습니다.

그런데 1993년 전자업계의 최강자 소니Sony가 게임 산업에 뛰어들면서 상황이 급변하기 시작했습니다. 이듬해인 1994년 소니는 세계

소니의 게임기 플레이스테이션

최고 수준의 기술력을 이용해 플레이스테이션PlayStation이라는 게임기를 만들었는데 하드웨어 성능이 닌텐도의 제품보다 월등히 앞섰습니다. 소니는 게임 소프트웨어 저장 공간으로 값비싼 롬 카트리지 대신 몇 백 원에 불과한 시디롬CD-ROM*을 사용해 원가를 획기적으로 낮추었습니다.

소니는 닌텐도와 달리 게임 소프트웨어 개발업체를 최대한 존중해 최소한의 로열티만 받으며 그들의 부담을 크게 줄여 주었습니다. 소니가 게임 개발업체를 동업자로 여기며 존중하자 뛰어난 게임개발 능력을 갖추었지만 로열티 2억 엔이 없어서 닌텐도에 게임을 납품하지 못한 게임 소프트웨어 업체가 소니로 몰려들면서 플레이스테이션용 게임의 양과 질이 닌텐도를 압도하기 시작했습니다.

플레이스테이션의 성공에 자신감을 얻은 소니는 2000년 시디롬보

* 데이터나 도형 정보를 기록해 둔 읽기 전용의 컴퓨터용 시디.

시디롬 형태의 소니 게임

다 저장 용량이 월등히 높은 디브이디롬DVD-ROM*을 저장 매체로 활용하는 플레이스테이션Ⅱ를 발매했습니다. 대용량 디브이디롬을 활용한 게임은 마치 실사 영화를 보는 것과 같은 초고화질 영상을 제공했습니다. 이는 닌텐도의 게임과는 비교도 되지 않을 정도로 높은 수준이었습니다.

소니 플레이스테이션Ⅱ는 무려 1억 5,000만 대 이상 팔려 나가 역사상 가장 많이 팔린 게임기로 기네스북에 등재될 정도로 큰 인기를 누렸습니다. 설상가상으로 2001년 11월 마이크로소프트MS가 차세대 가정용 비디오게임기 엑스박스Xbox를 시판하면서 닌텐도는 더욱 궁지에 몰리게 되었습니다. MS의 창업주 빌 게이츠Bill Gates는 게임 산업을 회사의 차세대 성장 동력으로 삼고자 큰돈을 들여 엑스박스를 개

* CD-ROM의 기능과 용량을 대폭 강화한 차세대 영상물 기록 장치.

마이크로소프트의 야심작 엑스박스

발했습니다. 이후 게임 산업은 닌텐도, 소니, MS의 삼파전으로 재편되었습니다.

스마트폰과 모바일게임

2007년 6월 애플이 세계 최초의 스마트폰인 아이폰을 세상에 내놓았습니다. 스마트폰은 쉽게 말해 손 안의 컴퓨터로 인터넷 검색, 음악이나 영화 감상, 인터넷 쇼핑 등 기존에 컴퓨터로 해 오던 거의 모든 일을 할 수 있는 첨단 기술의 결정체입니다.

애플 사는 스마트폰 사용자가 영화, 게임, 음악 등 온갖 종류의 소프트웨어를 내려받을 수 있는 앱스토어라는 장터를 마련해 손쉽고 저렴한 가격에 다양한 앱을 구입할 수 있도록 했습니다. 아이폰에 이어 세상에 모습을 드러낸 구글의 안드로이드폰 역시 앱이 거래되는

스마트폰 게임에 열중하는 사람들

장터를 마련해 애플과 치열한 경쟁을 벌였습니다.

스마트폰이 처음 세상에 나왔을 때 닌텐도를 비롯한 기존 게임기 기업은 스마트폰이 게임업계에 미칠 영향에 대해 심각하게 생각하지 않았습니다. 닌텐도 경영진은 "우리는 스마트폰의 앱 장터에 '슈퍼마리오'와 '포켓몬스터'를 내놓는 일은 결코 없을 것입니다. 앞으로도 닌텐도의 게임기를 구입해야만 닌텐도가 만든 게임을 할 수 있을 것입니다."라고 선언했을 정도로 자신감이 넘쳤습니다. 소니나 MS 역시 손바닥만 한 스마트폰으로는 플레이스테이션이나 엑스박스에서 즐길 수 있는 대작 게임을 할 수 없기 때문에 스마트폰이 게임기업체에 별다른 위협이 되지 못할 것으로 생각했습니다.

하지만 그러한 판단은 오산이었습니다. 스마트폰의 장점이 널리 알려지면서 스마트폰은 등장한 지 10년도 되지 않아 30억 명 이상의 지구촌 사람이 하나씩 보유한 생활필수품이 되었습니다.

게임 소프트웨어 개발 회사는 30억 명이 사용하는 스마트폰의 앱 장터에 게임을 내놓는 것이 돈벌이에 유리하다고 판단해 스마트폰용 게임 개발에 치중했습니다. 게임 소비자 입장에서도 닌텐도나 소니의 게임기를 사는 것보다는 스마트폰으로 게임을 즐기는 것이 훨씬 편리했습니다. 스마트폰 속의 앱 거래소에는 무료로 할 수 있는 게임이 수없이 많고 유료 게임도 몇 천 원만 내면 구입할 수 있을 정도로 저렴했습니다.

반면 닌텐도나 소니의 게임을 하려면 수십만 원에 이르는 게임기를 반드시 구입해야 하고 전용 게임 역시 스마트폰용 게임에 비해 매우 비쌌습니다. 게임 마니아가 아닌 이상 사람들은 시간이 날 때 스마트폰을 꺼내 들고 잠깐씩 즐기는 것을 선호했고, 더는 값비싼 게임기를 찾지 않았습니다.

2011년 세계 모바일 게임 시장은 98억 달러에 지나지 않았지만 7년 만인 2018년에는 500억 달러에 이를 정도로 급성장했습니다. 그러나 2011년 이전에 연간 수조 원의 영업이익을 거뜬히 거두어들이던 닌텐도는 적자의 수렁으로 빠져들어 경영난에 시달렸습니다.

2016년 닌텐도는 혼자 힘으로는 시대적 흐름을 바꿀 수 없다는 사실을 뒤늦게 깨닫고 스마트폰 안으로 들어갔습니다. 증강현실Augmented

스마트폰 안으로 들어온 포켓몬

Reality*을 이용해 세계적인 화제가 된 스마트폰 게임 '포켓몬 고'가 그 결과물입니다. 하지만 포켓몬 고 하나만으로는 수없이 쏟아져 나오는 스마트폰 게임들을 이겨 낼 수 없었습니다. 1970년대 미국에서 시작된 게임 산업은 1985년 이후 20여 년간 일본 업체가 주도했지만, 2007년 스마트폰의 등장을 계기로 다시 미국으로 주도권이 돌아왔습니다.

* 실제 세계에 3차원 가상물체를 겹쳐 보여주는 기술.

세계적 붐을 일으킨 미국 드라마

오늘날 미국 드라마는 영어권 국가를 넘어 세계 사람들의 사랑을 받으며 엄청난 시청률을 올리고 있습니다. 미국 드라마는 미국이라는 나라를 싫어하는 사람도 좋아할 정도로 독특한 매력으로 전 세계 드라마 시장을 석권하고 있습니다.

미국 드라마가 재미있는 이유는 우선 소재의 다양성 때문입니다. 영국이나 한국, 중국 등 일부 드라마 강국을 제외하면 대부분의 나라에서는 제작비의 한계로 다양한 소재의 드라마를 만들기가 현실적으로 힘듭니다. 하지만 막강한 자본력이 뒷받침되는 미국에서는 사람들의 흥미를 끌 만한 소재만 있다면 얼마든지 양질의 드라마를 만들 수 있는 여건이 마련되어 있습니다.

백악관을 둘러싼 권력 암투를 다룬 〈웨스트 윙The West Wing〉, 교도소의 지도를 온몸에 문신으로 새겨 탈옥을 시도하는 〈프리즌 브레이크Prison Break〉, 대형병원을 무대로 의료인들의 애환과 갈등을 다룬 〈그레이 아나토미Grey's Anatomy〉, 범죄 수사대의 과학수사를 소재로 한 〈CSI 과학수사대〉 등 다양한 소재의 드라마가 시청자들의 사랑을 받았습니다.

또한 드라마를 제작할 때 전문가의 의견을 대폭 반영하기 때문에 일상생활에서는 흔히 접할 수 없는 전문적인 지식과 더불어 심도 있는 이야기를 다루는 경우가 많습니다. 드라마 제작자들은 특수한 소재를 보편적인 메시지로 전달하는 데 일가견이 있기 때문에 시청자는 별다른 어려움 없이 흥미진진하게 작품을 볼 수 있습니다. 게다가

2000년대 들어 스티븐 스필버그 같은 할리우드의 특급 영화감독도 드라마 제작에 나서면서 드라마와 영화의 구분마저 사라졌습니다.

영화감독이 연출한 드라마는 영화 특유의 감성이 녹아 있어 시청자에게 드라마 한 편 한 편이 마치 완성도 높은 영화를 보는 것과 같은 감동을 주었습니다. 이를테면 스티븐 스필버그가 제작한 제2차 세계대전을 다룬 드라마 〈밴드 오브 브라더스Band of Brothers〉는 철저한 고증을 바탕으로 비참하기 짝이 없는 전쟁의 실상을 그대로 시청자들에게 보여주어 큰 반향을 불러일으켰습니다. 1944년 6월 6일 노르망디 상륙작전이 있던 날 독일군이 점령하고 있던 프랑스 지역에 낙하산을 타고 들어간 미군 공수부대의 활약상을 다룬 이 드라마는 참전 군인들의 증언을 바탕으로 가감 없이 만들어진 수작입니다. 〈밴드

오바마 대통령의 백악관 초청을 받은 드라마 〈왕좌의 게임〉 제작진

오브 브라더스〉는 미국을 넘어 전 세계적으로 인기를 끌었으며 미국 드라마의 깊이를 보여주었습니다.

영화·방송작가의 파업

2007년 11월 5일 미국에서 사상 초유의 영화 및 방송작가 파업이 벌어졌습니다. 무려 1만 5,000여 명에 달하는 영화·방송작가 조합 소속 회원은 처우 개선을 요구하며 파업에 돌입해 전 세계에 충격을 안겼습니다.

사실 미국 드라마나 영화가 전 세계 팬들의 사랑을 받을 수 있었던 데는 탄탄한 스토리가 가장 큰 역할을 했습니다. 스토리가 탄탄하면

열악한 처우에 불만을 갖고 파업 중인 방송작가들

서도 대중성 있는 대본은 작가의 탁월한 역량이 없이는 결코 만들어 질 수 없습니다. 드라마 한 편에 전문 지식으로 무장한 작가 4~6명이 달라붙어 수많은 아이디어 회의를 거친 끝에 대본이 나오지만 이들에 대한 처우는 형편없었습니다. 이름이 널리 알려진 극소수 작가를 제외한 대부분의 작가는 의식주를 해결하기 쉽지 않을 정도로 낮은 임금을 받고 일해 왔습니다. 그동안 작가들은 방송국과 영화사 등 제작사를 상대로 끊임없이 처우 개선을 요구했지만 이들의 소리에 귀를 기울이는 사람은 없었습니다.

생활고를 참다못한 작가들이 거리로 뛰쳐나오자 언론을 통해 사정을 알게 된 국민들은 그들에게 전폭적인 지지를 보냈습니다. 게다가 할리우드의 유명 배우들도 작가들의 파업을 지지하고 나섰으며 이들을 돕기 위해 함께 길거리로 나왔습니다. 미국 최고의 토크 쇼 중 하나인 〈제이 레노 쇼〉의 명사회자 제이 레노Jay Leno는 방송에서 "저는 방송작가와 20년 넘게 함께 일해 왔습니다. 이들이 없으면 저는 죽은 사람이나 다름없습니다."라고 말하고 곧바로 시위 현장으로 달려가 시위 참가자 전원에게 도넛을 돌렸습니다.

방송작가들이 일제히 파업에 나서자 TV 프로그램이 중단되었고 영화 촬영도 지연될 수밖에 없었습니다. 미국의 대중문화 산업은 큰 타격을 받아 최소 10억 달러가 넘는 경제적 손실을 입었습니다. 2008년 1월 개최 예정이었던 골든 글로브Golden Globe 시상식*에도 영화배

* 할리우드외신기자협회가 주관하는 영화상.

우들이 줄줄이 불참 의사를 밝히면서 처음으로 행사가 개최되지 못하는 사태가 발생했습니다. 게다가 2월에 열린 전 세계인의 영화 축제인 아카데미 시상식마저 취소될 위기에 처하자 방송국·영화사 등 제작사는 방송작가들의 요구를 받아들일 수밖에 없었습니다. 방송작가들은 미국 국민과 배우 등 의식 있는 수많은 사람의 도움 덕분에 생활고에서 벗어날 수 있었습니다. 이 일은 사회적 약자의 고통에 귀를 기울이는 좋은 선례가 되었습니다.

미국의 영화 산업

영화 산업은 1895년 프랑스의 뤼미에르Lumière 형제에 의해 시작되었습니다. 이들은 영화제작자로 영화 촬영기 겸 영사기인 '시네마토그래프'를 발명하였으며, 이를 이용해 영화를 찍었습니다. 최초로 선보인 영화는 40초 남짓한 분량으로 〈담요 위에서 뛰어내리기〉, 〈아기의 식사 모습〉, 〈바다에서 수영하기〉 등 일상생활의 모습을 담는 데 그쳤지만 사람들이 영화를 보기 위해 줄을 섰을 정도로 큰 인기를 끌었습니다.

세계 최초로 영화를 만든 뤼미에르 형제

20세기에 들어서자 미국에서도 영화 붐이 일어났습니다. 1910년대 캘리포니아주 로스앤젤레스 교외의 할리우드에 영화사들이 자리 잡으면서 미국 영화는 하나의 산업으로 발전하기 시작했습니다. 영화사가 몰려오기 이전까지 인구가 1,000명도 되지 않던 할리우드는 미국 영화 산업의 메카가 되어 해마다 수백 편의 영화를 제작했습니다. 일 년 내내 비가 거의 내리지 않는 화창한 날씨, 사막, 산, 바다가 있는 다채로운 풍경, 거의 공짜나 다름없는 값싼 땅값 등 할리우드는 영화를 만들기에 최적의 장소였습니다. 시간이 흐르면서 미국 영화의 90% 이상을 할리우드에서 만들게 되었고, 할리우드는 곧 미국의 영화 산업 그 자체가 되었습니다.

1930년대 이후 파라마운트, 20세기폭스, 유니버설, 워너브라더스, 컬럼비아 등 초대형 영화사가 속속 등장하면서 미국의 영화 산업은 이들 대형 영화사를 중심으로 발전하기 시작했습니다. 할리우드는 미국인 취향에 맞는 영화를 연간 500편가량 쏟아 내며 막대한 돈을 벌어들였고 수많은 은막의 스타를 배출하면서 '꿈의 공장'이라 불렸습니다. 상업성과 오락성으로 무장한 할리우드 영화는 해마다 미국뿐 아니라 외국에서도 큰 인기를 누리며 미국 문화를 상징하게 되었습니다.

하지만 2000년대 들어 제작비가 급격하게 상승하면서 할리우드의 영향력이 쇠퇴하기 시작했습니다. 특급 영화배우의 출연료가 수백억 원으로 치솟는 등 전반적으로 영화를 제작하는 데 들어가는 비용이 크게 늘어나자 할리우드는 더는 영화를 제작하기에 최적의 장소

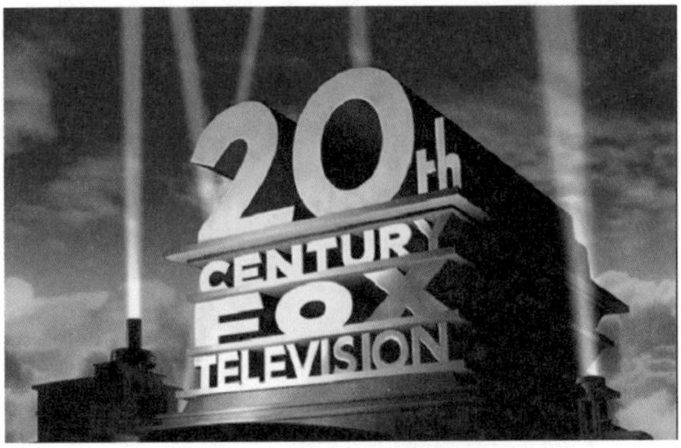

할리우드를 대표하는 영화사 20세기폭스

할리우드를 대표하는 영화사 워너브라더스

가 될 수 없었습니다. 게다가 드라마, 게임, SNS 등 영화를 대체할 만한 놀잇거리가 늘어나면서 극장을 찾는 관객의 수도 예전만 못했습니다.

인터넷이 집집마다 보급되면서 전 세계 많은 사람이 영화관에 가서 돈을 내고 보는 대신 불법 다운로드를 통해 영화를 감상하자 영화사들의 수입은 더욱 줄어들었습니다. 이처럼 2000년대 들어 영화 제작 환경이 급격히 악화되자 대형 영화사는 살아남기 위해 제작 편수를 줄여야 했습니다. 영화를 만들더라도 예전처럼 다양한 장르의 영화를 만드는 것이 아니라 오로지 흥행을 기준으로 만들기 때문에 영화의 다양성이 위협받게 되었습니다.

할리우드가 위축된 틈을 타 중국의 자본이 몰려오자 우려의 목소리가 높아지고 있습니다. 2016년 1월 중국의 거대 부동산 기업인 완다그룹Wanda Group이 미국의 유명한 영화사인 레전더리 픽처스Legendary Pictures를 35억 달러에 인수해 미국인들을 깜짝 놀라게 했습니다. 레전더리 픽처스는 〈배트맨 비긴즈(2005)〉, 〈슈퍼맨 리턴즈(2006)〉, 〈인셉션(2010)〉, 〈쥬라기 월드(2015)〉 등 수많은 흥행 영화를 만든 실력 있는 영화사였지만 결국 중국 자본의 손에 넘어가고 말았습니다.

중국 자본이 미국 영화사를 인수하며 할리우드로 진출하면서 이전에는 볼 수 없었던 현상이 나타나고 있습니다. 중국 자본으로 만들어지는 미국 영화에는 중국에 관한 부정적인 장면이 등장하지 않습니다

중국 자본에 인수된
레전더리 픽처스

다. 또한 중국 배우들을 영화에 무리하게 출연시키는 바람에 영화의 완성도가 떨어진다는 비판의 목소리도 제기되고 있습니다.

미국의 건국신화 <스타워즈>

오랜 전통을 가진 유럽 대륙에 비해 미국의 역사는 짧습니다. 1776년 독립 국가가 된 미국에는 고대사가 없으며 흔한 건국신화조차 없습니다. 역사가 짧아 내세울 것이 없는 미국인들의 마음을 달래준 것이 바로 조지 루카스 감독의 공상과학SF 영화 〈스타워즈〉였습니다.

1944년 캘리포니아에서 태어난 조지 루카스는 어릴 적부터 영화에 흠뻑 빠져 살았던 영화광이었습니다. 그는 주말마다 영화관으로 달려가 온갖 종류의 영화를 보며 영화감독의 꿈을 키웠습니다. 서던

젊은 시절의 조지 루카스

조지 루카스에 의해 탄생한 〈스타워즈〉

캘리포니아대학에서 영화학을 전공하고 졸업 후에도 영화계에 몸담으며 영화인으로 살았습니다. 영화감독이 된 루카스는 미국인에게도 건국신화가 필요하다고 생각해 건국신화를 대신할 만한 멋진 영화를 만들고자 했습니다. 그것이 바로 우주 판타지 영화 〈스타워즈〉였습니다.

은하계를 무대로 펼쳐지는 〈스타워즈〉는 공상과학 영화이지만 자세히 들여다보면 미국의 역사와 겹치는 면이 무척 많습니다. 은하계를 지배하는 은하제국의 횡포에 항거하는 저항군의 모습은 18세기 후반 세계 최강국이었던 영국에 반기를 든 미국 독립전쟁과 매우 닮았습니다. 또한 영화 속 주인공 루크 스카이워커Luke Skywalker가 활동한 척박한 땅은 서부개척 시대 미국의 모습이기도 했습니다. 주인공 스카이워커는 미국 서부를 개척한 선조들처럼 도전정신으로 무장하고 척박한 땅에서 시작해 은하계 곳곳을 누비며 세상을 구하는 영웅입니다. 루카스에 의해 미국 개척사는 고스란히 우주로 옮겨져 박진감 넘치는 시나리오가 완성되었습니다.

루카스는 자신이 완성한 시나리오를 들고 대형 영화사를 찾아가기만 하면 모든 일이 순조롭게 진행될 줄 알았지만 현실은 그의 기대와 달랐습니다. 시나리오를 본 영화사들은 영화의 규모가 너무 커 제작비가 많이 들뿐더러 당시 제작 기술로는 은하계를 무대로 펼쳐지는 공상과학 영화를 도저히 실감나게 만들 수 없다고 생각했습니다.

루카스가 지속적으로 대형 영화사의 문을 두드린 끝에 마침내 20세기폭스에서 함께 영화를 만들자는 제안을 해왔습니다. 하지만 20세기폭스가 〈스타워즈〉 제작에 지원한 제작비가 턱없이 부족했기에 루카스는 자금난을 겪으며 영화를 완성했습니다.

1977년 5월 영화가 완성되자 루카스는 영화감독, 평론가 등 영화 관계자를 초청해 시사회를 열었지만 호된 악평만 돌아왔습니다. 시사회에 참석한 영화 관계자 대부분이 〈스타워즈〉의 실패를 예견했지만 젊은 영화감독 스티븐 스필버그는 〈스타워즈〉의 성공을 이야기했습니다. 스필버그가 보기에 〈스타워즈〉는 보기 드문 수작으로 미국인이 좋아할 만한 요소를 전부 갖춘 작품이었습니다.

1977년 5월 25일 영화가 개봉되던 날, 루카스는 차마 텅 빈 영화관의 모습을 볼 용기가 나지 않아서 스튜디오에 머물러 있었습니다. 그러나 그의 우려와 달리 영화는 첫날부터 매진 행렬을 이루며 초대박을 터트렸습니다. 〈스타워즈〉는 1982년 스필버그의 영화 〈E.T.〉가 등장하기 이전까지 미국 역사상 가장 많은 관객을 모은 작품으로서 루카스를 당대 최고의 감독 반열에 올려 놓았습니다. 이후로도 루카스는 28년간 5편이나 되는 〈스타워즈〉 속편을 제작하며 〈스타워즈〉

미국인들에게 광적인 사랑을 받는 〈스타워즈〉

신화를 이어 갔습니다.

루카스가 제작한 6편의 〈스타워즈〉 시리즈 모두 대성공을 거두었습니다. 〈스타워즈〉는 단순히 관객을 많이 모은 영화가 아니라, 미국인들의 생각에 지대한 영향을 미친 영화가 되었습니다. 영화 속에서 강력한 어둠의 힘을 지닌 가공의 인물 다스베이더Darth Vader는 현실 세계에서 독재자를 뜻하는 말로 쓰입니다. 또한 정의롭고 절대적인 힘을 의미하는 포스force는 미국인들에게 좋은 의미로 간주됩니다. 그래서 미국에서는 상대방에게 행운을 빈다고 말할 때 "포스가 함께하기를May the force be with you"이라고 말하기도 합니다. 이와 같이 〈스타워즈〉는 가장 미국적인 영화로, 미국과 미국인을 이해하기 좋은 영화입니다.

명배우이자 자선사업가 폴 뉴먼

1925년 미국 중동부 오하이오주 클리블랜드Cleveland에서 태어난 폴 뉴먼Paul Newman은 큰 키에 깊고 푸른 눈을 가지고 차가운 미소를 겸비한 미남 배우였습니다. 명문 예일대학교를 다니던 그는 연기에 대한 욕구를 참을 수 없어 학교를 그만두고 브로드웨이로 향했습니다.

폴 뉴먼은 실력파 연극배우로 자리매김한 후 영화계에 진출해 1958년 제11회 칸 국제영화제에서 〈길고 긴 여름날〉이라는 작품으로 남우주연상을 받으며 할리우드를 대표하는 연기파 배우로 떠올랐습니다. 이후 〈내일을 향해 쏴라〉, 〈스팅〉, 〈타워링〉 등 다양한 작품에 출연해 연기력을 인정받고 미국을 대표하는 최고의 배우 중 한 사람이 되었습니다.

폴 뉴먼은 칸 영화제 남우주연상, 영국 아카데미 시상식 남우주연상, 골든 글로브 감독상, 아카데미 남우주연상 등 영화배우로서 받을 수 있는 모든 상을 받았을 정도로 큰 성공을 거두었습니다. 부와 명예를 모두 얻은 그는 남부러울 것 없는 삶을 살았지만 1978년 그의 외동아들 스코트 뉴먼Scott Newman이 마약 과다 복용으로 요절하면서 큰 충격을 받았습

할리우드를 대표하는 배우 폴 뉴먼

니다. 폴 뉴먼은 자신이 아들을 제대로 돌보지 못한 탓이라고 생각했습니다. 극심한 죄책감에 사로잡힌 그는 한동안 할리우드에서 자취를 감추고 은둔생활을 했습니다.

1980년 폴 뉴먼은 아들에 대한 죄책감을 극복하기 위해 사재를 털어 청소년 약물 오남용을 예방하는 단체인 '스코트 뉴먼 센터'를 설립해 약물에 중독된 아이들을 돕는 일에 나섰습니다. 그는 마약에 중독된 청소년들과 대화를 나누면서 그들이 올바른 길로 갈 수 있도록 힘껏 도왔습니다. 약물에 중독된 청소년에게 할리우드 대스타와의 만남은 큰 효과를 발휘해 수많은 청소년이 약물 중독에서 벗어났습니다.

1980년 크리스마스를 얼마 앞두고 폴 뉴먼은 샐러드드레싱을 충

약물 중독 청소년을 위해
헌신한 폴 뉴먼

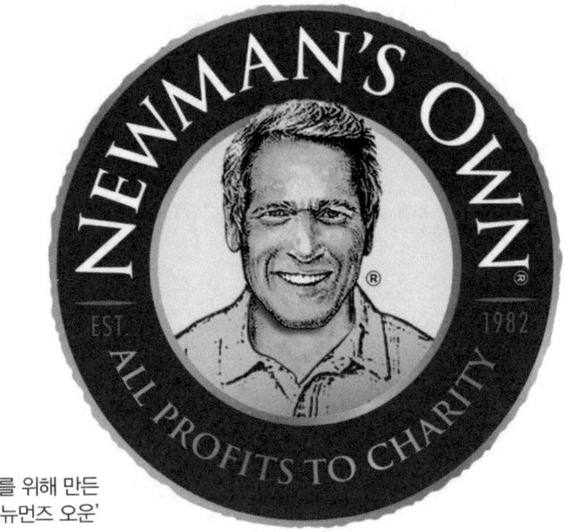

이윤의 사회 기부를 위해 만든
'뉴먼즈 오운'

분히 만들어 친구들에게 나누어주었습니다. 뉴먼이 손수 만든 드레싱을 맛본 친구들이 하나같이 감탄을 했을 정도로 그의 솜씨는 뛰어났습니다. 그는 남은 드레싱을 재미 삼아 근처 가게에 팔았는데 뜻밖에도 인기가 좋았습니다. 자신감을 얻은 뉴먼은 1982년 드레싱 회사 '뉴먼즈 오운Newman's own'을 설립해 본격적으로 사업을 시작했습니다. 그는 가족들에게 만들어 준 것과 동일하게 무방부제, 천연재료만을 사용해 드레싱을 만들었고, 이를 알아본 소비자의 폭발적인 사랑을 받았습니다.

뉴먼의 드레싱은 날개 돋친 듯 팔려 나갔지만 뉴먼은 한 푼의 돈도 집에 가져가지 않았습니다. 뉴먼이 회사를 설립할 때부터 회사 수익금 전액을 기부한다는 원칙을 세웠기 때문입니다. 소비자들은 뉴먼의 드레싱을 사 먹는 것은 곧 자선단체에 기부하는 일이라 생각했기 때문에 흔쾌히 지갑을 열었습니다. 그의 회사는 날이 갈수록 번창했고 이에 비례해 기부하는 금액도 늘어났습니다.

1988년 6월 폴 뉴먼은 사재를 들여 코네티컷주에 불치병 어린이를 위한 캠프인 '산골짜기 갱단'을 만들었습니다. 산골짜기 갱단은 병마로부터 고통받는 전 세계 어린이들이 자연을 만끽하면서 시간을 보낼 수 있는 캠프입니다. 뉴먼은 캠프를 세우면서 "저는 지금까지 남다른 행운을 누려 왔습니다. 하지만 지금도 많은 어린이가 불치병으로 고통받고 있습니다. 행운을 누린 우리가 그들에게 지금까지 누려보지 못한 즐거운 경험을 제공할 수 있다면 얼마나 좋을지 생각해 보았습니다."라고 말하며 산골짜기 갱단을 통해 어린이들이 평생토록 기억될 좋은 경험을 갖도록 도우려고 했습니다.

산골짜기 갱단에는 창립 이후 20년 동안 무려 13만 명의 어린이가 초대되어 의료진의 보호를 받으며 낚시를 하고 말을 타고 수영을 즐겼습니다. 집과 병원만을 오가며 살아 왔던 그들은 캠프를 통해 무엇과도 바꿀 수 없는 소중한 경험을 했습니다.

2009년 9월 뉴먼은 83세의 나이로 세상을 떠났습니다. 뉴먼은 전 재산을 남김없이 사회에 환원하겠다는 유언을 남겼는데 여기에는 그가 각종 시상식에서 받은 수상 상패도 포함되어 있었습니다. 뉴먼이 세상을 떠난 뒤 전 세계에서 그를 기리는 애도의 물결이 일었습니다. 폴 뉴먼은 명배우로서 그리고 부의 사회 환원과 자선에 앞장선 자선 사업가로서 할리우드를 대표하는 인물로 남았습니다.

미국 문화 산업의 힘

미국은 신분제도가 없는 나라입니다. 극심한 빈부 차이는 있을지라도 선천적으로 신분이 결정되는 일은 건국 이후 없었습니다. 신분의 평등은 국민의 의식 구조에도 큰 영향을 미쳐 미국은 보통 사람이 큰 영향력을 발휘하는 대중사회로 발전했습니다.

미국에서는 대통령과 노숙자가 동일한 품질의 코카콜라를 마시고 대중음악인 팝송을 듣고 극장에서 할리우드 영화를 봅니다. 인종의 용광로로 불릴 만큼 세계 모든 인종이 모여 사는 미국의 문화 산업은 특정 인종이나 민족보다는 모두가 함께 즐길 수 있는 보편적인 작품이 주류를 이루고 있습니다. 영화나 드라마를 보면 흑인, 백인, 동양인 등 다양한 인종이 골고루 등장하고 모든 인종이 공감할 수 있는 내용을 다룹니다. 이와 같이 모두가 즐길 수 있는 소재로 만들어진 영화나 드라마 등 미국산 콘텐츠는 세계 최강의 경쟁력을 자랑하며 전 세계 어디에서나 사랑을 받고 있습니다.

미국 입장에서 볼 때 한 해 수백억 달러에 이르는 콘텐츠 수출 금액보다 더 중요한 것은 미국 문화를 수출함으로써 얻게 되는 미국에 대한 좋은 이미지입니다. 하버드대학 조지프 나이Joseph Nye 교수는 "한 나라가 세계를 주도하려면 군사력이나 경제력 등 물리적인 힘을 의미하는 하드파워와 교육, 학문, 예술, 문화 등 인간의 이성과 감성을 자극하는 소프트파워가 함께 필요하다."라고 주장했습니다. 또한 "21세기는 강력한 군사력이나 경제력보다는 문화가 더 중요한 소프트파워 시대가 될 것이며 이 점에서 미국은 다른 나라를 압도하고 있

매력적인 문화로 세계인을 사로잡는 미국

다."라고 말했습니다.

1980년대 이후로 미국의 제조업이 경쟁력을 잃고 세계 시장에서 밀려날 때도 창의성과 보편성을 앞세운 문화 산업만큼은 최고의 자리를 지키며 미국의 패권 장악에 큰 도움을 주었습니다.

들여다보기

★

얼굴 없는 액션배우, 스턴트맨

영화는 감독 혼자서 만드는 것이 아니다. 영화는 시나리오를 쓰는 작가, 영상을 담는 촬영팀, 배경음악을 담당하는 음향팀, 등장인물의 복장을 준비하는 의상팀, 판촉 업무를 하는 마케팅팀 등 수많은 사람의 노력과 재능을 합쳐야 가능한 종합예술이다. 남녀노소를 불문하고 좋아하는 액션 영화의 경우 고난도 액션 장면을 연출하기 위해 컴퓨터 그래픽을 많이 사용하지만 박진감 넘치는 느낌을 주기 위해서는 실제 연기가 필수적이다.

그러나 아무리 연기에 능한 배우라도 고난도 액션 장면을 소화하기는 쉽지 않다. 할리우드를 주름잡는 수많은 배우 중에 톰 크루즈Tom Cruise 정도만 고난도 액션을 스스로 감당할 정도로 액션 연기는 쉽지 않다. 톰 크루즈는 세계적 히트를 친 〈미션임파서블〉 시리즈에서 안전장비 없이 맨손으로 암벽 등반하기, 날아가는 비행기에 매달리기, 160층짜리 초고층 건물에서 뛰어내리기 등 목숨을 건 수많은 고난도 액션 연기를 직접 해내며 관객의 눈을 즐겁게 했다. 그러나 이는 극히 예외적인 경우이고, 대체로는 주연배우를 대신해 스턴트맨이 액션 연기를 대신하고 있다.

고난도 액션 연기는 영화의 수준을 좌우할 만큼 중요하지만 스턴트맨에 대해서는 별로 알려져 있지 않다. 주연배우는 물론 엑스트라까지 화면에 얼굴을 드러내지만 스턴트맨은 절대로 얼굴을 드러내서는 안 된다. 영화감독은 관객들이 대역을 눈치 채지 못하도록 주연배우와 인종은 물론 체격 조건까지 비슷한 스턴트맨을 캐스팅한다. 스턴트맨이 되기 위해서는 강인한 체력은 기본이고 위험을 감당할 수 있는 전문적인 훈련도 받아야 한다. 살을 엘 듯이 차가운 강물이나 바닷속으로 들어가는 연기, 불구덩이 속으로 뛰어드는 연기 등 스턴트맨은 말 그대로 물불을 가리지 않아야 한다.

스턴트맨의 역할도 세분화되어 있어 격투, 자동차 질주, 높은 곳에서 뛰어내리기 등 각 분야의 전문 스턴트맨이 존재한다. 스턴트맨은 한 장면을 찍기 위해 하루 종일 촬영장에서 대기하는 일이 다반사이며 많은 돈이 투입되는 자동차 액션 장면을 찍을 때는 실수 없이 임무를 완수해야 하기 때문에 심한 중압감에 시달리기도 한다. 스턴트맨은 연기 도중 다치는 경우가 많고 심지어 사망하는 일도 종종 일어나기 때문에 생명보험에 가입하기조차 쉽지 않다. 그런데도 스턴트맨이 존재하는 것은 고난도 액션 연기를 해냈을 때의 성취감이 크기 때문이다.

스턴트맨 중에 유능한 사람은 무술감독이 되는 영광을 누리기도 한다. 무술감독은 단순히 스턴트맨을 지휘하는 것뿐만 아니라 시나리오 속의 액션 장면을 현실화시키는 중요한 역할을 한다. 무술감독은 자신이 구상한 장면을 영상에 담기 위해 스턴트맨은 물론 주연배우도 지도할 수 있다. 또한 아무나 할 수 없는 특화된 전문 영역이기 때문에 감독은 물론 제작사도 함부로 대할 수 없다. 무술감독 중 일부는 영화감독이 되어 자신이 원하는 액션 영화 전체를 만들기도 한다.

액션 영화의 완성도를 높이는 데 스턴트맨의 역할이 중요한 만큼 할리우드에서는 스턴트맨에 대한 대우도 상당히 좋다. 액션 장면의 난이도에 따라 수입이 다르다. 목숨을 건 위험한 고난도 액션의 경우 일반 배우 못지않은 출연료를 받기도 한다. 또한 스턴트맨을 부르는 호칭도 '액션 전문배우'로 바뀌었을 만큼 스턴트맨은 액션 영화를 지탱하는 한 축을 담당하고 있다.

세계를 통찰하는 지식과 교양 〈**세계통찰**〉 시리즈

미국

인물

미국을 만든 사람들

세계통찰_미국 1	1	역사의 기초를 다진 위대한 리더들	미국의 대통령
세계통찰_미국 2	2	오늘날 세계를 움직이는 파워 리더들	
세계통찰_미국 3	3	창의성과 도전 정신으로 무장한 미래의 개척자	미국 비즈니스계의 거물들
세계통찰_미국 4	4	세계 최강 미국 경제를 만든 기업가	
세계통찰_미국 5	5	세상에 발자취를 남긴 생각의 천재들	세상에 영향을 끼친 미국인-문화인, 예술인, 사상가
세계통찰_미국 6	6	세계인의 감성을 자극한 문화 예술인	

사회 문화

세계의 중심이 된 미국

세계통찰_미국 7	1	미국을 이해하기 위한 다양한 문화 키워드	미국의 문화
세계통찰_미국 8	2	문화의 용광로, 다양한 민족	
세계통찰_미국 9	3	자유와 평등한 삶을 추구하는 미국의 사회 제도	
세계통찰_미국 10	4	미국을 더 깊이 알 수 있는 핫스팟	

산업

세계통찰_ 미국 11	5	세계경제를 주무르는 원동력은 어디에서 오는가 – 정보통신기술, 금융, 에너지, 군수, 항공, 우주	미국의 산업
세계통찰_ 미국 12	6	알고 보면 더 흥미진진한 일상 밀착 산업들 – 유통, 곡물, 자동차, 도박, 의료, 제약, 문화	미국의 산업

전쟁

전쟁으로 일어선 미국

세계통찰_ 미국 13	1	시련과 고비를 딛고 일어서다 – 독립 전쟁부터 제1차 세계대전까지
세계통찰_ 미국 14	2	강대국 중의 강대국이 되다–제2차 세계대전
세계통찰_ 미국 15	3	초강대국가의 입지가 흔들리다 – 냉전과 한국 전쟁, 베트남 전쟁
세계통찰_ 미국 16	4	전쟁과 평화 사이에서 – 걸프 전쟁, 테러와의 전쟁

세계통찰 미국 ⑫

세계의 중심이 된 미국 6

미국의 산업

알고 보면 더 흥미진진한 일상 밀착 산업들

2021년 1월 1일 1판 1쇄 발행

지은이	한솔교육연구모임
펴낸이	권미화
편집	김시경
디자인	김규림
마케팅	조민호
펴낸곳	솔과나무
출판등록	2018년 12월 20일 제2018
주소	서울시 마포구 독막로 266, 111-901
팩스	02-6442-8473
블로그	http://blog.naver.com/solandnamu
트위터	@solandnamu
메일	hsol0109@gmail.com

ISBN 979-11-90953-10-8 44300
979-11-967534-0-5 (세트)